조선이 버린
왕비들

조선이 버린 왕비들

초판 1쇄 발행   2016년 12월 20일
초판 2쇄 발행   2017년 5월 20일

지은이   홍미숙
펴낸이   한승수
펴낸곳   문예춘추사

편 집   조예원
마케팅   안치환
디자인   이혜정

등록번호   제300-1994-16
등록일자   1994년 1월 24일

주 소   서울특별시 마포구 동교로 27길 53, 309호
전 화   02 338 0084
팩 스   02 338 0087
E-mail   moonchusa@naver.com

I S B N   978-89-7604-324-5 03900

조선이 버린
왕비들

홍미숙 지음

11명의 조선 폐비들을 만나다

문예춘추사

11명의
조선 폐비들을 만나다

한파주의보가 내려진 날 아침! 폐비의 어머니라 할 수 있는 폐비 윤씨를 만나러 집을 나섰다. 폭설까지 내려 눈이 발목 위까지 차올랐다. 조선의 역사에 관심을 갖고 글을 쓰기 시작하면서 공개되고 있는 능·원·묘는 물론 비공개되고 있는 능·원·묘까지 답사를 하였다. 조선의 왕과 왕비가 잠들어 있는 42기의 왕릉 중 북한에 자리한 2기를 제외한 40기의 왕릉과 왕이 되기 전에 죽은 세손과 세자, 세자빈, 그리고 왕을 낳은 후궁이 잠들어 있는 14기의 원 답사를 모두 마쳤다. 또한 왕을 낳은 3명의 대원군 부부를 비롯해 폐왕과 폐비, 폐세자와 폐빈, 왕자와 공주 등의 묘도 답사하였으며, 조선 역사에 족적을 남긴 인물의 묘와 유배지까지도 열심히 찾아다녔다. 그 결과 한 사람의 일대기를 쉽게 이해하려면 어느 곳보다 그 사람이 태어나 자란 고향과 잠들어 있는 무덤을 찾아갈 일임을 깨닫게 되었다.

답사를 한 번만 간 곳은 별로 없다. 두세 번에서 대여섯 번까지 찾아갔다. 책이나 인터넷 검색을 하면 쉽게 확인할 수 있지만 현장을 직접 찾아가 내 눈으로 확인해야 직성이 풀리기에 몸 고생을 많이 했다. 공원의 잔디만 보아도 능·원·묘로 착각이 들 정도로 찾아다녔다. 지난 3년간 나는 조선 시대로 들어가 살아왔다고 해도 과언이 아니다. 글을 정리하고, 답사를 하면서 마치 무덤 속의 주인공들을 직접 만난 것 같은 느낌이 들 때가 한두 번이 아니었다. 처음 찾아갈 때는 호기심 때문이었는지 마냥 반갑기만 했다. 무섭다는 생각은 전혀 들지 않았다. 고려의 충신 정몽주를 시작으로 조선의 개국공신 정도전은 물론 이복형제들과 장인, 처남 등 최측근들까지 살해한 태종, 조카인 단종과 동복형제들까지 살해한 세조, 피바람을 일으키며 폭정을 일삼다 왕위에서 쫓겨난 연산군, 동복형에 이복동생들까지 죽인 광해군, 이복형 방원에게 살해당한 방번과 방석, 폐비들의 어머니 격인 폐비 윤씨와 단종의 복위를 돕다가 처형당한 사육신 등의 무덤을 찾아갔을 때도 무섭지 않았다.

능·원·묘를 찾을 때마다 언제나 '안녕하세요? 문화재청에서 허락은 받았지만 능침 공간까지 올라와 돌아다녀 죄송합니다'라면서 마음속으로 인사를 건네고 또 건네며 무덤 속의 주인공들과 무언의 대화를 나누고, 사진을 찍으며 답사를 하였다. 혼자 찾아가도 아무렇지 않았다. 그런데 재차 답사를 할 때는 마음이 착잡하고 무서운 생각도 좀 들었다. "아는 만큼 보인다"는 말의 의미를 깨닫게 되어서 그랬는지도 모른다. 피바람을 불러 일으킨 주역들이 잠들어 있는 능·원·묘에 안개가 자욱이 내려앉아 있을 때와 비가 주룩주룩 내릴 때 그랬다.

생각해 보면 여성인 내가 시대를 참 잘 타고난 셈이다. 옛날 같으면 감히 왕과 왕비의 능침 공간까지 어찌 올라가 볼 수 있으며, 곡장 뒤까지 올라가 안산과 조산을 내려다보며 "와! 좋다, 정말 멋지다" 하면서 감탄사를 연실 내뱉을 수 있었겠는가. 솔직히 답사를 하는 내내 설레기도 했지만 죄송한 마음이 더 많이 들었다. 조상들 묘를 찾아가도 감히 봉분 뒤쪽으로는 가 본 적이 없다. 상석 앞에서 예를 갖추고 돌아왔을 뿐이다. 그런데 왕과 왕비의 발 아래쪽에서 머리 위쪽까지 능침 공간 어디든 다니면서 사진까지 찍어댔으니 생각할수록 죄송하다. 하지만 생동감 있는 글을 쓰기 위해서는 그럴 수밖에 없었다. 먼저 출판된 책을 쓸 때도 그랬듯이 "미치지 않으면 다다를 수 없다"는 불광불급(不狂不及)의 사자성어를 수없이 떠올렸다. 혼자 고향 집 뒷동산에 자리한 조상들의 묘에 오를 줄도, 혼자 여행을 갈 줄도 모르는 내가 이런 큰일을 했다는 사실이 스스로도 믿겨지지 않을 정도였다. 능·원·묘가 대부분 산속에 자리하고 있는 데다 찾는 사람도 별로 없어 적막감은 더했다. 그래도 답사를 하면서 내 인생에 지금까지 느끼지 못했던 큰 보람을 느꼈다. 강행군을 거듭하면서도 싱그러운 자연이 함께해서인지 피곤함마저 느끼지 못했다. 네다섯 번 환승을 하면서 찾아다닌 곳도 많았다. 운전을 못하니 대중교통을 이용하여 찾아다닐 수밖에 없었다. 신발 두 켤레의 밑창이 다 닳도록 답사에 답사를 거듭했지만 행복했다.

원래 조선왕조에 관한 이야기를 통권으로 한 권만 잘 정리해 출판해 보려고 했다. 그런데 정리를 마치고 답사를 하면서 생각이 바뀌었다. 전공자가 아닌 일반 독자들도 역사에 흥미를 갖도록 쉽게 주제를 나누어 책을 내는 게 좋을 듯싶었다. 그 결과 『왕 곁에 잠들지 못한 왕의 여인들』이란 책을 2013년에 출판하게 되었고, 이어 2015년 영화 〈사도〉가 개봉되던 날

『사도, 왕이 되고 싶었던 남자』를 출판하였다. 그리고 이번에 『조선이 버린 왕비들』을 출판하게 되었다. 이 책 역시 역사적인 사실만 기록하면 딱딱하고, 머리 아플 것 같아 부족하나마 내 생각을 곁들여 수필 형식으로 썼다. 역사에는 가정이 있을 수 없다지만 이 책 또한 가정법을 많이 활용했음을 밝힌다. 아울러 답사를 통해 직접 찍은 사진을 골라 설명과 함께 실었다. 독서량이 적은 독자들은 책에 실린 사진과 사진의 설명만 읽어도 조선의 역사를 이해하는 데 도움이 될 것이다.

이 책의 주인공은 조선이 버린 11명의 폐비들이다. 그녀들이 남기고 간 이야기가 스토리텔링의 보고 중의 보고가 되고 있다. 그녀들과 더불어 그녀들이 낳은 왕자와 공주 역시 스토리텔링의 보고가 되고 있다. 영화와 드라마의 단골손님이 되기 일쑤다. 그러니 그녀들의 자녀들 이야기 또한 궁금할 것 같아 곁들여 실을 수밖에 없었다. 폐비들은 비록 내쳐졌지만 조선 왕비사에 큰 비중을 차지하고 있으며 문화 예술 발전에도 크게 기여하고 있다. 왕에게 아니, 조선에게 버림받았지만 그녀들은 조선 왕비사뿐 아니라 조선 역사 전체를 흥미진진하게 이끌고 있음이 확실하다.

그녀들의 흔적을 이미 찾아다녔으나 이 책을 내기로 마음먹은 후 또다시 그녀들과 그녀들의 자녀들까지 모두 만나보기 위해 재답사를 시작했다. 이 책에 등장하는 11명의 폐비들 중 폐비가 되었다가 다행히 복위된 왕비들 능과, 복위되지 못한 채 조선이 문을 닫아걸어 영원히 폐비로 남은 4명의 묘를 차례차례 답사하였다. 그녀들뿐 아니라 그녀들의 자녀들 묘도 하나하나 찾아다녔다. 나를 포함한 독자들의 궁금증을 다소 줄여 주기 위함이었다.

폐비들의 묘를 재답사할 때 가장 먼저 폐비들의 어머니라 할 수 있는 성종의 폐비이자, 연산군의 생모인 폐비 윤씨의 회묘부터 찾아갔다. 마침 찾아간 날, 땅은 꽁꽁 얼어붙고 눈은 펑펑 내려 엉덩방아를 여러 번 찧어야 했다. 서삼릉 비공개 지역 서쪽 귀퉁이에 홀로 잠들어 있는 그녀의 묘는 왕릉처럼 꾸며져 있다. 그러면 무슨 소용인가 싶지만 그래도 그녀는 대접받고 있다는 생각이 든다. 그녀가 잠들어 있는 회묘 곁에 다닥다닥 모여 잠들어 있는 후궁들 묘를 보면 더욱 그런 생각을 하게 된다. 한때 왕의 사랑을 독차지했던 정조의 후궁이자 문효세자의 생모인 의빈 성씨의 묘를 비롯하여 덕혜옹주를 낳은 귀인 양씨의 묘 등 21명의 후궁들 묘가 이곳으로 이장되어 공동묘지처럼 모여 있기 때문이다. 그 모습에 회묘를 찾을 때면 착잡한 마음이 최고조에 달한다. '인생무상(人生無常)'이라는 사자성어는 이럴 때 써야 하는 게 아닌가 싶다.

누구보다 폐비 윤씨는 자신 못지않게 악행에 악행을 거듭했던 장희빈을 몹시도 부러워하며 잠들어 있을지도 모른다. 장희빈은 남편인 숙종을 잘 만난 탓인지, 그녀를 그토록 미워했던 숙종의 어머니이자 그녀의 시어머니인 명성왕후 김씨가 세상을 뜬 탓인지, 폐비가 되어 사약까지 받았어도 후궁의 신분을 유지하게 되었으니 하는 말이다. 그리고 장희빈의 아들 경종도 조선 제20대 왕으로 등극하여 그럭저럭 왕위를 지켜 낼 수 있었으니 어찌 부럽지 않겠는가. 폐비 윤씨와 연산군에 비하면 장희빈과 경종은 그나마 복이 있다고 볼 수 있다.

오직 성종의 계비였던 폐비 윤씨만 왕비에서 쫓겨난 후 후궁의 신분도 유지하지 못한 채 폐서인이 되었다. 그녀가 더 억울한 것은 그녀의 아들과 며느리까지 폐왕과 폐비가 된 일일 것이다. 어디 그뿐인가? 세자와 세자빈으로 책봉되었던 그녀의 손자와 손자며느리는 물론, 연산군의 다른 아들들도 모두 살해되었으니 어떤 말로도 위로가 될 일이 아니다. 그야말로 3대가 완전히 망해 버렸다. 그러니 그녀가 무덤 속에서 장희빈을 몹시도 부러워하고 또 부러워할 일이 아니겠는가. 장희빈은 왕의 후궁 신분을 유지했을 뿐만 아니라 사약을 직접 내린 남편이지만 사연이야 어떠하든 현재 경기도 광주에서 이장되어 숙종이 잠들어 있는 서오릉 능역 안에 잠들어 있다. 그리고 그녀의 신주는 왕을 낳은 후궁들의 사당인 칠궁에 모셔져 있고, 그녀의 아들 경종의 신주는 조선의 왕과 왕비의 신주가 모셔져 있는 종묘에 모셔져 있다. 그러니 폐비 윤씨가 장희빈을 어찌 부러워하지 않겠는가.

조선 시대 때 폐비뿐 아니라 폐빈도 여러 명 있었다. 세자였던 남편이 폐세자가 되면서 폐빈이 되었거나 세자빈 자신의 비행으로 폐빈이 되었다. 조선 최초의 폐빈은 조선 최초로 세자가 되었던 방석(의안대군)의 첫 번째 부인 현빈 유씨다. 그녀는 내시 이 만과의 불륜으로 폐서인 되어 폐출되었다. 방석의 두 번째 부인 심씨도 방석이 폐세자가 되면서 함께 폐위되어 폐빈의 명단에 이름을 올려야만 했다. 그리고 14년 동안이나 세자의 자리를 지켰던 양녕대군이 폐세자가 되어 그의 부인 김씨도 폐빈이 되었으며, 연산군의 아들 이 황이 폐세자가 되면서 그의 부인 정씨도 폐빈이 되었고, 광해군의 아들 이 지가 폐세자가 되면서 그의 부인 박씨 역시 폐빈이 되었다. 폐세자가 아닌 조선 제5대 왕 문종의 두 부인도 문종이 세자였을 때 비행으로 폐빈이 되어 사가로 쫓겨났다. 첫 번째 부인 휘빈 김씨는 사술(邪術)을 동원하여 문종의 사랑을 얻으려다가, 두 번째 부인 순빈 봉씨는 거느리고 있는 소쌍이라는 무수리에게 동성연애를 강요하다가 시부모인 세종과 소헌왕후 심씨에게 각각 들통나 폐빈이 되어 쫓겨났다.

그 외에 인조의 큰며느리이자, 소현세자 빈이었던 민회빈 강씨가 유폐되었다가 폐빈이 되어 사약을 받고 죽었다. 소현세자는 폐세자가 되지 않았는데도 그의 부인 민회빈 강씨는 인조의 후궁으로 훗날 폐서인이 되어 사사된 조귀인의 모함으로 1645년(인조23년) 폐빈이 되었다. 그러나 다행히 그녀는 73년만인 1718년(숙종 44년) 세자빈으로 복위되었다. 조선의 8명의 폐빈들 중 유일하게 민회빈 강씨만이 명예를 회복하였다. 어쩌면 폐비보다 더 불쌍한 여인이 폐빈일지도 모른다. 꽃도 피워 보지 못하고 폭풍우에 떨어져 버린 꽃봉오리 신세가 되었으니 하는 말이다.

조선왕조 이야기를 쓰면서 내가 시대도 잘 타고났지만 수도권에 살고 있는 것 또한 큰 행운이란 생각을 아주 많이 했다. 강원도 영월에 있는 단종의 장릉 빼고는 왕릉이 모두 수도권에 자리하고 있어 대중교통을 이용해 쉽게 답사할 수 있었기 때문이다. 그 밖의 원이나 묘도 대부분 내가 찾아갈 수 있는 곳에 자리해 있었다. 교통수단과 통신수단이 발달한 것부터 여러 여건이 나에게 도움이 되었다. 좋은 나라에, 좋은 시대를 타고난 덕분에 별 고생 없이 답사를 마칠 수 있었다. 우거진 숲에서 온갖 산새들이 청량하게 노래를 불러 주며 답사의 피로를 풀어 주었고, 다람쥐, 청설모, 고라니 등은 나와 눈을 마주치며 힘찬 응원을 보내 주었다. '멧돼지 출몰 지역'이라는 푯말을 만날 때만 약간 무서웠으며 답사하는 내내 많이도 행복했다. 무엇보다 계획한 대로 모든 능·원·묘 답사를 무사히 마치게 된 것이 큰 기쁨이었다. 이번 답사를 하는 동안 내 곁에 나를 지켜주는 수호신이 분명 함께하고 있음을 또다시 실감했다. 멀미 대장이 멀미 한 번 안한 것만 보아도 알 수 있다. 그 수호신이 어느 분인지 모르지만 깊이 감사드린다.

조선왕조 이야기는 퍼내도 퍼내도 마르지 않는 샘물로, 스토리텔링의 보물 창고임은 두말할 나위가 없다. 나 역시 이야깃거리를 풍부히 준 조선왕조 덕분에 역사 에세이를 여러 권 쓸 수 있었다. 계속해서 감사드릴 뿐이다. 한편 이번에도 조선 역사에 관한 책을 먼저 출판해 주신 많은 선생님들과 조선 역사를 문화 콘텐츠로 삼아 영화나 드라마, 뮤지컬, 연극, 그리고 역사 관련 TV 프로그램 등을 만들어 주신 모든 분들께 진심으로 감사드린다. 그분들이 계셨기에 내가 역사를 사랑하게 되었고, 역사 공부를 꾸준히 하게 되었으며, 조선 역사를 누구나 쉽게 이해할 수 있도록 주제를 나누어 책을 쓸 수 있었다.

끝으로 능·원·묘를 관리하는 모든 분들께도 진심으로 감사드린다. 또한 '2016 전문예술창작지원사업'자로 선정해 주신 경기문화재단의 심의위원 및 관계자들께 감사하고, 계속해서 출판을 맡아 주고 있는 문예춘추사 한승수 대표를 비롯한 출판 관계자들께도 감사한 마음이다.

인생을 돌아보게 하는 2016년 초겨울
홍미숙 씀

영원히
폐비廢妃 되다

복위되지 못한 왕비들

제2장

다시
국모國母 되다

복위된 왕비들

조선 최초로 폐비가 되었던
신덕왕후 강씨

조선 건국시조 제1대 왕 태조의 계비

경회루 연못가에 능수버들이 축축 늘어져 여름을 보내고 있다. 버들잎을 보면 떠오르는 여인이 있다. 바로 조선을 건국한 태조 이성계의 계비 신덕왕후 강씨다. 그녀는 버들잎 설화의 주인공으로 조선이 건국되자 정식으로 조선 최초의 왕비가 되었다. 그러나 본처의 소생 태종 방원에 의해 조선 최초의 폐비가 되고 말았다. 그녀 외에 41명의 조선 왕비들 중 11명이 폐비의 경력을 갖고 있다. 다행히 7명은 복위되었으나 4명은 끝내 복위되지 못하고 조선이 문을 닫았다.

"어느 날 호랑이 사냥을 하던 이성계가 목이 말라 우물을 찾았는데, 마침 그 우물가에 한 여인이 있었다. 이성계가 그 여인에게 물 좀 떠 달라고 청하니, 여인은 바가지에 물을 뜨고 나서 버들잎 한 줌을 물 위에 띄워 주었다. 이에 이성계는 이 무슨 고약한 짓이냐며 나무랐다. 여인은 갈증으로 급히 달려온바, 냉수를 마시면 탈이 날 것 같아 버들잎을 불며 천천히 마시라고 일부러 그리했다고 수줍게 대답했다. 이 말을 듣고 내심 감탄한 이성계가 그때서야 여인을 유심히 살펴보았는데 여인의 미색이 아주 빼어났다. 이성계는 여인의 지혜와 미모에 한동안 넋을 잃었다."

이성계(1335~1408)의 넋을 잃게 한 이 우물가의 여인이 바로 조선 최초로 왕비가 되었지만 조선 최초로 폐비가 된 신덕왕후 강씨(1356~1396)다. 그런데 이 이야기는 부인을 29명이나 두었던 고려의 건국 시조 태조 왕 건과 그의 계비 장화왕후 오씨와의 만남에 대한 설화와 동일하다. 고려 태조의 계비 장화왕후 오씨와 조선 태조의 계비 신덕왕후 강씨는 각각 나라를 세운 시조의 둘째 부인이며 지방의 세력 있는 호족의 딸이라는 공통점을 가지고 있다. 그런 점에서 이 이야기가 사실과 다르게 전해 내려오고 있거나, 많은 지방에서 전해 내려오는 비슷한 구조의 버들잎 설화가 이성계와 결부된 것일 수 있다고 본다. 아마 이성계가 고려왕조를 세운 태조 왕 건을 엄청 존경했던 모양이다. 어쩌면 그를 롤모델로 삼고 조선왕조를 세웠는지도 모른다. 묘호도 같은 태조이고, 설화까지 같으니 하는 말이다. 어찌 되었거나 태조 이성계의 둘째 부인이 된 버들잎 설화 속의 여인은 살아서 조선 최초로 왕비에 올랐지만 죽어서 조선 최초로 폐비가 되고 말았다.

조선을 개국한 태조 이성계의 계비가 된 신덕왕후 강씨는 아버지 상산부원군 강윤성과 어머니 진산부부인 강씨의 4남 2녀 중 막내딸로 고려 공민왕 5년에 태어나 조선 최초의 왕비가 되었다. 그녀는 태조와의 사이에서 2남 1녀를 낳았다. 왕이 될 수 있는 왕자도 둘이나 낳았다. 그녀의 본관은 곡산이다.

그녀는 태조보다 21세나 어렸지만 태조보다 12년이나 앞서 세상을 떠났다. 태조에게 온갖 사랑을 독차지해 왔고, 그녀가 낳은 태조의 8남 방석이 세자로 책봉되어 있었지만 소용없는 일이었다. 훗날 태조의 본처 소생인 방원에 의해 세자 방석은 물론 7남 방번과 경순공주의 남편 이 제가 잔인하게 살해되었기 때문이다. 그 당시 태조는 살아 있었지만 그녀의 자녀

조선 최초의 왕비이자, 조선 최초의 폐비 신덕왕후 강씨의 남편인 조선 건국 시조 태조의 건원릉 능침 공간 모습이다. 태조는 계비 신덕왕후 강씨와 함께 잠들고 싶어 했지만 원비의 소생 태종 방원에 의해 동구릉의 건원릉에 홀로 잠들게 되었다.

들을 지키지 못했다. 그뿐이 아니었다. 1408년(태종 8년) 조선 제3대 왕에 올랐던 태종 방원은 태조가 죽자마자 이미 세상을 떠난 그녀를 폐위시키기에 이르렀다.

신덕왕후 강씨는 황해도 곡산에서 고려의 제28대 충혜왕 때 세도를 떨친 권문세가의 딸로 태어났다. 이성계는 타고난 무예와 지도력으로 그동안 쌓은 군공을 바탕으로 권문세족과 어깨를 나란히 할 정도로 크게 성장한 후 그녀와 정략결혼을 했다. 결혼할 당시 강씨는 이성계보다 나이가 한참 아래였다. 거기다 이성계의 첫째 부인 한씨가 살아 있었고, 장성한 아들이 6명이나 있었다. 그야말로 큰 부담이 되는 지아비를 만난 셈이다. 하지만 이성계의 둘째 부인이 된 강씨는 이성계가 조선을 건국하는 데 누구보다 큰 공헌을 하였다. 그녀는 이성계의 정치적 조언자였으며, 그녀의 뛰어난 슬기와 계략은 조선 건국에 큰 영향을 주었다. 1392년(공양왕 4년) 음력 3월, 이성계가 해주에서 말을 타다가 떨어져서 크게 다친 적이 있었다. 그를 계기로, 정몽주가 이성계를 제거하려 했을 때 그녀는 생모인 한씨의 무덤 근처에 움막을 짓고 거처하며 무덤을 지키고 있던, 방원을 급히 해주로 보내 이성계를 개경으로 불러내게 했다.

그 후 1392년 음력 4월 4일, 방원이 자객 조영규를 보내 이성계의 병문안을 왔다가 돌아가는 정몽주를 죽였을 때도, 대신을 함부로 죽였다며 방원을 크게 꾸짖던 이성계의 분노를 그녀가 무마시켜 주었다. 그녀는 훗날 방원이 자신을 폐위시키고 자신의 아들들을 그렇게 잔인하게 살해하리라는 것을 그 당시에는 꿈에도 생각하지 못했을 것이다. 그녀의 남편 이성계는 한때 정몽주, 정도전과 3인방이라 일컬을 만큼 친분이 두터웠다. 그랬으니 이성계가 정몽주를 살해한 아들 방원을 꾸짖을 만했다. 그리고 보면 신덕왕후 강씨의 배포가 이성계 이상이었음을 알 수 있다. 그녀 역시 새로운 나라를 세운다는 남편의 목적을 위하여 물불을 가리지 않았던 대담한 성격의 소유자였다. 그 결과 그녀는 1392년 음력 7월 17일(양력 8월 5일) 조선이 개국한 뒤, 곧바로 음력 8월 7일, 조선의 첫 왕비가 되어 현비(顯妃)에 봉해지는 영광을 안았다.

조선 첫 왕비가 된 신덕왕후 강씨는 욕심도 많고, 겁도 없었던 모양이다. 장성한 본처의 아들들이 엄연히 건재해 있는데 자신의 아들이 다음 왕위를 물려받을 수 있도록 세자로 책봉되게 한 것을 보면 그렇다. 그녀는 뜻이 맞는 조선 개국공신 중의 일등 공신인 정도전과 정치적으로 연대

경기도 용인에 자리한 정몽주의 묘 모습이다. 고려의 충신 중의 충신이었던 정몽주를 이방원이 자객 조영규를 보내 개성의 선죽교에서 죽였다. 정몽주는 철퇴를 맞고 처참한 모습으로 그 자리에서 목숨을 잃었다. 묘는 왕릉에 버금갈 정도로 양지바른 언덕에 잘 조성되어 있다.

하여 그녀의 2남인 의안대군 방석을 왕세자로 만들었다. 그러나 맏아들
도 아니고, 후처 소생의 차남이 왕세자가 된다는 것을 본처 소생인 방원
을 비롯한 다른 아들들이 가만히 있을 리 없었다. 그럼에도 이성계는 11
세밖에 안 된 계비 신덕왕후 강씨의 아들 방석을 세자로 지명했다. 이에
원비 신의왕후 한씨의 5남이자 가장 정치적 야심이 컸던 방원이 격분했
다. 그가 격분하는 것은 어쩌면 당연한 일이라 볼 수 있다. 그 당시 방원은
힘이 넘쳐나는 26세의 젊은이로, 무인으로 성장한 다른 형제들과 달리 이
미 17세에 33명 중 10번째로 문과에 당당히 합격한 문무를 갖춘 아들이었
다. 방원은 조선의 27명의 왕 중 과거에 급제한 유일한 왕이다. 그런 방원
이 나이 어린, 그것도 서모의 아들이 아버지에 이어 왕이 된다는 것을 용
납할 수 없었을 것이다.

그러나 본처의 아들들을 제치고 자신의 차남을 세자에 올린 신덕왕후
강씨는 그 아들이 왕위에 오르는 것을 보지 못한 채 1396년(태조 5년) 음
력 8월 13일, 태조보다 앞서 세상을 떠나고 말았다. 남편의 사랑을 넘치도
록 받았던 조선 최초의 퍼스트레이디였지만 죽음을 피할 수 있는 능력은
그녀에게 없었나 보다. 태조는 신덕왕후 강씨가 죽자 몹시 애통해하며 그
녀의 명복을 빌기 위하여 온갖 정성을 다했다. 태조에게 그녀는 눈에 넣
어도 아프지 않을 그런 왕비였다. 그러니 그녀가 복이 넘쳐 죽었는지도
모른다.

그녀가 세상을 뜨자 태조는 덕수궁 뒤편 현재의 영국 대사관 근처에 그
녀의 무덤을 조성하게 하였다. 태조는 그녀의 무덤을 도성 안에 그것도
자신이 살고 있는 경복궁과 마주 보이는 아주 가까운 곳에 조성토록 하였
다. 그리고 그녀의 명복을 빌어 주기 위해 능 옆에 조그만 암자를 지어 매

일 아침저녁으로 향차를 바치도록 하였다. 또한 그녀의 능호를 정릉(貞陵)으로 짓고, 동쪽에 흥천사라는 절을 세워 조계종의 본산으로 삼았다. 그녀를 위해 정릉의 원찰로 1년간 공사를 거쳐 170여 칸이나 되는 흥천사를 지어 주었다. 그 당시 흥천사는 120명의 스님이 기거할 정도로 큰 절이었다. 태조는 흥천사가 완공되사마자 그때부터 능과 절을 둘러보는 게 일상사가 되었다. 수라 때도 신덕왕후 강씨의 명복을 비는 흥천사의 불경 소리를 들은 후에야 수저를 들어 식사를 하곤 했다.

그녀는 죽었어도 태조의 마음속에는 살아 있었다. 태조는 능과 절을 다 둘러본 뒤에는 그녀의 소생들과 함께 저녁 시간을 보내곤 하였다. 그리고 그녀의 능에 재를 올리는 종소리가 들려와야만 비로소 잠자리에 들 정도였다.

태조의 계비 신덕왕후 강씨의 정릉 원찰이었던 흥천사의 극락보전의 모습이다. 현재 흥천사는 태종에 의해 파헤쳐져 도성 밖으로 옮겨진 서울 성북구의 정릉 옆에 복원되어 자리해 있다.

그녀의 능은 태조가 엎드리면 코 닿을 거리에 조성되었다. 그녀는 죽었지만 태조와 매일매일 함께하였다. 태조의 그녀에 대한 사랑은 좀처럼 식지 않았다. 말하면 무엇하랴. 그녀가 세상을 뜨자 태조는 왕의 위엄이나 체면은 생각지도 않고 통곡했으며, 상복을 입은 채 안암동으로, 행주로 친히 그녀의 능 자리를 보러 다니기도 했다. 그가 숭유억불 정책을 건국이념으로까지 내세웠으면서도 수십 명의 승려를 내전으로 불러 그녀를 위하여 불공을 드리도록 했다. 그녀가 죽은 뒤에도 사흘이 멀다 하고 거의 매일 흥천사를 찾았으며 『태조실록』에 "백관이 반열을 정돈했는데 조회

덕수궁의 광명문 안에 국보 제229호인 물시계, 자격루 등과 함께 전시되고 있는 보물 제1460호인 흥천사의 종 모습이다. 1462년(세조 8년) 7월, 태조의 계비 신덕황후 강씨를 추모하기 위하여 만들었다. 이 종은 신덕왕후 강씨의 정릉 근처 흥천사에 있었으나 흥천사가 1510년(중종 5년)에 화재로 소실되어 1747년(영조 23년)에 경복궁의 정문인 광화문으로 옮겨졌다. 그 후 일본에 의해 창경궁으로 옮겼다가 현재의 자리인 덕수궁으로 다시 옮겼다. 흥천사의 종 역시 신덕왕후 강씨의 정릉처럼 이곳저곳으로 옮겨 다니면서 수난을 겪었다.

를 보지 않고 흥천사로 거둥했다"는 기록이 남아있을 정도로 그녀에게 온 정성을 다했다.

태조의 그런 행동이 훗날 화를 초래했다고 본다. 지나친 계비의 사랑으로 원비의 아들들이 화를 참을 수 없게 만들지 않았나 싶다. 급기야 세자 책봉 문제로 아버지에 대한 화가 풀리지 않았던 방원은 신덕왕후 강씨가 죽은 지 얼마 지나지 않은 1398년(태조 7년) '제1차 왕자의 난'을 일으켰다. 그로 인하여 왕세자로 책봉되었던 의안대군 방석은 물론, 그녀의 맏아들인 무안대군 방번이 무참히 살해되었다. 방원의 성격상 그러고도 남을 일이었다. 의안대군 방석은 폐세자가 되어 유배를 가던 중 동복형 방번과 함께 살해되었다. 그녀가 죽지 않고 자녀들 곁에서 지켜봐 주었다면 그녀의 두 아들이 그토록 잔인하게 살해되지는 않았을 것이다. 한편 태조도 왕위에서 그렇게 일찍 물러나지 않았을 테고, 물러나더라도 그녀의 뜻대로 왕위를 그녀의 아들 방석에게 물려주었을 확률이 높다고 생각된다. 최소한 태조가 죽기 전까지 만이라도 그녀가 살아 있었으면 방석이 무사히 왕위에 오를 수 있었을지도 모른다. 또, 그녀의 두 아들뿐 아니라 그녀의 사위 이 제도 살해당하지는 않았을 것이고, 홀로 남은 딸 경순공주도 비구니가 되지는 않았을 것이다.

방원이 '제1차 왕자의 난'을 일으킨 원인은 신덕왕후 강씨가 태조의 마음을 사로잡고 개국공신인 정도전 등의 힘을 빌려 자신의 아들 방석을 세자에 앉혔기 때문이다. 결국 그녀는 방원을 분노케 하여 그 분노로 인해 그녀의 자녀들이 해를 입게 되었다. 방원은 그녀도 미웠겠지만 드러내 놓고 편애하는 아버지의 행동에 더 화가 치밀었을지도 모른다. 방원은 본처인 자신의 어머니를 뒤로하고 후처와 후처의 아들들에게 정신을 모두 빼

왼쪽 사진은 신덕왕후 강씨의 소생으로 폐세자가 된 차남 의안대군 방석의 묘역이고, 오른쪽 사진은 의안대군 방석의 형인 무안대군 방번의 묘역이다. 조선 최초로 세자에 올랐던 의안대군 방석은 남한산성 자락에, 그의 두 번째 부인 심씨와 앞뒤로 나란히 잠들어 있고, 무안대군 방번은 서울 수서동에 세종의 5남인 광평대군 묘역에 그의 부인 왕씨와 합장되어 잠들어 있다.

앗긴 아버지를 이해할 수 없었을 것이다. 그리하여 아버지에 대한 화풀이를 그녀의 소생들에게 대대적으로 한 것인지도 모른다. 불같은 성격을 갖고 있던 방원이었으니 가만히 있을 리 없었다.

　태조는 방원에 의해 신덕왕후 강씨의 소생들을 잃고 난 뒤 2남인 영안대군(제2대 왕 정종)에게 왕위를 넘겨주었다. 하지만 정종은 왕위 등극을 그다지 기뻐하지 않았다. 동생인 방원이 왕위를 노골적으로 노리고 있었기 때문이었다. 방원은 '제1차 왕자의 난'을 일으켜 그녀의 두 아들을 살해한 뒤, 1400년(정종 2년)에는 태조의 4남으로 그의 바로 위 형 회안대군 방간이 일으킨 '박포의 난'이라고도 하는 '제2차 왕자의 난'을 평정(平定)

하여 승리로 이끌었다. 그리고 정종의 뒤를 이어 조선의 제3대 왕이 되었다.

방원은 왕위에 올랐으면서도 그녀에 대한 미움이 가시지 않았다. 아니나 다를까, 1408년(태종 8년) 태조가 죽자마자 기다렸다는듯이 그녀가 잠들어 있는 정릉 파괴와 이전을 지시하기에 이르렀다. 사실 태조는 그녀의 곁에 함께 잠들고 싶어 했지만 방원이 들어줄 턱이 없었다. 그러고는 그녀와 아주 멀리 떨어진 동구릉에 아버지 태조를 묻었다. 그리고 신덕왕후 강씨를 태조의 비가 아닌 태조의 후궁으로 격하시켰다. 그것으로 끝이 아니었다. 급기야 1409년(태종 9년) 2월 태조가 특별히 사대문 안에 두었던 그녀의 능을 도성 밖으로 이장해 버렸다.

방원의 명에 따라 그녀의 능은 당시 사대문 밖인 경기도 양주 지역으로 이장되었다. 그러고도 분이 안 풀렸는지 그녀의 무덤 봉분을 완전히 깎아 무덤의 흔적을 남기지 않도록 명했다. 또한 그녀의 정자각을 헐어 버린 뒤 그 목재를 가져다 중국 사신을 접대하기 위하여 마련한 태평관(太平館)을 짓는 데 썼다. 그뿐 아니라 능침을 헐면서 나온 병풍석(신장석)은 청계천의 광통교(廣通橋)가 1410년(태종 10년) 홍수에 무너지자 그 복구공사에 사용하게 했다. 그러고는 그 병풍석을 백성들이 밟고 지나다니도록 했다. 지금도 청계천 광통교에 가면 600여 년 전 그녀의 능침을 헐어다 만든 정릉의 병풍석을 만날 수 있다. 태종으로 인해 서울 한복판에서 조선 왕릉의 석물을 만나 볼 수 있게 되었다. 그녀의 능침에 설치되었던 병풍석의 규모만 보아도 그녀의 능이 얼마나 컸는지 짐작이 가고도 남는다. 종묘제례에서도 신덕왕후 강씨에게 올리는 제례를 왕비가 아닌 후궁의 예로 제례를 올렸다. 그녀는 본처의 소생인 방원에 의해 죽은 뒤 갖은 수모를 다

태종 방원의 명에 따라 정릉을 헐어다 세운 청계천의 광통교 모습이다. 광통교의 교각에는 다른 다리와 달리 청계천의 준설 사업 역사를 알 수 있는 기록이 새겨져 있다. 교각에 경진지평(庚辰地平), 계사경준(溪巳更濬), 기사대준(己巳大濬)이라는 글씨가 각각 새겨져 있다. 광통교 교각들 사이로 청계천의 상징인 소라상이 보인다.

겪고 조선 최초로 폐비가 되는 신세가 되었다.

　방원은 그 후에도 서모인 신덕왕후 강씨의 묘를 몇 차례에 걸쳐 이장했고, 그녀에 대한 제례도 서모에게 행하는 기신제로 올리도록 했다. 그렇게 버려졌던 그녀는 폐비가 된 지 261년만인 1669년(현종 10년) 음력 8월 5일에 가서야 왕비로 복위되었다. 조선 최대의 당쟁가로 선조 대부터 숙종 대까지 6명의 왕을 섬긴 송시열(1607~1689)의 주장에 따라 후궁으로 강등된 지 너무도 오랜 시간이 흐른 뒤에 복위되어 조선의 국모(國母)로 다시 이름을 올리게 되었다. 송시열은 『조선왕조실록』에 무려 3,000번 이상이나 나오는 조선 후기의 문신이며 대학자다. 그리고 그녀가 죽은 지 273년이 지난 뒤에야 그녀의 신주가 다시 종묘로 들어갔으며, 황폐하게 방치되어 있던 정릉도 태조가 조성해 준 규모와는 감히 비교가 안 되지만 다행히 복구되었다. 그 해 음력 8월 20일에는 존호를 순원현경신덕왕후(順元顯敬神德王后)로 추존했고, 1897년(광무 3년) 양력 12월 19일 고종 때 신덕고황후(神德高皇后)로 추존되었다.

신덕왕후 강씨가 복위되어 종묘에 추봉되던 날 그녀가 잠들어 있는 정릉 일대에는 많은 비가 내렸다고 한다. 사람들은 그 비를 보고 신덕왕후 강씨의 원통함을 씻어 주는 비라고 하여 '세원지우(洗寃之雨)'라 불렀다. 사실 그녀는 땅속에서 원통하고 또 원통하여 분을 삭이지 못하고 있었을 것이다. 그녀도 그녀지만 비참한 최후를 맞이한 자신의 두 아들과 딸, 사위 생각에 더 그랬을 것이다.

그녀는 장성한 본처의 아들들이 6명이나 있었음에도 자신이 낳은 어린 아들을 세자로 책봉시킨 것이 화근이 되었다고 본다. 그로 인하여 그녀의 자녀들이 모두 화를 입게 되었고, 그녀 역시 이미 세상을 떠났음에도 폐비가 되어 무덤까지 파헤쳐져 300년 가깝게 내버려져 있게 되었다. 그녀의 과도한 욕심이 화를 불러오고 말았다. 그녀가 이제는 모두를 용서하고 편히 잠들었으면 좋겠다. 그러나 쉽지 않을 듯싶다. 어쩌면 자신의 무덤이 파헤쳐져 병풍석을 비롯하여 정자각과 석물들이 여기저기 흩어져 버려진 것은 용서가 될지도 모른다. 하지만 두 아들과 사위가 살해되고, 출가한 딸은 홀로 남아 여승으로 떠돌다가 죽은 것은 도저히 용서가 안 될 것이다. 방원은 그녀에게 보복을 하여 가슴이 후련해졌을지 모르지만 신덕왕후 강씨는 땅속에서조차 화가 머리끝까지 치밀어 올라 잠을 제대로 이루지 못하고 있지 않을까 싶다. 그때 당시 상황으로 보면 방원이 열 받을 일이었지만 그래도 두 이복동생을 살해까지 한 것은 참으로 마음 아픈 일이다. 그것도 모자라 그녀의 무덤을 파괴한 뒤 이장을 하고도 여러 번 파헤쳐 방치해 놓았으니 그녀가 부관참시당한 것과 무엇이 다르겠는가. 어찌되었건 아버지가 애지중지했던 아버지의 부인으로, 방원에게도 새어머니인데 분풀이를 너무 세게 한 듯싶다.

신덕왕후 강씨의 능호는 정릉(貞陵)이며 능은 단릉으로 조성되어 있다. 그녀의 능은 다른 왕비들의 능에 비해 더없이 초라하다. 참도도 홍살문에

현재 정릉의 전경과 비각 안에 세워져 있는 비석의 모습이다. "대한 신덕고황후정릉(大韓 神德高皇后貞陵)"이라고 새겨진 비석만이 자리하고 있다. 고종 때 태조를 황제로 추존한 후 세운 비석이다.

서 정자각까지 '一' 자가 아닌 대부분의 왕릉들 참도와 달리 'ㄱ' 자로 꺾여 있다. 그녀의 꺾인 인생을 대변해 주는 듯하다.

현재 정릉의 석물에서 옛 정릉의 규모를 짐작할 수 있다. 그녀의 옛 정릉은 고려의 제31대 왕인 공민왕 능을 본떠 조성했기에 조선 왕릉 중 가

조선 최초의 왕비로 정식 취임했지만 조선 최초의 폐비가 되어 신주가 종묘에서 철거되고 왕릉이 파괴되었던 태조의 계비 신덕왕후 강씨의 정릉을 홍살문 앞에서 바라본 모습이다. 참도가 홍살문에서 정자각까지 '一' 자가 아닌 'ㄱ' 자로 꺾여 있다. 조선 왕릉의 참도가 대부분 일직선으로 되어있지만 'ㄱ' 자로 한 번 꺾여 있는 곳도 여러 곳 있고, 두세 번까지 꺾여 있는 참도도 몇 곳이 있긴 하다.

장 큰 규모였다고 한다. 하지만 고려 시대의 양식을 계승한 사각 장명등과 혼유석을 받치고 있는 2개의 고석만이 옛 정릉의 규모가 어땠는지 말해 줄 뿐이다. 다른 조선 왕릉의 장명등과 달리 지붕이 사각이며, 창이 사방이 뚫려 있는 게 아니라, 양옆은 막혀 있고, 앞뒤만 뚫려 있는 것이 특색이다. 그리고 봉분 앞에 놓여 있는 혼유석은 네다섯 개의 고석이 받치고 있어야 하는데 어디론가 사라지고 2개만이 남아 정릉의 혼유석을 힘겹게 받치고 있다. 그래도 그들만이라도 남아있는 게 참으로 다행이란 생각마저 든다. 조선 최초로 왕비에 올랐지만 그녀의 능은 병풍석은커녕 난간석도 없으며 왕릉에만 설치하는 무석인도 없다. 그녀의 병풍석은 그녀의 능침이 아닌 청계천 광통교에 설치되어 있으니 기가 막힐 일이다. 장명등만 생뚱맞게 클 뿐 석양, 석호, 석마는 아주 작다. 그들은 능침의 동쪽과 서쪽에 각각 한 쌍씩이 아닌 각각 한 기씩 설치되어 있다. 커다란 장명등이 애써 늠름한 모습을 취하고 있지만 쓸쓸하게 보일 뿐이다. 그런데 이곳에 몇 년 전 근처 약수터에서 발굴된 소전대가 설치되어 있어 오랜 역사를 거슬러 올라가 보게 하고 있다. 소전대는 태조의 건원릉, 태종의 헌릉 외에 남아 있는 게 없었다. 소전대는 제향을 마친 뒤 축문을 태웠던 곳이다. 조선 전기에 설치되었던 소전대는 차츰 예감으로 바뀌어 현재 이곳 정릉까지 세 개가 남아있을 뿐이다.

죽어서 남편 태조에게 커다란 왕릉을 선물 받은 계비 신덕왕후 강씨였지만 원비 신의왕후 한씨의 아들 태종 방원에 의해 왕릉 중 가장 초라한 왕릉의 모습이 되고 말았다. 그녀의 왕릉은 왠지 미완의 왕릉을 보는 듯 어설프기만 하다. 봉분도 다른 왕비들 봉분보다 훨씬 작다.

그녀는 태조가 그토록 사랑했던 여인이었지만 태조 곁에 잠들지 못하

신덕왕후 강씨의 정릉에 설치되어 있는 소전대의 모습이다. 정자각 왼쪽에 설치되어 있다. 제향을 마친 뒤 이곳에다 축문을 태웠다. 태조의 건원릉, 태종의 헌릉과 이곳 정릉에만 소전대가 남아있다. 다른 왕릉에는 소전대 대신 예감이 설치되어 있다.

고 홀로 잠들어 있다. 태조는 그녀가 세상을 뜬 후 12년이나 더 살다가 1408년(태종 8년) 세상을 떠났다. 그녀 곁에 그렇게 잠들고 싶어 했지만 그 꿈은 이룰 수 없었다. 그녀 곁에 남편 태조는 그만두고라도 어린 나이에 살해된 두 아들이라도 함께 잠들게 해 주었으면 슬픔이 덜 할 것만 같다. 그러나 그 아들들은 서울특별시 성북구 아리랑로 19길 116의 정릉(貞陵) 곁이 아닌 멀리 떨어져 잠들어 있다. 경기도 광주의 남한산성 자락에 의 안대군 방석이, 서울시 강남구 수서동에 무안대군 방번이 각각 잠들어 있다. 그녀는 이래저래 울분을 참아내기 어려울 것 같다. 그녀의 남편 태조 역시도 그녀를 비롯한 아들들과 멀리 떨어진 동구릉의 건원릉(健元陵)에 홀로 잠들어 있다. 태조의 능침에서는 억새꽃만이 600년이 넘도록 하얗게 피고 지며 인생의 무상함을 말해 주고 있다. 태종 방원의 뜻에 따라 잔디 대신 그의 고향 함흥에서 가져온 억새풀을 덮어 주었기 때문이다. 태종은 아버지가 고향보다 그녀를 더 그리워했음을 알고 있었을 텐데 그녀 대신 고향의 억새풀을 선물했다.

태조는 부인으로 2명의 왕비와 4명의 후궁을 두었다. 원비로 신의왕후 한씨, 계비로 신덕왕후 강씨, 그리고 후궁으로 성빈 원씨, 정경궁주 유씨, 화의옹주 김씨, 이름 모를 후궁 등 6명이다. 태조와 그녀들 사이에 태어난 자녀는 모두 8남 5녀다. 그중 원비 신의왕후 한씨의 소생이 6남 2녀이고, 계비 신덕왕후 강씨의 소생이 2남 1녀, 후궁 성빈 원씨와 정경궁주 유씨 의 소생은 없고, 화의옹주 김씨의 소생으로 숙신옹주, 이름 모를 후궁 소생으로 의령옹주가 있다. 그녀가 낳은 두 아들은 원비의 소생 방원에 의 해 무참히 살해되었고, 그녀에게 하나뿐인 딸 경순공주는 사위 이 제가 역시 방원에게 살해당한 뒤 머리를 깎고 비구니가 되었다.

태조의 계비 신덕왕후 강씨가 커다란 장명등 뒤에 홀로 쓸쓸히 잠들어 있는 능침의 앞모습과 곡
장 뒤에서 바라본 능침의 뒷모습이다. 현재의 정릉 석물 중 장명등과 혼유석을 받치고 있는 2개
의 고석만이 옛 정릉 석물이다.

원비 신의왕후 한씨의 소생 방원에 의해 계비 신덕왕후 강씨의 두 아들은 모두 살해되었다. 그녀의 차남 의안대군 방석(1382~1398)은 태조의 8남으로 태어나 1392년 조선이 개국하자마자 왕세자로 책봉되었다. 그는 고려, 우왕 8년에 태어나 아버지 이성계가 조선을 건국하여 제1대 왕이 되면서 조선 최초의 왕세자가 되었다. 동복형 무안대군 방번을 비롯하여 6명의 이복형들을 제치고 11세의 나이로 그가 왕세가가 된 것이다. 그러나 그는 안타깝게도 조선 최초의 폐세자 경력도 갖게 되었다.

그 당시 태조의 원비 신의왕후 한씨가 낳은 장성한 아들들이 있었음에도 불구하고 나이 어린 그가 태조의 뒤를 이을 왕세자로 책봉되었으니 장성한 이복형들이 가만히 있을 리 없었다. 그중 태조를 따라 조선의 건국을 앞장서서 도왔던 방원이 가장 크게 반발하였다. 그러고는 맏형인 방우를 왕세자로 책봉해야 한다고 주장하기에 이르렀다. 그 당시 원비의 소생으로 태조의 장남 방우의 나이가 39세였고, 5남인 방원은 26세였다. 그렇지만 태조는 방원의 주장을 단호히 거절하였다. 그러고는 계비의 소생으로 막내아들인 방석을 왕세자의 자리에 앉혔다. 어머니의 빈자리가 이렇게 큼을 원비의 소생들이 절감했을 것이다.

그 후 원비 소생들 중 방원이 태조의 행동에 반기를 들기 시작하였다. 사실 방원은 태조가 조선을 건국하는 데 가장 큰 공을 세운 최고의 아들이었다. 태조의 다른 아들들과 달리 문무를 겸비한 아들이기도 하였다. 그는 위화도에서 회군한 이성계에게 개경의 최 영(1316~1388) 부대를 쳐야 한다고 주장하였으며, 개국 반대 세력인 정몽주(1337~1392)를 선죽교에서 자객 조영규에게 살해하도록 하였는가 하면, 고려의 마지막 왕인 제34대 공양왕(1389~1392)을 폐위시키기 위해 왕대비인 안씨를 강압하기도 하였다. 그야말로 방원은 아버지 이성계가 조선을 건국할 수 있도록 온 힘을 다해 도운 아들이었다. 그런데도 태조는 계비 신덕왕후 강씨의 뜻에 따라 막내인 방석에게 왕세자 자리를 주었다.

조선을 개국하면서 왕세자 책봉 문제가 일어났을 때, 배극렴 등이 정안군 방원의 왕세자 책봉을 주장하였다. 이때 원비 신의왕후 한씨는 이미 조선 개국 1년 전에 죽고 없었기에 계비였던 방석의 어머니 신덕왕후 강씨는 방석의 형 무안대군 방번을 왕세자로 세우려던 참이었다. 그러나 배극렴, 조 준, 정도전 등 개국공신들의 반대로 방석의 형 방번의 왕세자 책봉은 무산되었다. 그 대신 막내인 방석이 왕세자로 책봉되었다. 그 이후

경기도 고양시 대자동에 있는 고려 말기의 명장으로 고려를 끝까지 받들려다 뜻을 이루지 못하고 살해당한 최 영 장군의 묘. 최 영 장군 묘 바로 뒤에는 "황금 보기를 돌같이 하라"는 유언을 남기고 세상을 떠난 그의 아버지 묘소가 있다.

왕세자로 책봉된 방석은 개국공신들의 지원에 힘입어 왕세자로서의 자질을 익혀 나갔다. 그런데 방석의 어머니 신덕왕후 강씨가 죽고, 아버지 태조마저 병석에 눕게 되자, 그를 지지하던 배후 세력들은 급속히 약화되었다. 그 틈을 타 원비의 소생들이 왕자의 난을 일으켰고, 난의 성공으로 방석의 이복형 방원이 왕세자 방석을 폐위시킨 다음 귀양 보내려다가 방번과 함께 살해하였다. 조선이 문을 연 지 얼마 안 되어 왕자 살해 사건이 일어난 것이다. 이때 방석의 나이는 17세였고, 그의 동복형인 방번의 나이는 18세였다.

조선 최초로 왕세자가 되었다가 살해된 방석에게 후사는 없었다. 그리하여 조선의 제4대 왕 세종의 6남 금성대군이 그의 후사를 잇게 되었다. 그러나 금성대군(1426~1457)이 단종 복위 사건에 연루되어 수양대군(세

금성대군의 넋을 기리기 위해 세워 놓은 금성단의 모습이다. 의안대군 방석의 후사를 잇게 된 금성대군은 단종 복위 운동에 연루되어 경북 영주시 순흥에 위리안치되었다가 친형인 세조에 의해 목숨을 잃고 말았다.

조)에게 1457년(세조 3년) 목숨을 잃으면서 방석의 후사는 완전히 끊어지고 말았다. 그 후 세종과 신빈 김씨와의 사이에 태어난 밀성군의 2남인 춘성군이 방석의 후사를 이어 가게 되었다.

의안대군 방석은 1392년(태조 원년) 왕세자의 자리에 올라 6년간 그 자리를 지켰다. 그의 어머니 신덕왕후 강씨는 그가 왕세자로 책봉된 뒤 4년이 지난 1396년(태조 5년) 세상을 떠났다. 그녀는 그녀의 아들 방석이 폐위되고, 그녀의 맏아들 방번과 함께 살해되는 비극은 목격하지 못하였다. 그녀가 죽은 지 2년 뒤인 1398년(태조 7년) 이런 엄청난 일이 벌어졌기 때문이다. 태조가 왕위에 있었지만 계비의 아들들의 목숨을 지켜내지 못했다. 저세상에서 그녀가 두 아들과 만났다면 얼마나 슬펐을지 짐작조차 어렵다.

이복형 방원은 자신과 동복형 방번을 살해했음에도 분이 풀리지 않았는지 생모인 신덕왕후 강씨의 무덤을 파헤쳐 일반 묘 정도로 만들어 놓았다. 그의 어머니는 자신을 왕세자의 자리에 올린 게 큰 죄가 되어 무덤 속에서도 모진 수난을 겪어야만 했다. 그때 파헤쳐진 신덕왕후 강씨의 정릉 석물들을 청계천의 광통교에 가면 볼 수 있다. 몇 해 전 복개(覆蓋)되었던 청계천을 복원하면서 슬픈 역사를 간직하고 있는 광통교를 다시 만날 수 있게 되었다. 광통교의 교각이나 난간석 등을 보면 왕릉의 석물임을 금세 알 수 있다. 그의 어머니 능은 초라한 무덤으로 변해 버렸고, 광통교만 호사를 한 셈이다.

청계천의 광통교 아래로 내려가 보면 깜짝 놀라게 된다. 다리 중앙을 받치고 있는 돌들과 다리 양쪽 끝을 받치고 있는 돌들을 보고 놀라지 않을 수 없다. 우선 돌들의 크기에 놀랍고, 그다음 조각의 아름다움에 또다시 놀랍다. 그것을 보면 왕릉의 규모가 어떠했는지 짐작이 가고도 남는다. 왕릉을 답사한 사람이면 그 돌들이 잡귀를 쫓기 위해 무덤에 둘러친 병풍석임을 쉽게 알 수 있을 것이다. 병풍석이 이리저리 뒤섞여 광통교의 받침돌이 되었지만 조각은 그대로 살아 있다. 구름과 당초무늬의 조각이 아직도 선명하고 아름답다. 마치 어제 한 조각처럼 신선하기까지 하다. 다리

청계천의 다리가 된 왕릉의 병풍석 모습이다. 위쪽 사진이 바로 태조의 계비 신덕왕후 강씨의 옛 정릉 병풍석을 헐어다 쌓은 광통교의 벽면이다. 600년이 지났는데도 조각을 어제 한 듯 선명하다. 아래쪽 사진은 태조의 현재 건원릉의 병풍석 모습이다. 그들의 모습이 닮아 있어 더욱 가슴이 뭉클해진다.

의 받침대가 되어 버린 옛 정릉의 병풍석 조각이 태조의 건원릉에 둘러쳐져 있는 병풍석 조각과 매우 유사함을 알 수 있다. 비슷한 시기에 조성되어 그런지 너무나 유사하다.

폐세자가 되어 잔인하게 살해된 의안대군 방석은 부모님의 뜻에 의해 왕세자로 책봉되었지만 무시무시한 이복형 방원으로 인하여 끔찍하게 살해되고 말았다. 솔직히 부모님의 과잉 사랑이 그의 목숨을 일찍이 앗아간 게 아닌가 싶다. 그의 아버지 태조는 그의 어머니 신덕왕후 강씨의 사랑에 푹 빠져 장성한 원비 소생들의 마음을 헤아리지 못해 이 같은 비극을 초래하게 만들었다. 다행히 1680년(숙종 6년) 7월, 영춘추관사 김수항(金壽恒) 등의 상언에 따라 조선 최초로 왕세자의 자리에 올랐던 방석은 의안대군으로, 방번은 무안대군으로 추증되었다.

왕세자의 자리에서 폐위되고 살해된 방석에게는 부인이 있었다. 그는 처음에 현빈 유씨와 결혼했으나 비행으로 그녀가 폐출되자 춘추관대제학 심효생의 딸과 재혼하였다. 이래저래 방석은 어린 나이에 아픔을 많이 겪었다. 어머니도 일찍 여의고, 결혼도 두 번이나 했으니 하는 말이다. 그의 첫 번째 부인 현빈 유씨와 내시 이 만의 간통 사건이 발생하여 현빈 유씨와 이 만은 처벌받았고 그 결과 현빈 유씨는 자신의 비행으로 조선 최초의 폐빈이 되었다. 그리하여 방석은 현빈 유씨가 폐출된 뒤 심씨를 새 부인으로 맞게 되었다. 그러면 무엇하랴. 방석이 폐세자가 되어 살해되고 말았으니…….

방석이 폐세자가 됨에 따라 그의 부인도 폐빈이 되었다. 그들은 폐세자, 폐빈의 몸으로 죽어 아래위로 함께 잠들어 있다. 그의 묘는 쌍묘인데 좌우로 나란히 봉분이 있는 게 아니고, 앞뒤로 나란히 조성되어 있다. 위에 있는 묘가 의안대군 방석의 묘이고, 아래에 있는 묘가 그의 부인 심씨의 묘이다. 두 묘가 동원상하릉 형식으로 조성되어 있다.

그런데 두 묘가 앞뒤로 붙어도 너무 붙어 있다. 방석의 묘 뒤에서 사진을 찍으면 한 묘처럼 보인다. 앞으로나란히도 할 수 없을 정도로 두 묘가 바싹 붙어 있다. 석물은 간소하게나마 아래 방석의 부인 묘 앞에 모두 설치되어 있다. 두 쌍의 문석인과 혼유석, 향로석 등이 심씨부인의 비석 앞에 설치되어 있다. 방석의 묘 앞에는 작은 비석 하나만 덩그마니 놓여 있다. 방석의 묘는 그의 부인 묘에 붙어 있어 석물을 세울 자리조차 없다. 조선의 왕릉들 중 효종의 영릉(寧陵)과 경종의 의릉(懿陵)이 동원상하릉 형식으로 조성되었는데 의안대군묘도 그랬다. 그 밖의 왕자들 묘 중 성종의 형인 월산대군 묘가 월산대군부인 묘와 앞뒤로 조성되어 있다. 그런데 월산대군 부부의 묘는 앞에 왕자인 월산대군 묘가 자리해 있고 그 뒤에 부인 박씨의 묘가 조성되어 있다. 뒤가 상석인데 월산대군이 아닌 그의 부인 묘가 상석인 뒤에 자리하고 있는 게 특이하다.

의안대군 방석 묘의 또 다른 특징은 호석이 봉분을 네모나게 둘렀다는 것이다. 조선 왕릉 중 능침을 네모나게 조성한 능은 없지만 조선 전기 왕자들의 무덤 중 봉분에 호석을 네모나게 두른 것은 여러 기가 있다. 태조의 7남인 의안대군 방석 묘를 비롯하여 태종의 4남 성령대군, 세종의 7남 평원대군, 예종의 2남 제안대군 묘 등에 호석이 네모나게 둘러져 있다. 왕자들 묘 중 호석조차 두르지 않은 묘들도 많다. 왕자들 묘뿐 아니라 왕과 왕비들 능에도 호석을 두르지 않은 능들도 여러 기가 있다. 방석의 어머니인 신덕왕후 강씨의 정릉 역시 병풍석은커녕 호석도 둘러져 있지 않다.

조선 건국 왕 태조의 8남인 폐세자 의안대군 방석과 폐빈 심씨가 잠들어 있는 방석의 묘 전경이
다. 방석은 가파른 돌계단 위에 조성된 묘역에 부인과 앞뒤로 나란히 잠들어 있다. 방석의 묘로
오르는 돌계단 아래와 방석의 묘 뒤에서 찍은 모습이다. 그의 묘 앞에 부인 심씨가 잠들어 있다.
문석인만이 양쪽에 한 쌍씩 설치되어 있다.

의안대군 방석은 조선 최초의 왕세자였지만 조선 최초의 폐세자가 되
었고, 조선 최초로 살해된 왕세자가 되었다. 그는 경기도 광주시 중부면
엄미리 152번지에 잠들어 있다. 그가 죽은 지 600년이 넘었지만 그는 조
선왕조 건국 이야기부터 생생하게 전해 주고 있다. 그러나 그가 전해 주
는 조선왕조 이야기는 여간 흥미로운 게 아니다. 그가 행복했던 왕세자가
아니고 불행했던 왕세자였기에 후손들이 그와 더 많은 이야기를 나누고
싶어 하는지도 모른다. 행복한 왕세자와는 이야기를 나눌 게 별로 없다.
비운의 왕, 비운의 왕비, 비운의 왕자, 비운의 공주, 비운의 후궁 등이 우리
의 역사를 흥미롭게 만들어 주는 게 사실이다. 그들의 이야기가 문화 콘
텐츠가 되어 책으로, 영화로, 연극으로, 뮤지컬 등으로 재탄생하면서 문화
예술 발전에 큰 공헌을 해 주고 있기 때문이다. 나 역시 그들의 이야기를
듣는 것을 매우 좋아하고, 그들에게 이야기를 건네는 것도 매우 좋아한다.
그리고 그들을 많이 사랑한다.

조선의 폐세자 1호인 의안대군 방석의 묘역 모습이다. 그의 봉분 앞 비석(위 사진)에 이 묘의 주인이 방석임을 간신히 알려주고 있다. 비석 주변에는 할미꽃이 흐드러지게 피었다. 너무 젊은 나이에 죽어서 그런지 할미꽃이 방석의 묘에 핀 게 영 어울리지 않는다. 이복형 방원이 무서워 그런지 그의 묘는 그의 부인 심씨의 묘(아래 사진) 뒤에 바싹 붙어있다. 방석의 묘역 앞에는 작은 비석만 설치되어 있는데 부인 심씨의 묘 앞에는 그녀의 비석과 상석, 향로석이 설치되어 있다. 방석의 묘에는 2쌍의 문석인 외에 석양이나 석호, 석마는 한 기도 없다.

🌸 방석의 친형! 방번

신덕왕후 강씨에게는 폐세자 의안대군 방석과 함께 살해된 장남 무안대군 방번(1381~1398)이 있었다. 방번은 방석의 친형으로 연년생이었다. 그 역시 고려 우왕 때 태어나 고려와 조선, 두 시대를 걸쳐 살았지만 이복형 방원에 의해 20세도 안되어 살해되었다.

조선이 개국한 직후 방번은 1392년(태조 원년) 8월, 무안군에 책봉되면서 의흥친군위절제사에 임명되었고, 1393년(태조 2년) 10월, 의흥삼군부좌군절제사로 개수되었다. 부모인 태조와 신덕왕후 강씨의 사랑을 받아 세

태조와 계비 신덕왕후 강씨와의 사이에 태조의 7남으로 태어난 무안대군 방번이 살았던 자수궁터(서울 종로구 옥인동 20번지)임을 알리는 표지판과 그곳에서 바라본 인왕산의 모습이다. 한편 진경산수화의 대가 겸재 정선(1676~1759)이 태어난 북악산 서남산 기슭(서울 종로구 청운동 89번지)에서 이곳 인곡동으로 이사 와 32년간 살았던 곳이기도 하다. 현재 그곳에는 군인 아파트가 자리하고 있다.

자로 내정되었으나, 배극렴, 조 준, 정도전 등이 그의 "성격이 광망(狂妄)하고 경솔하다"고 반대하여 세자 자리는 친동생인 방석에게 돌아갔다. 그때 자존심이 무척이나 상했을 것으로 본다.

그러나 그가 6명의 이복형들을 생각하면 자존심이 상할 일이 아니다. 이복형들 중 가장 자존심이 상했을 형은 물어보나마나 방원 형이다. 아니나 다를까? 1398년(태조 7년) 8월, 정안군 방원이 방석의 세자 책봉과 정도전 일파의 병권 장악에 반대하여 '제1차 왕자의 난'을 일으켰다. 그때 세자로 책봉된 친동생 방석과 함께 잔인하게 살해되었다. 그 후 그가 죽은 지 8년 되던 해인 1406년(태종 6년) 8월, 공순군의 시호를 받았다. 이미 죽었는데 시호를 받은들 무슨 소용 있겠는가. 그것도 자신을 살해한 태종 방원이 내린 시호이니 그가 반가울 턱이 없다. 친동생 방석은 어린 나이에 세자 자리에 올라 이복형들의 미움을 샀을 것이다. 그렇지만 방번은 자신이 살해된 게 억울하고 분통이 터질 일이었을 것이다. 아마 세자로 책봉된 방석의 친형인 것이 죄가 되어 함께 살해되었을 것이다. 방번 역시 결혼을 했다. 그러나 자녀를 한 명도 남기지 못하고 살해되었다. 그리하여 세종의 5남 광평대군(1425~1444)이 그의 봉사손이 되었다. 그가 광평대군묘역에 잠든 이유다.

무안대군은 결혼을 하였으나 자녀를 남기지 못한 채 살해되어 이에 1437년(세종 19년) 6월, 세종은 그의 5남 광평대군 이 여에게 후손이 없는 방번의 봉사손으로 명하였다. 세종의 배려로 광평대군 이 여가 그의 후사로 정해지면서 입묘봉사(立廟奉祀) 되었다. 그리고 같은 해 11월, 추성(楸城)을 증읍(贈邑)받고 사우(祀宇)가 건립되었다. 또 1452년(단종 즉위년) 10월에는 문종의 시호를 피하여 장혜(章惠)로 개시(改諡)되었다. 광평대군의

무안대군 방번이 잠들어 있는 전주 이씨 광평대군파 묘역의 사당 앞에 세워져 있는 내삼문의 모습과, 억울하게 살해당한 무안대군 방번의 묘역 모습이다. 무안대군 방번은 고려의 마지막 왕인 공양왕과 순비 사이에 태어난 왕 우의 딸과 잠들어 있다. 묘가 하도 많아 비석을 잘 읽어야 찾을수 있다. 대군의 묘인데 석물들이 너무 남루해 더 찾기 어렵다.

묘는 원래 경기도 광주 서촌 학당리(현재 강남구 삼성동 선릉 부근)에 있었다. 그런데 1495년(연산군 원년)에 그곳이 조선 제9대 왕 성종의 왕릉인 선릉 터로 정해지면서 지금의 광수산 자락으로 옮겨졌다. 사당도 원래 서울 성북구 안암동의 광평대군이 살던 집에 있었는데 1911년 현 위치로 옮겨졌다.

무안대군 방번이 그의 부인 왕씨와 합장되어 잠들어 있는 이곳에는 묘가 엄청 많이 들어차 있다. 태조의 아들인 무안대군 방번의 묘와 광평대군의 묘, 광평대군의 장남 영순군의 묘, 그리고 그의 후손들 묘가 700여 기나 모여 있다. 서울에 그것도 강남에 이처럼 많은 묘가 조성되어 있을 줄 몰랐다. 이곳 '전주 이씨 광평대군파 묘역'은 서울 유형문화재 제48호로 지정되었으며, 무안대군의 신도비를 비롯하여 광평대군의 신도비와 그의 장남 영선군의 신도비, 혜정공신도비 등도 문화재적 가치가 높다고 한다.

그 역시 동생 의안대군 방석과 함께 1680년(숙종 6년) 7월, 영춘추관사 김수항 등이 "방번, 방석은 신덕왕후의 신주를 10월 1일, 종묘에 안치하였으므로 법으로써 마땅히 대군으로 증작(贈爵)해야 하는데, 지금까지 빠뜨렸으니 진실로 법에 어그러진다"라고 상언하여 그는 무안대군으로 추증되었고, 동생은 의안대군으로 추증되었다.

무안대군의 부인은 개성 왕씨로 정양대군 귀양군 왕 우의 딸이다. 귀양군 왕 우는 고려의 마지막 왕인 제34대 공양왕(1345~1394)과 순비 노씨의 장남이다. 고려가 망하지 않았다면 왕위를 계승했을지도 모를 그 장남의 딸과 고려를 멸망시키고 조선을 세운 태조의 아들이 결혼을 한 것이다. 고려의 국왕 공양왕과 조선의 국왕 태조가 사돈 간이 된 셈이다. 무안

무안대군 묘를 수호하고 있는 늘씬한 문석인의 모습이다. 문석인의 얼굴이 많이 마모되었다. 그 모습을 그저 바라만 봐도 슬프다. 무안대군 방번의 묘는 그의 봉사손이 된 광평대군과 광평대군의 장남 영선군의 묘에 비하면 정말 초라하다.

대군의 부인이 공양왕의 손녀이니 그렇다. 아무리 생각해 봐도 납득이 안 가는 상황이다. 무안대군 방번의 장인 왕 우는 태조 이성계의 공로로 어려서 고려로부터 고공좌랑에 제수된 사람이다.

건국 왕 태조가 그토록 사랑했던 계비 신덕왕후 강씨의 장남으로 태어난 무안대군 방번은 18세의 젊은 나이에 꿈도 펼쳐보지 못한 채 살해되었다. 이복형 방원에 의해 세자로 책봉되어 있던 동생 의안대군 방석과 함께 죽임을 당했다. 그를 낳아 준 아버지 태조는 동구릉의 건원릉에, 어머니 신덕왕후 강씨는 정릉에, 그와 멀리 각각 떨어져 홀로 잠들어 있다. 그의 동생 의안대군 방석도 그가 잠들어 있는 서울특별시 강남구 수서동 산 10-1번지와 멀리 떨어진 남한산성 자락에 잠들어 있다.

🌱 비구니가 된 유일한 딸! 경순공주

신덕왕후 강씨에게는 두 아들 말고 태조와의 사이에 태어난 유일한 딸 경순공주(?~1407)가 있었다. 폐세자가 된 차남 의안대군 방석(1382~1398)과 장남 무안대군 방번(1381~1398)의 친누나이다. 그러나 그녀는 머리를 깎고 비구니가 되어야만 했다. 경순공주는 두 남동생과 남편이 이복오빠 방원에 의해 살해되자 머리를 깎고 여승이 될 수밖에 없었다. 1399년(정종 1년) 음력 9월 10일, 『조선왕조실록』을 보면 머리를 깎을 때 경순공주는 한없이 눈물을 흘렸다고 한다. 그 당시 태상왕으로 물러나 있던 태조도 자신의 딸이 여승이 되는 것을 반대하지 않았다고 한다. 자신의 아들이지만 도저히 방원의 기세를 꺾을 수 없어 그랬을 것이다. 경순공주가 비구니가 되어 들어가 살았던 절은 정업원이다. 이곳은 조선 시대에 양반 출신의 여인들이 출가하여 머물던 곳으로 현재는 청룡사가 자리하고 있다. 고려 말의 명신 이제현의 딸이자 고려 제31대 왕 공민왕 비인 혜비가 거주한 곳으로도 유명하며, 경순공주에 이어 단종의 비 정순왕후 송씨와 단종의 누나였던 경혜공주도 이곳에 들어가 비구니 생활을 했다.

경순공주의 아버지 태조는 4명의 부인에게서 5명의 딸을 얻었다. 하지만 누구보다 경순공주를 불쌍히 여겼을 것이다. 태조 생각에 잘못하다가는 물불 가리지 않는 자신의 5남인 방원에 의해 계비의 자녀 중 유일하게 살아남은 경순공주도 목숨을 잃을까 두려웠을지도 모른다. 그리하여 딸에게 차라리 속세를 떠나 비구니로 살아가라 했을 것이다. 그렇게 살아가는 게 오히려 안전할 것이라 생각했던 모양이다. 태조는 왕이었음에도 불

옛 정업원 자리에 세워져 있는 청룡사의 일주문 모습이다. 신덕왕후 강씨의 외동딸 경순공주가 두 동생과 남편이 살해된 뒤 머리를 깎고 이곳 정업원으로 출가하였다. 훗날 제6대 왕 단종 비 정순왕후 송씨가 이곳에서 여생을 보내면서 널리 알려졌다. 청룡사 일주문에 '三角山靑龍寺'라고 쓰여 있다.

구하고 아들 방원을 제지할 힘이 도저히 없었나 보다.

경순공주는 개국의 일등공신 흥안군 이 제에게 출가하였는데 1398년 (태조 7년) 제1차 왕자의 난 때 두 남동생들과 함께 그녀의 남편도 목숨을 잃었다. 그 엄청난 일이 있은 후 태조는 경순공주를 불러 여승이 되게 하였다고 한다. 목숨만이라도 지켜 주기 위해서였을 것이다. 그녀는 어머니 신덕왕후 강씨가 세상을 떠난 후 11년을 더 살고, 두 남동생과 남편보다 9년을 더 살다가 1407년(태종 7년)에 세상을 떠났다. 그녀의 아버지 태조는 그녀가 세상을 뜬 다음 해인 1408년(태종 8년)에 세상을 떠났다. 그녀의 아버지 태조는 나라를 세웠지만 비운의 아버지 중의 아버지다. 그토록 사랑했던 어머니 신덕왕후 강씨를 비롯하여 어머니와의 사이에 태어난 2남 1녀를 모두 앞세우고 세상을 떠났으니 그렇지 않은가. 경순공주의 묘에 대한 기록은 아직 찾지 못해 답사를 하지 못했다.

끔찍한 시동생(세조)을 둔
현덕왕후 권씨

제5대 왕 문종의 비

1985년 1월 8일 보물 제811호로 지정된 경복궁의 교태전 후원 아미산에 세워져 있는 굴뚝의 모습이다. 조선 제5대 왕 문종의 비 현덕왕후 권씨는 세자빈 시절에 죽어 왕비의 침전인 교태전에서 이 아름다운 아미산의 굴뚝을 내다보지 못했을 것 같다. 혹시 동궁전과 가까우니 오고 가면서 보았을지는 모르겠다. 경회루 연못을 만들면서 그곳에서 파낸 흙으로 교태전의 후원인 아미산을 조성하였다고 한다. 그 아미산에 교태전의 아궁이와 연결된 육각의 굴뚝 4개를 세웠다. 현덕왕후 권씨는 남편 문종이 왕위에 오르면서 왕비로 추숭되었지만 시동생 세조로 인해 무덤 속에서 폐위되어 폐비가 되었다.

조선이 개국한 이래 건국 시조 태조의 계비 신덕왕후 강씨에 이어 두 번째 폐비가 탄생했다. 그녀 역시 이미 세상을 떠났음에도 무덤 속에서 죽고, 죽고, 또 죽임을 당해야만 했다. 그녀가 바로 문종(1414~1452)의 비 현덕왕후 권씨(1418~1441)다. 그녀는 끔찍한 시동생 세조로 인해 무덤 속에서 죽은 지 16년이 되는 1457년(세조 3년)에 폐비가 되었다. 그런데 폐비가 된 것으로 끝난 게 아니었다. 그녀의 시동생 세조는 세종이 길지를 택해 묻어 준 안산의 소릉을 파헤쳐 그녀의 시신을 꺼내 그대로 바닷가에 내다 버리는 도저히 인간으로서 할 수 없는 일을 하고야 말았다. 그렇게 그녀는 죽어서도 온갖 수모를 당했다. 세조가 그녀의 시아버지인 세종의 피를 물려받았어야 하는데 시할아버지인 태종의 피를 물려받았던 모양이다.

광화문 광장에 세워져 있는 세종대왕 동상. 성군 중의 성군으로 모든 백성을 위한 정책을 펼친 세종에게도 가족 위할 줄 모르는 세조 같은 잔인한 아들이 탄생했다.

그녀는 아버지 화산부원군 권 전과 어머니 해주부부인 최씨의 1남 1녀 중 외동딸로 태종 18년에 태어나 제5대 왕 문종의 비가 되었다. 그녀의 본관은 안동이다. 그녀는 문종과의 사이에 1남 1녀를 낳았다. 제6대 왕 단종(1441~1457)이 그녀가 낳은 유일한 아들이고, 경혜공주(1436~1473)가 유일한 딸이다. 하지만 세조가 왕위 찬탈을 위해 그녀의 유일한 아들 단종은 귀양을 보냈다가 폐서인시켜 살해하고, 사위 정 종까지 살해한 뒤 유일한 딸 경혜공주는 관노비를 시키는 등 그녀에게 씻을 수 없는 원한을 쌓게 해 주었다.

무덤 속에서까지 온갖 핍박을 당한 현덕왕후 권씨의 남편인 조선 제5대 왕 문종이 잠들어 있는 현릉의 능침 모습이다. 현덕왕후 권씨는 우여곡절 끝에 간신히 문종 곁에 돌아와 잠들게 되었다. 동구릉에 자리한 현릉은 왕과 왕비의 능이 정자각을 함께 쓰는 동원이강릉으로 조성되었다.

그녀는 문종이 세 번째로 맞이한 세자빈이다. 문종의 세자빈이었던 휘빈 김씨와 순빈 봉씨가 비행을 저질러 폐빈이 되어 쫓겨나는 바람에 후궁으로 있던 그녀가 문종의 세자빈으로 책봉되었다. 그녀가 20세 때 24세가 된 문종의 세자빈이 되었다. 그러나 그녀는 안타깝게도 왕비가 되기 전 단종을 낳고 하루 만에 사망했다. 약을 쓸 틈도 없이 그녀가 죽자, 세종 내외는 5일간 상복을 입었고, 지아비인 문종은 30일 동안이나 상복을 입었다.

그녀는 문종이 왕세자였을 때 후궁 승휘로 궁궐에 들어왔다. 그 후 세자의 두 부인이 갖가지 비행으로 왕실을 문란케 한 뒤 세종 부부에 의해 폐위되자 이미 경혜공주를 낳은 권씨가 세자빈으로 책봉되었다. 경혜공주를 낳아 그녀가 세종 부부에게 가산점을 받았는지도 모른다. 왕실에서는 자녀의 생산이 그 무엇보다 중요하기 때문이다. 그녀가 공주를 낳았으니 왕위를 물려받을 왕자도 낳을 수 있다는 세종부부의 희망이 그녀를 세자빈이 되게 했을 것이다. 예상대로 그녀는 1441년(세종 23년) 원손인 단종을 낳았다. 문종의 나이 28세가 되어서야 원손이 태어났다. 그런데 그녀는 그만 단종을 낳은 후 산후병으로 24세의 젊은 나이에 사망하고 말았다. 사망 후 그녀에게 현덕빈의 시호가 내려졌으며, 문종이 왕위에 오른 뒤에는 현덕왕후로 추존되었다. 그녀가 사망한 뒤 문종은 먼저 얻은 두 부인에게 데어서 그랬는지 세자빈을 다시 들이지 않았다. 왕위에 올라서도 왕비를 들이지 않은 유일한 왕이다.

그녀의 능은 처음에 경기도 안산에 있었다. 그녀는 1450년(문종 즉위년) 문종의 즉위와 함께 현덕왕후로 추숭되면서 소릉이라는 능호를 얻게 되었다. 그러나 종묘에 부부의 신주가 모셔진 지 5년 만인 1457년(세조 3년)

현덕왕후 권씨의 어머니와 동생 권자신이 세조에 의해 왕위에서 쫓겨난 그녀의 아들 단종의 복위를 도모하다가 발각되는 사건이 일어났다. 그 일로 단종을 왕위에서 몰아내고 왕위를 차지한 그녀의 시동생 세조가 단종을 노산군으로 강등시키고, 그녀를 폐비시켜 서인으로 강등시킨 뒤 종묘에서 신주를 철거하고 말았다. 그뿐만이 아니었다. 그녀의 능도 파헤쳐져 썩을 대로 썩은 그녀의 시신은 초장지가 있었던 안산의 군자 바닷가에서 4km 바깥으로 내던져졌다. 그리하여 그녀의 소릉은 폐릉이 되고 말았다.

이 사실을 단종이 알았다면 얼마나 가슴이 아팠을지 상상조차 할 수 없다. 그 해에 단종도 살해되어 세상을 떠났으니 알지 못했을 것이다. 그 뒤 성종과 연산군 대에 몇 차례 그녀의 복위에 관한 건의가 있었으나 실현되지 못했다. 그러다가 1513년(중종 8년) 종묘에 문종의 신주만이 홀로 제사를 받는 것이 민망하다는 명분 아래 폐비가 된 지 56년 만에 복위되어 안산의 군자 앞 바다에 내버려졌던 유골 몇 점을 수습해 와 문종의 현릉 동쪽 언덕에 장사를 지냈다. 그리고 신주가 다시 종묘에 봉안되었다. 단종의 어머니인 게 죄였을 것이다. 그녀 역시 비운의 왕비 중의 왕비다. 그나마 남편인 문종 곁에 잠들게 되어 다행이다.

비록 합장은 안 되었지만 그나마 문종과 가까이 잠들게 된 것만 해도 천만다행이다. 그녀는 정숙한 덕과 온순한 용모로 동궁에 뽑혀 들어와 승휘가 되었다가 진봉되어 세자빈의 자리에 올라 단아한 성품과 효행으로 세종과 소헌왕후 심씨의 사랑을 한 몸에 받았다. 거기에 왕위를 이을 단종까지 낳았으니 그녀의 앞날은 탄탄대로였다. 그러나 그녀는 단명하여 그 탄탄대로를 걸어보지도 못한 채 비운의 왕비가 되고 말았다.

야사에 세조가 단종을 죽인 뒤, 현덕왕후 권씨의 혼령이 꿈에 자주 나

문종과 현덕왕후 권씨가 잠들어 있는 현릉의 전경이다. 문종은 정자각 위쪽에 잠들어 있고, 현덕 왕후 권씨는 정자각 오른쪽 비각 위쪽에 잠들어 있다. 현릉의 참도도 대부분의 왕릉이 일직선으로 조성되어 있는 것과 달리 꺾여 있다. 태조의 비 신덕왕후 강씨가 잠들어 있는 정릉은 한 번 꺾였는데 이곳은 두 번이나 꺾여 조성되었다.

타나 저주를 하여, 자신의 맏아들인 의경세자가 죽었다고 믿은 나머지, 이에 분노하여 경기도 안산에 있던 현덕왕후 권씨의 소릉을 파헤친 뒤, 관은 갯벌에다 내버렸으며, 신주는 종묘에서 내쳤다고 전한다. 또한 숙종 때 가서야 그녀가 다시 왕후로 추존되었다고도 전한다. 하지만 의경세자(추존 왕 덕종)가 사망한 것은 1457년(세조 3년) 음력 9월 2일이고, 단종이 사망한 것은 1457년(세조 3년) 음력 10월 21일로 오히려 의경세자가 단종보다 먼저 사망했다. 따라서 현덕왕후 권씨의 저주가 의경세자를 죽게 했다는 식의 야사의 내용은 옳지 않다고 본다. 세조가 단종에게 못할 짓을 하도 많이 했기에 세간에서는 별의별 말을 다 지어냈던 모양이다. 하긴 세조가 단종을 왕위에서 쫓아낸 것만 해도 현덕왕후 권씨의 혼령이 화가 났을 것은 당연한 일이다. 그런데 쫓아낸 것도 모자라 첩첩산중에 유배를 보낸 뒤 그것도 폐서인시켜 살해까지 했으니 짐승만도 못한 짓을 한 세조가 악몽에 시달리는 게 어쩌면 당연한 일이었을 것이다.

또 한편 전해 오는 이야기에 의하면 세조가 단종을 죽이려고 할 때 꿈속에 현덕왕후 권씨가 나타나 세조를 꾸짖고 얼굴에 침을 뱉고 사라졌는데 세조가 놀라 깨어 보니 그의 맏아들인 의경세자가 죽었고, 세조 또한 온몸에 피부병이 생겼다고 한다. 이것 또한 현덕왕후 권씨의 저주 때문이라며 세조가 그녀가 잠들어 있는 소릉을 파헤쳐 시신을 바닷가에 내버리라고 명을 내렸다고 한다. 세조는 자신의 죄는 전혀 뉘우치지 못하고 애꿎은 그녀의 무덤만 파헤치게 만들었다. 신기한 일은 그녀의 시신이 담긴 관이 바닷물에 떠다니다가 어느 한 곳에 닿았는데 그곳이 육지가 되었고, 그곳에 우물이 생겼다고 전한다. 그 우물의 이름을 '관우물'이라 불렀다고 한다. 현재 반월 공단이 자리한 목내동 능안리에 가면 관우물지(棺井址)의 유래를 설명해 놓은 표석을 만날 수 있다. 세조가 조카인 단종과 형수인 현덕왕후 권씨에게 하도 못되게 굴어 그의 악행이 어느 왕보다 무궁무진하게 전해지고 있다. 전해 오는 이야기는 너무 따지지 말고 일단 믿어야 재미가 있게 마련이다. 그런데 세조 이야기는 유난히 사실과 안 맞는 이야기가 많다.

그녀의 초장지였던 소릉지와 관우물지가 있었던 그곳에 현재는 공단이 조성되어 있다. 그나마 관우물지는 표석이라도 세워져 있지만 그녀의

관우물유래

이곳은 관우물이 있던 자리이다.
목내동 능안에 있던 소릉(昭陵)은 단종의 어머니인
현덕왕후 권씨를 모셨던 능이었다. 세조는 단종을
폐위시키고 왕위에 오른뒤 단종을 죽이고 이 소릉
마저 파내어 관을 바다에 던져 버렸다.
  현덕왕후는 단종을 낳다가 돌아가셨는데 세조가
단종을 죽이려 할 때 세조의 꿈에 나타나 이를 엄히
꾸짖자 크게 노한 세조는 현덕왕후의 관을 바다에
던져 버린 것이었다. 바다에 던져진 왕후의 관은
소릉옆 바닷가까지 떠밀려 왔으나 아무도 관을 건져
주지 않았다. 방치된 관을 어느 순박한 농부가 양지
바른 언덕에 옮겨 묻어 주었는데, 중종때 소릉이
복위되어 지금은 동구릉 문종의 능 동편에 자리하고
있다.
  현덕왕후의 관이 바다에 버려진 후 처음 도착한
바닷가는 뒤에 육지가 되어 우물이 생겼다. 이곳을
관이 닿았던 자리라고 해서 "관우물"이라 불렀다.

안산시 반월 공단 안에 관우물지(棺井址)가 있다. 현재 그 자리에 있었던 우물은 없고, 대신 안내 표석이 이곳에 왜 서 있는지 이유를 열심히 말해 주고 있다. 현덕왕후 권씨의 관이 세조의 명에 의해 바다에 내버려진 후 처음 도착한 곳이 이곳으로, 원래 바다였는데 육지가 되면서 이곳에 우물이 생겼다고 전해진다. 현덕왕후 권씨의 관이 처음으로 닿았던 곳이라 하여 '관우물'이라는 이름이 붙었다고 한다. 그 우물 자리에 표석이 그녀의 아픈 사연을 품은 채 서 있다.

소릉지는 흔적도 찾기 어려워졌다. 아니 찾을 길이 없다. 현덕왕후 권씨가 안산시 와리면 목내리(안산시 목내동 산47번지) 소릉에 잠들어 있었다는데 도저히 그곳을 가늠해 보기도 어렵다. 그러나 그녀의 소릉이 세조에 의해 파괴되면서 석물들은 그 자리에 남아 있었다. 그 석물들의 흔적이 현재 몇 점 남아 있다. 그녀가 떠나 버린 뒤 그 석물들은 폐릉이 된 소릉 자리에 그대로 묻혀 있었다. 그 후 500여 년이 지난 1978년 단국대학교 발굴 팀이, 1982년 경희대학교 발굴 팀이 발굴을 시작하여 석양, 석호, 난간석주 등 28점을 발굴하였다. 그중 석호 한 쌍은 이화여자대학교 박물관에 전시되고 있으며, 다른 석물들은 안산 문화원 야외 전시장에 전시되어 있다. 그 석물들을 바라보는 순간 슬퍼진다. 주인을 잃고 500년이 지나도록 땅속에 묻혀 있다가 햇빛을 보게 된 석물들이다. 그녀의 무덤이 처음에 세자빈 묘로 조성되었기 때문에 그 석물들은 조각도 단순하고 왜소한 편이

문종의 비이자 단종의 생모인 현덕왕후 권씨의 초장지였던 소릉을 수호한 석물들이 땅속에 파묻혀 있다가 1982년 발굴되어 500여 년 만에 햇빛을 보게 되었다. 주인을 잃은 석물들이 안산시 문화원 야외 전시장에서 자신들이 소릉 지킴이였음을 알리고 있다. 사진에서 왼쪽이 석양이고, 오른쪽이 난간 석주이다. 그리고 난간 석주 옆으로 형체를 알 수 없는 석물 조각들이 전시되어 있다.

다. 주인이 떠나 폐릉이 되어 버린 소릉 자리는 주소는 나와 있지만 정확히 알 수 없다.

현덕왕후 권씨가 왕비로 추숭되었다가 폐위된 것은 그녀가 죽은 지 16년이 지난 뒤였다. 그녀가 폐비가 된 그해 단종도 죽었다. 시기상으로는 야사의 기록과 비슷하지만 그 내용은 전혀 다르다. 현덕왕후 권씨의 어머니 아지와 그녀의 동생 권자신은 성삼문 등과 함께 단종 복위 운동을 벌이다 발각되었다. 이에 어머니와 동생은 1456년(세조 2년) 처형되었고, 단종은 1457년(세조 3년) 음력 6월 21일에 노산군으로 강등되었다. 한편 이미 사망한 현덕왕후 권씨와 그녀의 아버지 권 전은 어머니 아지와 동생 권자신의 죄로 인해 연좌되어 권 전은 1456년(세조 2년) 음력 7월 7일, 현덕왕후 권씨는 1457년(세조 3년) 음력 6월 26일에 각각 서인으로 강등되었다. 그 후 1476년(성종 7년) 음력 4월 15일에는 종묘에 모셔져 있던 현덕왕후 권씨의 신주를 아예 불살라 버렸다.

그런데 폐비가 되면서 서인이 된 그녀는 성종 대에 가서 현덕빈으로 복위되었다. 왕비로의 복위는 연좌제 적용이 합당하지 않다는 의견이 올라온 이후 합의를 거쳐 1513년(중종 8년) 음력 3월 12일에야 최종 결정되었다. 야사에서 언급한 숙종 대에는 현덕왕후 권씨가 아닌 그녀의 아버지 권 전을 비롯한 그녀의 친정 식구들이 1699년(숙종 25년) 명예를 회복하게 되었다. 그녀의 아들 단종은 어머니인 그녀가 왕후로 추숭되면서 정비의 소생이므로 당연히 대군으로 추증되었어야 하는데 군으로 추증되었다가 1981년(숙종7년)에 가서야 노산대군으로 추봉되었다. 그 후 1698년(숙종 24년) 부묘되면서 왕으로 복위되었다. 단종은 조선 개국 후 최초로 왕위에서 폐위되었다가 복위된 왕이다. 단종의 뒤를 이어 폐위된 연산군과 광해

왼쪽 언덕의 능침이 문종의 능침이고, 오른쪽 언덕의 능침이 현덕왕후 권씨의 능침이다. 동원이
강릉은 원래 두 능침 가운데 정자각이 세워져 있어야 하는데 세조의 광릉, 예종의 창릉, 추존 왕
덕종의 경릉을 제외하고 성종의 선릉, 선조의 목릉 등도 이곳처럼 정자각이 왕의 능침 아래쪽에
설치되어 있다.

군은 복위되지 못한 채 조선왕조가 문을 닫아걸었다. 그들에 비하면 단종
은 그나마 행운이라 할 수 있다.

현덕왕후 권씨와 그녀의 남편 문종이 잠들어 있는 현릉은 태조의 건원
릉에 이어 두 번째로 동구릉에 조성된 왕릉이다. 그녀는 문종의 좌측 언
덕에 묻혀 모진 역사를 말해 준다. 정자각에서 보면 오른쪽이 그녀의 능
이다. 그녀는 조선왕조의 왕비들 중 비운의 왕비를 얘기할 때 빼래야 뺄
수 없는 존재이다. 그녀가 왕비에 오르고자 욕심을 부렸던 것도 아니었
고, 아들을 낳아 그녀가 죽은 뒤 국법에 따라 아들이 남편의 뒤를 이어 왕
이 되었을 뿐인데 죽어서까지 너무나 큰 수모를 겪었다. 그녀가 낳은 아
들 단종 역시 왕의 장남으로 태어나 국법에 따라 왕이 된 것 뿐인데 왕위
에서 쫓겨나 유배까지 가서 살해되고 말았으니 기가 막힐 일이다. 그녀

현덕왕후 권씨는 끔찍한 시동생을 두어 죽어서도 온갖 수모를 겪다가 어렵사리 남편 문종이 잠들어 있는 현릉 옆 동산에 잠들게 되었다. 양지바른 언덕에 자리한 그녀의 능침이다. 생각했던 것보다 능침의 모습은 웅장하고 아름답다.

와 그녀의 아들 단종이 무슨 죄를 그리 크게 졌는지? 그녀의 며느리 정순왕후 송씨와 비운의 공주로 전락한 그녀의 딸 경혜공주와 사위 역시 그렇다. 그녀도 그녀지만 그녀의 아들 단종은 세조에게 왕위를 빼앗기고 천연의 감옥이라 할 수 있는 강원도 영월 청령포로 유배를 갔다가 그곳에서 세조의 명에 의해 살해되었다. 그러고도 세조는 단종의 시신을 거두는 사람에게는 엄벌에 처해질 것이라는 어명까지 내려 죽은 후에도 단종의 시신마저 거두지 못하게 했다. 그야말로 통탄할 일이었다.

현덕왕후 권씨의 능호는 현릉(顯陵)이며 동원이강릉이다. 보통 배위가 홍살문 안 오른쪽에 있는데 현릉은 홍살문이 배위 앞쪽에 세워져 있다. 참도도 '一' 자가 아니라 'ㄱ'으로 꺾였다가 다시 한 번 더 꺾여 정자각에 이른다. 이곳의 참도는 건국 시조 태조의 계비인 신덕왕후 강씨의 정릉 참도보다 더 꺾이고 꺾여 있다. 이 또한 현덕왕후 권씨의 꺾이고, 꺾인 인생을 참도가 대신 말해 주는 듯싶다. 신도와 어도로 설치된 2도의 참도는 그렇게 꺾이고 꺾여 정자각 앞까지 이어져 있다. 그리고 또 꺾여 정자각의 오른쪽에 설치되어 있는 신계와 어계를 만나게 된다. 신은 신계를 따라, 왕은 어계를 따라 정자각으로 올라가게 된다. 어도는 정자각 정전 앞에서 끝이 나고, 신도는 정자각 정전 뒤에 나 있는 신문을 통해 신교를 건너 문종의 사초지와 현덕왕후 권씨의 사초지와 연결되어 있다. 정자각 뒤쪽에 자리한 문종의 능침과 연결된 사초지가 그녀의 사초지보다 훨씬 더 가파르다. 또 난간석만 설치되어 있는 그녀의 능과 달리 그녀의 남편 문종 능에는 12칸의 난간석은 물론이고, 아름답게 조각된 12면의 병풍석이 봉분을 튼튼하게 감싸고 있다. 그러나 문종의 능을 수호하는 석물들과 그녀의 능을 수호하는 석물들은 별 차이 없이 웅장하다.

무덤 속에서까지 갖은 핍박을 받았던 현덕왕후 권씨의 능침을 수호하고 있는 석물들의 모습이다. 거대한 석물들이 그녀를 수호하고 있어 다시는 무덤이 파헤쳐지는 기가 막힌 일이 없을 것 같다. 건너편으로 문종의 능침이 건너다 보인다.

그녀의 능이 문종의 능만 못하면 어떠랴. 문종 곁에 잠든 것만 해도 천만다행일 텐데. 그녀는 어렵게 문종 곁에 잠들어 있지만 분하고 억울하여 편안히 잠들지 못할 것만 같다. 누구보다 그녀의 유일한 아들 단종을 생각하면 차마 눈을 감지 못할 것이다. 그녀는 왕을 낳아 죽어서나마 왕의 어머니가 되었지만 그게 오히려 그녀에게 화가 되어 그녀를 매우 비참하게 만들었다. 현재 그녀의 능은 경기도 구리시 동구릉로 197 동구릉 능역 안에 자리해 있다. 문종과 다른 언덕이지만 문종을 바라보며 잠들어 있다. 그녀가 일찍 죽고, 문종 역시 일찍 죽는 바람에 그녀의 소생인 단종과 경혜공주의 인생길이 험하고 험한 가시밭길이 되고 말았다. 두 남매는 어려서 부모 잃은 것만도 슬픈데 삼촌인 세조에 의해 단종은 살해되었고, 경혜공주는 노비가 되었다가 비구니 생활을 할 수밖에 없었으니 이 남매의 인생을 그 누가 무엇으로 보상해 주겠는가.

화가 잔뜩 난 석호가 하얀 별꽃 속에 파묻혀 현덕왕후 권씨의 현릉을 지키고 있다. 시동생인 세조에게 곧 달려갈 기세다. 그동안 수많은 능·원·묘를 답사했지만 현덕왕후 권씨가 잠들어 있는 현릉처럼 아름다운 들꽃들이 무리지어 봄볕을 쬐고 있는 왕릉은 없었다. 능침 공간에서 예쁘게 핀 들꽃을 만난 순간 침울했던 마음이 조금은 누그러들었다.

현덕왕후 권씨(1418~1441)의 유일한 아들 단종(1441~1457)은 문종 (1414~1452)과의 사이에 세종 23년에 태어나 조선의 제6대 왕이 되었다. 그러나 그는 17년의 짧은 생을 살다가 죽었다. 그는 문종에게 아들이 없 던 터에 태어났으니 문종과 현덕왕후 권씨는 물론 시부모인 세종과 소헌 왕후 심씨가 얼마나 기뻐했을지는 상상이 가고도 남는다. 그녀의 시아버 지 세종은 아들을 18명이나 낳았는데 30세가 다 되도록 장남인 문종이 슬 하에 아들이 없었으니 걱정이 태산이었을 것이다. 세종은 왕비 소생으로 8명의 아들을 두었고, 후궁 소생으로도 10명이나 두었다. 조선왕 중에 아 들을 가장 많이 둔 왕이 세종이다.

문종은 아들만이 아니라 딸도 둘밖에 두지 못했다. 단종 위로 5세 많은 단종의 친누이 경혜공주(1436~1473)와 후궁 사칙 양씨의 소생인 경숙옹주 (1439~?) 뿐이었다. 그러니 단종이 태어난 것은 그야말로 대박이었다. 세 종의 장손으로 단종이 태어났으니 누구보다 세종이 기뻐했을 것이다. 그 러나 단종이 태어난 지 하루 만에 현덕왕후 권씨가 산후통으로 사망하였 다. 문종도 복이 없었지만 세종 내외도 며느리 복이 정말 없었다. 두 며느 리를 이혼시키고 얻은 며느리였기 때문이다.

그래도 단종은 세종과 문종의 사랑 속에 훌륭한 스승들로부터 세자 수 업도 착실히 받고 문종이 승하한 뒤 1452년 조선의 제6대 왕이 되었다. 하 지만 너무 어린 나이에 왕위를 이어받은 게 탈이었을까? 그는 숙부 세조 에 의해 왕위에 오른 지 3년 2개월 만에 왕위에서 쫓겨나 상왕이 되어 물 러나 있다가 강원도 영월로 유배된 후 살해되었다. 그의 부인으로는 왕비 정순왕후 송씨(1440~1521)가 있었으나 자녀는 한 명도 낳지 못하였다.

단종은 1448년(세종 30년) 8세에 왕세손으로 책봉되었고, 1450년(문종 즉위년) 문종이 즉위하자 10세에 왕세자로 책봉되었다. 그 후 아버지 문종이 재위 2년 3개월 만에 승하하자 12세의 어린나이에 왕위에 올랐다. 문종은 세자가 나이 어림을 염려하여 황보 인, 김종서 등에게 보필을 명하는 유언을 남겼다. 고명을 받은 영의정 황보 인과 좌의정 김종서 등이 소년 왕 단종을 측근에서 보좌하였고, 일찍이 집현전에서 세종으로부터 보호를 부탁받았던 학사 출신인 성삼문·박팽년·하위지·신숙주·이개·유성원 등이 측근에서 도왔다.

단종은 어머니를 태어나자마자 여의고 세종의 후궁이자 자신의 서조모인 혜빈 양씨(?~1455)의 손에서 자랐다. 단종의 어머니 현덕왕후 권씨는 24세에 경혜공주에 이어 단종을 낳았지만 해산에 기력을 완전히 빼앗긴 탓이었는지 산후통으로 세상을 떠나고 말았다. 단종의 어머니 현덕왕후 권씨가 죽을 것을 예상했을까? 세종의 후궁인 혜빈 양씨에게 단종을 부탁하고 숨을 거두었다고 한다. 세종의 후궁 혜빈 양씨는 후덕한 여자였다. 태어난 지 불과 하루 만에 어머니를 잃은 단종에게 젖을 먹이기 위해 자신의 차남인 수춘군(1431~1455)을 품에서 떼어 유모에게 맡기기까지 하였다. 이렇게 키워진 단종은 세손으로 책봉되었고, 세자가 되었다가 왕위에까지 무사히 오르게 된 것이다.

세종 역시 단종을 무척이나 아꼈다고 전해진다. 단종을 세손으로 책봉한 뒤 집현전 소장 학자들을 은밀히 불러 세손의 앞날을 부탁할 정도였다. 세종은 자신도 이미 병세가 악화돼 죽음을 얼마 앞두지 않은 처지였고, 그 당시 세자였던 문종도 몸이 약해 오래 살지 못할 것이라는 판단을 하고 있었기 때문이었을 것이다. 그보다 혈기왕성한 자신의 많은 아들들 때문에 걱정이 많았을 세종이었다. 특히 2남인 수양대군(세조)은 어릴 때부터 야심이 크고 호기가 많아 세종이 누구보다 걱정한 인물이었다.

1450년 2월, 단종을 걱정하던 세종이 죽고 문종이 즉위하면서 단종은 세손에서 세자로 책봉되었다. 예상대로 그의 아버지 문종은 오래 살지 못하였다. 즉위한 지 2년 3개월 만에 어린 세자를 부탁한다는 고명을 남기고 병으로 죽고 말았다. 이때 단종의 나이는 12세였다. 세종 대에 확립된 적장자 계승의 원칙에 따라 나이는 어리지만 단종이 왕위에 올랐다. 그러나 어린 왕의 왕권은 불안하였다. 결국 단종의 숙부인 수양대군이 단종에게 양위를 받아 왕으로 등극하게 되었다. 그리하여 단종은 어린 나이에 상왕이 되었다. 하지만 사육신 사건에 휘말려 1457년(세조 3년) '노산군'으로 강등된 채 강원도 영월 청령포로 유배되었다가 사약을 받고 세상을 떠나고 말았다.

단종은 선왕들에 비해 너무나 어린 나이에 왕이 되었다. 원래 20세 이하 미성년의 나이로 왕이 되면 궁중에서 가장 서열이 높은 후비(后妃)가 수렴청정(垂簾聽政)을 하는 것이 일반적이었는데 그 당시 궁중의 사정은 그렇지도 못하였다. 대왕대비의 자리에 올라 있어야할 세종의 비는 물론이고, 대비의 자리에 올라 있어야할 문종의 비도 이미 죽고 없었으며, 심지어 왕비도 없었다. 단종에게 할아버지, 아버지가 안 계신 것은 당연했지만 할머니, 어머니, 부인도 없었다. 그가 왕이 된 뒤에도 바로 왕비를 들이지 않아 궁궐에서 힘이 되어 줄 사람이 아무도 없었다. 아버지 문종의 후궁으로 사칙 양씨와 숙빈 홍씨가 있었고, 그를 키워 준 할아버지 세종의 후궁으로 혜빈 양씨가 있었지만 모두 늦게 입궁을 하였고, 후궁인 탓으로 그녀들이 정치적인 발언권을 거의 갖지 못하였다. 후궁들은 비슷한 위치에서 다만 내사를 돕는 정도에 그쳤다. 따라서 단종은 수렴청정조차 받을 수 없는 처지로 즉위를 하게 되었다.

문종과 현덕왕후 권씨 사이에 태어난 단종은 세종의 칭찬이 자자할 정도로 어릴 때부터 명석하였다. 세손 시절에는 성삼문·박팽년 등 집현전 학자들의 지도를 받았고, 왕세자로 책봉된 후에는 이 개와 유성원이 그의 교육을 맡았다. 그렇지만 나이가 너무 어려 정사를 제대로 돌볼 수는 없었다. 그랬기에 즉위 초 모든 조치는 의정부와 육조가 도맡아 했으며, 왕은 단지 형식적인 결제를 하는데 그쳤다. 어쩌면 그것은 당연한 일이었다고 본다. 12세면 오늘날 초등학교 5학년 정도인데 나라를 다스린다는 것은 말이 안 되는 일이긴 하였다.

단종이 어린 나이에 즉위를 하니 단종을 대신하여 문종의 고명을 받은 황보 인, 김종서 등이 정치를 할 수밖에 없었다. 그러니 왕족으로 단종의 숙부인 수양대군(세조)이 조용히 있을 리 없었다. 우려했던 것과 같이 세종의 아들들의 경쟁이 시작되었다. 급기야 세종의 18명이나 되는 아들들 간의 세력 다툼이 시작되었고, 엄청난 피바람을 예고하고 있었다. 아니나 다를까? 수양대군은 계유년인 1453년(단종 원년) 음력 10월 '계유정난'을 일으켰다. 수양대군은 자신의 형 문종이 죽자 어린 조카를 보필한다는 명목으로 정치권에 뛰어들었고, 그 과정에서 김종서, 황보 인 등의 대신들이 수양대군의 바로 아래 동생인 안평대군 주변에 모여들자 그들을 경계하기 시작하였다. 그러다가 마침내 자신의 수하인 한명회·권 람 등의 계책에 따라 김종서를 피살하고, 황보 인을 비롯한 조정 대신들을 대궐로 불러들여 죽였다. 이들의 죄명은 안평대군을 추대하여 종사를 위태롭게 한다는 것이었다.

계유정난으로 고명대신들이 거의 참살당하자 조정은 수양대군의 수중에 들어갔다. 그 후 수양대군은 영의정에 올랐으며, 왕을 대신해 서무를 관장하는 등 왕권과 신권을 동시에 장악하였다. 또한 자신의 집권 거사에 참여한 인물들을 정난공신에 봉하고, 그들이 지칭한 난의 장본인인 안평대군과 그의 아들 우직을 강화도로 유배시켰다가 안평대군은 사사시키고, 우직은 진도에 유폐시켰다. 그의 할아버지 태종은 이복동생들을 죽였는데 태종의 손자인 수양대군은 동복동생들까지 사사시켰다. 그러고 보면 태종보다 더 무서운 사람이 수양대군이었다.

이와 같은 일들은 수양대군이 왕권에 대한 야심이 없었다면 일어날 수

단종이 왕위를 빼앗기고 상왕으로 물러나 있었던 창경궁의 정전인 명정전 모습이다. 국보 제226호인 명정전은 거대한 중층 건물인 경복궁의 근정전, 창덕궁의 인정전과 달리 단층 건물이다. 5대궁궐 중 창경궁의 정전만 유일하게 동향을 하고 있다. 다른 궁궐들의 정전은 모두 남향을 하고 있다.

없는 일들이었다. 한 배 속에서 나온 형제를 죽이고, 자신의 의사와 상관없이 국법에 따라 왕위에 오른 불쌍한 조카를 그렇게 죽일 수는 없는 일이었다. 개국 초부터 재상중심제를 정치이념으로 삼았던 점을 감안할 때 사실 왕은 상징적인 존재로 남아 있어도 통치에는 별 문제가 없었다. 따라서 계유정난은 수양대군과 그 주변 무리들이 왕권을 탐한 나머지 저지른 비윤리적인 역모라고 보는 견해가 압도적으로 많을 수밖에 없다. 그러니 정작 수양대군 자신이 역모를 꾀했으면서 동생들을 역모로 몰아 목숨을 빼앗은 잔인한 인물로 평가받는 게 당연한 일이 아닐까 싶다. 이런 수양대군의 행동을 보면서 "내가 하면 투자이고, 남이 하면 투기"란 말과 "내가 하면 로맨스고, 남이 하면 불륜"이란 말이 떠오르지 않을 수 없다.

단종은 정치적 실권이 수양대군에게 넘어간 가운데 왕이 된지 2년 만인 1454년(단종 2년) 정월에 송현수의 딸을 왕비로 맞이하였다. 그러나 그 이듬해 1455년(단종 3년) 윤6월 수양대군은 자기 수하의 신하들과 의논하여 왕의 측근인 동생 금성대군을 비롯하여 여러 종친, 궁인 및 신하들을 모두 죄인으로 몰아 유배시켰다. 이에 위협을 느낀 단종은 왕위를 내놓고 상왕으로 물러나 수강궁(창경궁)으로 옮겨갔다. 단종은 그 상황에 그럴 수밖에 없었을 것이다. 자신을 돌봐 줄 측근들이 죽거나 유배를 떠났으니 어린 나이에 너무나 무서웠을 것이다. 단종은 숙부인 수양대군이 원하는 대로 따르고 싶었을 것이다. 생각해 보면 왕이 되기에 단종이 너무 어린 나이긴 했다.

그런데 단종이 상왕으로 물러나 있던 1456년(세조 2년) 음력 6월에 상왕 복위 사건이 일어났다. 그렇지만 그 일이 실패하여 성삼문, 박팽년 등 집현전 학사 출신과 성 승, 유응부 등 무신들이 사형당하고 말았다. 그리고

단종의 천연 감옥이었던 청령포의 모습이다. 아픔의 역사를 간직한 채 동강은 그때나 지금이나 하염없이 흐르고 있다.

이듬해인 1457년(세조 3년) 단종도 노산군으로 강등되어 군사 50명의 호송아래 강원도 영월 청령포에 유배되었다. 한여름으로 접어든 음력 6월 22일, 단종은 한양을 출발하여 음력 6월 28일, 유배지인 청령포에 도착하였다. 단종은 피눈물을 흘리며 무더위 속에 유배길 700리를 산 넘고 물 건너면서 유배지에 도착하였다.

마침 영월향토사학회 회원 두 사람이 1996년 갓을 쓰고 짚신을 신은 채 단종의 700리(약 280km) 유배길을 그대로 답사한 뒤 소개한 글이 있어 그 글을 토대로 단종의 피눈물이 배어 있을 유배길을 소개해 본다. 영월향토사학회 두 사람은 창덕궁의 정문인 돈화문을 출발하여 천호대교, 팔당대교를 건너 하남시 배알미리를 거쳐 여주군 대신면 상구리 어수정에 도착하여 물 한 모금으로 갈증을 풀었다. 그리곤 초현리의 원통고개와 원주시 부론면 단강리와 귀래면 운남리 뱃재를 넘었다. 다시 발길을 재촉하여 제천시 박달재와 원주시 신림면의 황둔고개를 또 넘었다. 영월군 주천면 신일리의 어음정을 지나 서면 광전리의 군등치와 신천리의 배일치를 힘겹게 넘었고, 영월읍 나들목 소나기재를 지나 청령포까지 단종이 그랬 듯이 그들도 7일 만에 도착을 하였다. 영월군은 요즘도 단종문화제를 계기로 단종 유배길 재현 행사를 펼치고 있다. 단종은 물을 건너고 또 건너고, 산을 넘고 또 넘어 유배지로 향했을 것이다.

단종의 유배길 중 신림과 황둔을 잇는 황둔고개는 가파르고 험준해 겨울철엔 눈이 조금만 와도 차량 통행이 어려운 곳이다. 그러나 요즘은 터널이 뚫려 수월하게 오갈 수 있다. 황둔에서 영월 방향으로 가다가 처음 만나는 고개가 군등치다. 이 고개는 영월군 주천면 거안리와 서면 신천리 사이에 있다. 군등치는 깎아지른 절벽을 굽이굽이 휘어서 올라간다. 고개를 오르면서 단종이 "이 고개는 무슨 고개인데 이다지도 험한가?"라고 물으니 수행하던 왕방연이 "노산군께서 오르시니 군등치(君登峙)라 하옵지요."라고 대답하였다. 그 후 그 고개 이름을 임금이 오른 고개라 하여 군등 치라고 부른다고 한다.

군등치를 지나면 서면 면사무소가 있는 신천리가 나온다. 단종이 이곳을 지난다는 소문을 듣고 마을사람들이 몰려나와 단종의 행렬을 향해 통곡하였다고 전한다. 그래서 이곳의 옛 지명은 울 명(鳴) 자에, 벌일 라(羅) 자를 써서 명라곡이 되었다. 명라곡 마을은 현재 서면 면소재지로 변하였다. 배일치(拜日峙)는 신천면사무소와 남면 북쌍리 사이에 있다. 배일치는 유배지가 가까워지자 단종이 불안한 마음을 가누지 못한 채 서산에 기우는 해를 향해 절을 하였다고 하여 붙여진 이름이다.

단종의 유배지였던 청령포는 삼면이 깊은 강물로 둘러싸여 있고, 한 면은 높은 절벽이 가로막혀 있다. 이런 곳을 누가 추천했는지 창살 없는 감

단종이 유배되어 살았던 청령포의 어소를 둘러싸고 있는 담을 소나무 한 그루가 훌쩍 넘어가 있다. 이곳의 소나무들은 단종의 어소를 향해 하나같이 허리를 숙이고 있다.

옥으로, 이만한 곳이 어디 또 있으랴. 왕의 자리가 뭐길래 어린 조카를 이처럼 험한 곳에 유배를 시켰는지 수양대군을 이해하기 어렵다. 그러나 단종은 그곳에서 두 달 남짓, 오래 살지도 못하였다.

청령포를 찾아가면 단종이 얼마나 좁은 공간에서 제한된 생활을 했는지 알 수 있다. 단종은 그곳에서 피눈물을 흘리면서 귀양살이를 했을 것이다. 행동반경을 표시해 놓은 금표비(禁標碑)가 남아 있어 눈시울을 뜨겁게 해 준다. 이 금표비에는 '동서 300척, 남북 490척'이라는 글씨가 뚜렷하게 새겨져 있다. 1척이 30.3cm이니 단종의 행동반경은 동서로는 90m, 남북으로는 150m 정도다. 이 금표비는 영조가 단종이 유배되어 있던 곳

단종이 유배되어 있던 청령포에 세워져 있는 금표비((禁標碑)의 모습이다. 금표비의 앞면에는 '청령포금표(淸冷浦禁標)'라 새겨져 있으며, 뒷면에는 "동서삼백척 남북사백구십척 니생역재당금(東西三百尺 南北四百九十尺 泥生亦在當禁)"이라 새겨져 있다. 모두 영조의 친필로 음각되었다.

에 일반 백성들의 출입과 행동을 제한하기 위해 단종 사후 270년이 되는 1726년(영조 2년), 당시 영월부사에게 명하여 세운 것이다. 아마 단종도 이 공간 안에서만 생활하게끔 행동 범위를 엄격하게 제한해 놓았던 게 아닌가 싶다. 하긴 청령포 전체가 단종의 행동반경이라 해도 단종은 우리에 갇힌 짐승들과 새장에 갇힌 새들의 신세와 다르지 않았다.

청령포에는 단종이 유배생활을 했을 당시의 어소와 궁녀와 관노들이 살았던 초가 등이 복원되어 있다. 단종이 거처했던 어소는 소실되었지만 영조가 1763년(영조 39년) 그 자리에 단묘재본부시유지(端廟在本府時遺址) 비를 세워 옛 어소 위치를 말해 주고 있다. 현재 복원해 놓은 어소는 원래 위치에서 약간 벗어난 곳에 자리하고 있다. 단종이 거처했던 어소 위치가 영조의 친필 유지비(遺址碑)가 세워져 있는 비각을 중심으로 표시 되어 있다.

단종이 거처했던 옛 어소 쪽을 향해 허리 굽힌 소나무 사이로 유지비각(遺址碑閣)과 복원된 어소의 모습이 보인다. 유지비각을 중심으로 옛 어소 자리가 표시되어 있다. 단종은 1457년 6월 22일, 노산군으로 강봉된 후 6월 28일, 유배지 청령포에 도착하여 이곳 어소에서 귀양살이를 시작했다. 어소 옆에는 궁녀와 관노가 살았던 초가가 복원되어 있다.

청령포에는 소나무가 유난히 많다. 천연기념물 제349호인 관음송(觀音松)을 비롯하여 700그루 정도가 청령포를 에워싸고 있다. 그 모습이 장관이며 그중 관음송은 수령이 600년이 넘는다. 단종이 귀양살이할 때 함께했던 유일한 소나무다. 단종은 이 갈라진 소나무 사이에 앉아 쉴 때가 많았다고 한다. 이 소나무의 이름을 관음송이라 부르게 된 것은 단종의 비참한 모습을 지켜보았다 하여 볼 관(觀), 들었다 하여 소리 음(音) 자를 써 관음송이라 불렀다 한다. 단종의 손때가 묻었을 노산대도 가슴을 뭉클하게 해 준다.

청령포의 천연기념물 관음송 모습과 노산대 모습이다. 관음송은 높이가 30m, 가슴둘레가 5m나 되는 소나무로 단종이 목을 놓아 엉엉 우는 소리를 들었을 테고, 단종이 흘리는 구슬픈 눈물을 지켜보았을 나무다. 그래서 붙여진 이름 관음송이다. 한편 단종은 해질 무렵이면 부인 정순왕후 송씨가 그리워서였을까? 노산대에 올라 한양 쪽을 바라보며 시름에 잠겼다고 한다.

단종은 청령포에 도착하여 유배생활을 하다가 얼마 안 되어 홍수가 나서 처소를 관풍헌으로 옮겼다. 청령포가 물에 잠겼기 때문이다. 청령포에서 유배생활을 하는 동안 단종은 돌탑을 쌓았다. 청령포 서쪽 절벽인 육육봉과 노산대 사이에 올라 자주 한양 땅을 그리워하며 돌탑을 쌓았다고 전한다. 아마 한양 땅과 더불어 부인 송씨도 그리웠을 것이다. 정순왕후 송씨 역시도 동대문 밖 정업원(청룡사)에 살면서 매일 동망봉에 올라 강원도 영월에 유배되었다가 살해되어 목숨을 잃은 단종을 죽을 때까지 그리워했다.

단종이 홍수로 청령포를 나와 머물렀던 관풍헌(觀風軒)은 영월의 객사로 사용되던 건물로 영월읍의 중심지인 영흥리에 위치해 있다. 관풍헌 동쪽에는 자규루(子規樓)라는 누각이 있다. 본래의 누각 이름은 매죽루(梅竹樓)였으나 단종이 관풍헌에서 잠시 지낼 때 이 누각에 자주 올라 '자규시

단종이 정순왕후 송씨가 살고 있는 한양을 그리워하며 돌을 쌓았다는 청령포의 망향탑 모습이다.

'子規詩'를 읊었다고 하여 자규루란 이름을 얻게 되었다고 한다. 이 시는 제왕의 자리에서 쫓겨난 어린 왕의 애처로움과 비통함이 잘 묘사되어 있어 읽는 이의 마음을 숙연하게 하는 시다. 17세의 소년 단종이 자신의 울적한 마음을 조금이나마 달래 보려고 이 절절한 시를 짓고 읊었을 것이다.

一自冤禽出帝宮 (일자원금출제궁)

원통한 새 한 마리가 궁중을 나오니

孤身隻影碧山中 (고신척영벽산중)

외로운 몸 그림자마저 짝 잃고 푸른 산을 헤매누나

假眠夜夜眠無假 (가면야야면무가)

밤은 오는데 잠들 수가 없고

窮恨年年恨不窮 (궁한연년한불궁)

해가 바뀌어도 한은 끝없어라

聲斷曉岑殘月白 (성단효잠잔월백)

새벽 산에 울음소리 끊어지고 달이 흰빛을 잃어 가면

血流春谷落花紅 (혈류춘곡낙화홍)

피 흐르는 봄 골짜기에 떨어진 꽃만 붉겠구나

天聾尚未聞哀訴 (천롱상미문애소)

하늘은 귀먹어 하소연을 듣지 못하는데

何乃愁人耳獨聰 (하내수인이독총)

서러운 이 몸의 귀만 어찌 이리 밝아지는가

―『연려실기술』, '장릉지'에 수록된 단종의 시

영월 읍내에 있는 관풍헌(觀風軒)과 자규루(子規樓)의 모습이다. 단종은 그의 유배지 청령포에 비가 많이 내려 관풍헌으로 옮겨 지내다 그곳에서 사약을 받고 죽음을 맞이했다. 관풍헌 동쪽에 단종이 자규시를 읊었던 자규루가 세워져 있다. 자규루의 원래 이름은 매죽루(梅竹樓)였다. 현재 밖을 향해서는 자규루 현판이, 안을 향해서는 매죽루 현판 각각 걸려 있다.

　　단종은 유배생활을 하면서 이처럼 시를 지어 자신의 원통한 마음을 달랬다. 그러나 유배생활은 길지 않았다. 노산군으로 강등되어 유배를 떠나온 단종은 다시 폐서인이 되어 1457년(세조 3년) 10월 24일, 세조가 내린 사약을 받고 짧은 생을 마감하였다. 유배당하고 있던 1457년(세조 3년) 음력 9월, 경북 순흥 지방에 유배되었던 금성대군이 단종 복위를 계획하다가 발각된 사건이 발생하여 단종은 노산군에서 다시 서인으로 강등되었고, 한 달 뒤인 음력 10월 24일, 17세의 나이로 사사되었다. 세종의 6남으로 단종의 또 다른 숙부였던 금성대군 역시 단종 복위 운동을 두 번에 걸쳐 하다가 뜻을 이루지 못하고 그해에 세조에 의해 사사되었다. 단종을 감싸던 숙부들이 단종의 왕위를 빼앗은 또 한 명의 숙부 수양대군에 의해 목숨을 잃었다. 단종 역시 유배 떠난 지 4개월 만에 잔인하게 살해되고 말았다.

　　단종은 아버지 대신 가장 믿었던 숙부에게 왕위를 찬탈당한 것도 모자라 죽임까지 당하였다. 단종이 숨을 거두자 시신은 청령포를 감싸고 흐르는 동강에 내던져졌다. 이 같이 무시무시한 왕의 살해 사건이 조선 건국 이래 최초로 그것도 숙부인 세조에 의해 강원도 영월에서 일어났던 것이다. 그런데 이 또 무슨 불행이란 말인가. 단종의 죽음의 길에 동행한 이들이 있었다. 그의 승하 소식을 들은 그를 모시던 궁노 1명, 궁녀 10명, 그리고 시종들이 함께 그의 죽음의 길에 동행했다. 낙화암이 부여 백마강에만 있는 게 아니었다. 영월 동강에도 있었다. 금강정 위쪽 높은 절벽 위에서 단종을 모시던 그들이 단종을 따라가기 위해 동강으로 낙하를 한 것이다. 단종의 시신도 그곳 동강으로 내던져졌다. 그들이 강으로 떨어져 내릴 때의 모습이 꽃과 같았다하여 그곳을 낙화암(落花巖)이라 부르고 있지만 두고두고 가슴 아픈 일이다. 자신들이 모시던 단종의 비통한 삶을 지켜보면서 그들 역시도 비통했을 것이다. 그들의 충절에 한편 고개가 숙여지기도 하지만 그들의 죽음이 안타깝기 짝이 없다.

청령포에서 단종을 모시던 궁녀와 관노가 살았던 초가의 모습이다.

그 당시 단종의 유배길에 호송 책임을 맡았던 사람은 금부도사 왕방연이었다. 그는 단종에게 사약까지 갖고 와 단종을 사사시켜야만 했다. 그는 단종이 사사된 후 한양으로 돌아가는 길에 비통한 심정을 가눌 길 없어 청령포가 바라다 보이는 언덕에 서서 자신의 심정을 담은 시조를 지어 읊었다고 한다. 청령포가 마주 보이는 그곳에 그의 시조비가 세워져 있다. 그 후 죄스러운 마음에 벼슬을 버리고 서울 중랑구 묵동 봉화산 아래 먹골에 자리를 잡은 뒤 배 농사를 지었다고 한다. 그는 단종이 유배 길에 목이 마르다했지만 물 한 그릇도 국법에 어긋난다 하여 올리지 못했다. 그 죄책감으로 그는 배 농사를 지으면서 단종이 승하한 날이 되면 배를 한 바구니 따서 영월 쪽을 향해 절을 했다고 한다. 왕방연은 이래저래 단종에게 죄인이 되어 살아갈 수밖에 없었을 것이다. 오늘날 먹골 배가 유명해진 것은 왕방연이 심은 배나무들이 번식하였기 때문이라 한다. 하지만 목이 마른 데도 물 한 모금 맘대로 마실 수 없었던 단종 생각에 먹골 배 맛이 시원하지만은 않을 것 같다. 갈증을 호소하는 단종에게 물 한 모금 올릴 수 없었던 왕방연! 그러나 사약 한 사발은 올릴 수밖에 없었던 왕방연! 어찌 죄스럽지 않았겠는가. 왕방연의 죄스런 심정이 그대로 녹아 있는 다음의 시조를 읊조리다 보면 그 누구도 슬픔을 가눌 길 없으리라.

> 천만리 머나먼 길의 고은님 여희옵고
> 내마음 둘듸업서 냇가에 안쟈시니
> 뎌 물도 내안 갓도다 울어 밤길 예놋다

왕방연의 시조비의 모습이다. 단종을 호송했던 왕병연이 사약까지 갖고 와 사사시킨 뒤 한양으로 올라가는 길에 단종의 유배지 청령포를 바라보며 비통한 심정으로 시조를 지어 읊었던 곳에 시조비가 세워져 있다.

단종이 시신을 거두는 사람에게 3대를 멸한다는 어명이 떨어졌으니 후한이 두려워 아무도 손을 대는 사람이 없었다. 그런데 평소부터 충성심이 강했던 영월 호장 엄흥도가 단종의 시신을 거두어 동을지산 기슭에 암매장하였다. 그 뒤 59년이 지난 중종 때 노산 묘를 찾으라는 왕명이 내렸으나 엄흥도 일가족이 자취를 감춘 후라 묘를 찾을 길이 없었다. 이때 영월의 신임군수 박충원이 수소문을 하여 어렵게 묘를 찾아 봉분을 갖추게 되었으니 이때가 1516년(중종 11년) 12월 15일이었다. 그 후 오랫동안 묘의 위치조차 알 수 없다가 1541년(중종 36년) 묘를 찾아내어 묘역을 정비하였고, 1580년(선조 13년)이 되어 강원감사 정 철의 장계로 묘역을 수축하고 혼유석과 비석, 장명등과 망주석 등을 세웠다.

홍살문 앞에서 바라본 단종의 장릉 전각들의 모습이다. 수라간, 정자각, 비각, 수복방 등이 옹기종기 모여 있다. 그 밖에 재실과 엄흥도의 충절을 후세에 알리기 위해 영조가 1726년(영조 2년)에 세운 정여각(旌閭閣), 배식단, 장판옥, 영천 등도 자리하고 있다. 어느 왕릉보다 전각이 많은 왕릉이다.

그 후 단종은 1681년(숙종 7년) 음력 7월 21일에 가서야 노산대군(魯山大君)으로 추봉되었다가 17년 뒤인 1698년(숙종 24년) 11월, 드디어 묘호를 단종이라 내리고 종묘에 그의 비 정순왕후 송씨와 부묘하였다. 단종이 사망한 지 241년 만의 일이었다. 많이 늦었지만 그래도 천만다행이었다. 조선의 왕들 중 단종을 포함하여 3명의 왕이 폐위되었는데 그중 단종만 복위되었다. 단종의 경력을 정리해 보면 참으로 파란만장하다. 원손에서 세손으로, 세자로, 왕으로, 상왕으로, 군으로, 서인으로 살다가 죽은 뒤 대군으로, 왕으로 복위 된 대단한 경력을 가지고 있는 왕이다. 그가 복위되면서 묘호는 단종으로, 능호는 장릉(莊陵)으로 정해졌다.

단종은 그의 비 정순왕후 송씨와 14세에 결혼하였지만 17세에 생이별

조선 왕릉 중 도성으로부터 가장 멀리 떨어져 있는 단종의 능침 모습이다. 무석인은 설치되어 있지 않다. 석양과 석호도 양쪽에 각각 한 쌍씩이 아닌 양쪽 합하여 한 쌍이 설치되어 있으며 병풍석, 난간석은커녕 호석조차 설치되어 있지 않다.

을 하였다. 그런데 죽어서도 함께 묻히지 못해 안타깝기만 하다. 둘 사이에는 자녀도 없다. 그들에게 자녀가 없는 게 다행이었을지도 모른다. 아들이 있었으면 그 아들 또한 살아남기 어려웠을 것은 분명하다. 단종과 함께 복위된 정순왕후 송씨도 폐비의 오명을 무덤 속에서나마 씻게 되었다. 그녀가 이미 죽고 난 뒤 복위되었지만 그래도 죽어서나마 자존심을 세운 셈이다.

단종의 장릉(莊陵)은 단릉으로 조성되어 있다. 그런데 조선 왕릉 중 궁궐에서 가장 멀리 있다. 북한에 있는 왕릉보다 더 먼 곳에 위치해 있다. 단종은 오늘도 외로움을 달래느라 시를 지어 읊고 또 읊고 있을지도 모른다. 그의 외로움을 두견새가 달래 주고 있을지, 달님이 달래 주고 있을지 알 수 없지만 외로움에 지친 단종의 모습이 눈에 아른거린다. 아마 단종과 그의 비 정순왕후 송씨는 영원히 잠 못 이루고 있을 것으로 보인다. 그들은 죽어서도 너무 멀리 떨어져 있어 서로가 외로움에, 그리움에 잠 못들고 있을 것이다. 아니, 기다리다가 이내 지쳐 버렸을지도 모르겠다. 단종은 강원도 영월군 영월읍 단종로 190에 위치한 장릉에 외롭게 잠들어 있고, 그의 비 정순왕후 송씨는 경기도 남양주시 진건면 사릉로 180에 위치한 사릉(思陵)에 외롭게 잠들어 있다. 두 분 모두 이제는 편히 잠들었으면 좋겠다. 후손들이 지금이라도 함께 잠들게 해 주면 더없이 좋을 것 같은 생각이 아주 많이 든다. 부모님과 아내와 누나와 너무 멀리 떨어져 잠들어 있는 단종을 생각하면 애달픈 마음 가눌 길 없다.

강원도 영월에 홀로 잠들어 있는 단종의 능침 공간에서 내려다본 장릉의 모습이다. 정자각에서 가파른 언덕 위에 능침이 조성되어 등산하듯 올라가야 능침과 마주할 수 있다.

현덕왕후 권씨의 유일한 딸! 경혜공주(1436~1473)는 아버지 문종이 세자였을 때 태어나 어머니께 세자빈 자리를 선물한 예쁜 딸이다. 아버지 문종에게 2명의 세자빈이 있었는데 둘 다 비행으로 폐빈이 되어 쫓겨났다. 그 뒤 경혜공주의 할아버지와 할머니인 세종과 소헌왕후 심씨는 세자빈 간택을 위해 전국에 간택령을 내리려 하였다. 그 때 두 번이나 이혼을 한 문종이 반대하여 세자궁에 있는 후궁들 중 그녀의 어머니인 현덕왕후 권씨가 간택되기에 이르렀다. 비행으로 폐빈이 되어 쫓겨났던 2명의 세자빈들은 비행도 비행이지만 한 명의 자녀도 낳지 못했기에 세종 부부의 미움을 더 받았는지도 모른다.

문종은 3명의 후궁들을 추천했지만 그중 승휘였던 홍씨를 가장 마음에 두고 있었다. 그러나 경혜공주를 이미 생산한 그녀의 어머니가 간택되었다. 그만큼 왕자 생산이 시급했기 때문이었을 것이다. 왕실에서는 뭐니 뭐니 해도 자녀를 잘 낳는 게 중요한 일이었다. 그러니 그녀의 어머니가 문종의 첫아이로 그녀를 낳았으니 간택될 확률이 높았을 것이다. 그러나 그녀가 어머니를 아버지의 후궁이 아닌 세자빈으로 올려 드리는데 일등공신 역할은 했지만 훗날 비운의 공주가 되었다. 세종의 손녀이자 문종의 딸로 태어났으나 동생인 단종과 역적으로 몰린 지아비 정 종(?~1461)을 잃고 관노비까지 되는 신세가 되었다.

그녀는 1450년(세종 32년) 형조참판을 역임한 정충경의 아들인 영양위 정 종과 16세에 결혼을 서둘렀다. 왜냐하면 그녀의 나이가 적은 편이 아니었기 때문이다. 그리고 그녀를 사랑해 주셨던 할아버지 세종이 병석에 누워 있어 왕실에서 그녀의 혼사를 서둘렀다. 국상이 나면 3년간 혼인이 금지되기 때문이다. 그렇게 되면 그녀가 18세 이후에나 혼인을 할 수 있게 되므로 마음에 드는 부마를 구하기 어려워진다. 그리하여 그녀의 혼사를 서두른 끝에 그녀는 태종의 2남인 효령대군을 고모부라 부르고, 세종의 8남인 영응대군과는 매세 지간이 되는 지아비 정 종을 만났다.

세종은 그녀가 혼례를 치른 지 52일 만에 세상을 떠났다. 그녀의 혼인을 서두르지 않았다면 노처녀가 되어 정 종처럼 훌륭한 가문과 인연을 맺기는 어려웠을지도 모른다. 그러나 세종이 세상을 떠나고, 2년 뒤 아버지 문종마저 세상을 떠나면서 그녀의 인생은 비극을 향해 곤두박질쳤다. 그녀는 어머니 현덕왕후 권씨가 6세에 동생 단종을 낳고 바로 세상을 떠났지만 왕실 가족들의 따뜻한 사랑을 듬뿍 받으면서 성장하였다. 누구보다 어머니의 빈자리를 세종 부부와 아버지 문종이 채워 주셨다. 그러니 세종 부부와 아버지 문종이 세상을 뜬 뒤에는 의지할 곳이 점점 사라질 수밖에 없었다. 무엇보다 그녀의 하나뿐인 동생이 왕위를 이어받으면서 비극에 비극이 이어졌다.

아버지의 뒤를 이어 동생 단종이 왕이 되었지만 믿었던 숙부 세조에게 왕위를 찬탈당한 뒤 유배 갔다가 살해되었고, 남편 정 종은 그녀와 혼인을 한 지 얼마 되지 않아 이곳저곳으로 귀양을 다니다가 끝내 세조에 의해 능지처참되어 목숨을 잃었다. 그녀는 동생 단종이 살해된 지 4년 만에 남편을 잃는 크나큰 아픔을 겪어야만 했다. 악마로 변한 세조는 단종을 옹호하는 왕족들까지 모두 귀양을 보내고 사사시켰다. 그녀의 남편 정 종도 죽음을 피해갈 수 없었다. 능지처참을 당해 그녀는 남편 정 종의 시신조차 수습할 수 없었다. 그러니 경혜공주의 심정이 어땠을지 상상조차 어

경혜공주와 그녀의 남편 정 종을 모시는 사당 '충민사(忠愍祠)'와 신도비 모습이다. 사당에서 50m 정도 더 올라가면 경혜공주와 정 종의 신도비(오른쪽사진)를 만날 수 있다. 그곳에서 산길을 한참 더 올라가야 경혜공주의 묘와 정 종의 제단을 만날 수 있다.

럽다.

한편 그녀의 동생 단종을 맡아 키워 준 세종의 후궁 혜빈 양씨도 목숨을 잃었다. 그녀뿐만 아니라 그녀의 아들 한남군과 수춘군, 영풍군 등도 해를 입었다. 그런데 혜빈 양씨와 달리 또 다른 세종의 후궁 신빈 김씨는 세종의 아들을 6명이나 낳았는데 세조에게 융숭한 대접을 받았다. 그녀는 조선 시대 후궁들 중 7남을 낳은 성종의 후궁 숙의 홍씨에 이어 두 번째로 아들을 많이 낳은 후궁이다. 그 덕분이었는지 모르겠지만 그녀의 아들들 모두도 해를 입지 않았다. 혜빈 양씨는 줄을 잘못 섰고, 신빈 김씨는 줄을 잘 섰다고 볼 수 있다. 신빈 김씨는 노비의 딸로 태어나 노비에서 세종의 후궁이 되어 빈의 자리까지 올랐다. 그녀를 조선 시대 판 신데렐라로 부를 만하다. 다른 왕도 아니고, 세종의 후궁이었으니 노비의 딸이었지만 그녀에 대해 누가 감히 뭐라 할 수 있겠는가.

그러나저러나 단종의 유일한 누나인 경혜공주는 공주로 태어났지만 숙부인 세조에 의해 동생도 잃고, 남편도 잃고 순천의 관비까지 되었다. 『연려실기술』에 경혜공주 또한 남편의 죄에 연좌되어 가산이 적몰되고 유배되어 순천의 관비가 되었다고 기록하고 있다. 그 기록을 인용해 본다.

> 공이 적소에 있다가 사사된 뒤에, 공주가 순천 관비가 되었다. 부사 여자신은 무인인데, 장차 공주에게 관비의 사역을 시키려 하니, 공주가 곧 대청에 들어가 교의(交椅)를 놓고 앉아서 말하기를, "나는 왕의 딸이다. 죄가 있어 귀양은 왔지마는, 수령이 어찌 감히 나에게 관비의 사역을 시킨단 말이냐." 하므로 마침내 부리지 못하였다. 여자신은 뒤에 벼슬이 형조판서에 이르렀는데, 그는 여유길(呂裕吉)의 방조(旁祖)이다.
>
> ─『연려실기술』 제4권 「단종조고사본말」

그녀는 마지막 자존심이었을까? 순천부사가 그녀에게 관비 노역을 시키려 하자 대청마루 의자에 앉아 "나는 왕의 딸이다"라며 부르짖었다고 한다. 그녀는 공주에서 노비로 추락하였지만 모질게 살아남았다. 남편인 정 종과의 사이에 아들과 배 속에 있는 아이 때문이었을 것이다. 순천의 관비가 되었을 때 그녀는 둘째를 임신한 상태였다. 부모님도 안 계신 상태에서 동생도 잃고, 남편도 잃은 그녀가 겪었을 아픔을 생각하니 가슴이 먹먹해져 온다. 왕실 가족들의 온갖 축복 속에 공주로 태어난 그녀가 노비가 되어 살아가야 했으니 얼마나 기가 막혔을지 상상이 안 된다. 노비에서 수직 신분 상승을 하여 빈의 자리까지 올라간 사람이 있건만 경혜공주는 공주에서 노비로 전락하고 말았다. 그 후 아이들은 궁에 맡기고 출가하여 비구니까지 되었으니 그야말로 그녀는 비련의 공주 중 으뜸이다. 그녀도 태조와 계비 신덕왕후 강씨 사이에 태어나 두 동생들을 잃고 남편도 잃고 머리를 깎은 뒤 비구니가 되어 출가했던 경순공주가 머물다 세상을 떠난 정업원으로 들어갔다. 그녀는 왕의 딸로 태어나 조선의 공주가 되었으나 공주가 된 게 그녀의 인생을 더 비참하게 만들어 주었다. 아버지인 문종이 일찍 죽는 바람에 단종도, 그녀도, 죽은 어머니까지도, 겪지 않아도 될 아픔을 겪어야만 했다.

그녀의 숙부 세조는 단종이 누나인 경혜공주의 집에 놀러가 있을 때 계유정난을 일으켰다. 그는 1천여 명의 군사를 이끌고 단종이 놀러간 그녀의 집을 찾아갔다. 1453년(단종 1년) 음력 10월 10일, 세조는 김종서를 죽이고 피의 살육전을 펼쳤다. 하필 계유정난의 무대가 그녀의 집이 되고 말았다. 단종은 부모가 안 계신 가운데 누나의 집을 자주 드나들었다.

문종은 경혜공주의 혼례를 치르고 저택을 지어 주었다. 어머니 없이 성장한 딸이기에 세상 떠난 어머니 역할까지 다 해 주고 싶었던 모양이었다. 혼례도 호화롭게 치러 주었으며 신혼집을 무려 민가 30채를 헐어 내고 그 자리에 저택을 지어 주었다. 사위 영양위와 함께 살 경혜공주의 집을 무리하게 짓는 것에 대해 반대 상소도 많았지만 굽히지 않고 끝내 단종이 있는 궁궐 가까이에 저택을 마련해 주었다. 그곳은 조선 시대 초기부터 있던 한성부 북부 12방 중의 하나로서, 현재의 행정구역으로는 계동과 가회동 각 일부에 해당한다. 아마 문종은 경혜공주가 어린 세자를 가장 잘 보살펴 줄 딸이므로 온 정성을 기울였을 것이다. 어머니 얼굴도 모른 채 성장하고 있는 단종을 생각해 더 신경 써 신혼집을 지어 주었을 것으로 본다. 그런데 마침 단종이 경혜공주 집에 놀러 가 있을 때 세조가 들이닥친 것이다.

경혜공주의 남편인 정 종의 제단 모습이다. 능지처참되어 시신조차 수습할 수 없어 묘를 조성할 수 없었다.

경혜공주의 집에 들이닥친 쿠데타 무리들을 본 순간 그녀의 동생 단종은 더 이상 왕위를 지켜 낼 재간이 없었다. 그리하여 왕위에 오른 지 3년 2개월 만에 숙부인 수양대군에게 양위를 하였다. 양위한 것으로 끝난 게 아니었다. 수양대군은 단종의 측근들을 다 제거해 나갔다. 세종의 아들이 맞나 싶을 정도로 수양대군은 왕위에 올랐으면서도 단종을 옹호하는 친동생 안평대군과 금성대군 등을 사사하였다. 그리고 경혜공주의 남편 정종을 유배시켰다. 그때 그녀는 세조에게 자신이 아파 누웠다며 자살을 암시하는 전갈을 보냈다. 그녀로 인해 민심이 요동치면 세조의 마음도 달라지지 않을까 싶어서였다. 그 당시 왕위를 찬탈한 게 마음에 걸렸는지 세조는 자주 민심을 파악하기 위해 행차에 나섰다. 그래서였을까? 그녀의 남편 정 종도 동생이 떠난 강원도 영월로 유배를 떠날 예정이었는데 유배지가 경기도 양평으로 바뀌었다.

경혜공주는 남편과 함께 노비까지 데리고 유배를 갔다. 그런데 사육신 사건으로 단종이 노산군으로 강등되어 영월로 유배된 후 폐서인이 되어 사약을 받고 죽음을 맞이한 뒤에는 그녀와 정 종의 감시가 한층 강화되었다. 정 종은 공주 중 가장 예뻤다는 경혜공주와 부부가 되었지만 처가 일로 고초를 겪다가 사사된 인물이다. 그는 세종과 문종의 선택으로 공주의 부마가 되었다. 원래 그는 공주의 부마로 부적격자였다. 과부의 자식이었기 때문이다. 조선 왕실의 부마가 되려면 다음과 같은 결격사유가 없어야 했다. 첫째는 과부의 자식, 둘째는 역적의 자식, 셋째는 병이 있는 자식이었다. 그런데 정 종은 그 틀을 깨고 절세미인 경혜공주의 남편이 되었다. 그러면 무엇하겠는가. 부부로 11년밖에 살지 못했으니 말이다. 경혜공주는 남편 정 종과 전라남도 광주로 유배를 가 그곳에서 첫아이를 출산하였고, 둘째 아이를 임신하게 되었다. 그녀의 남편 정 종은 세조에게 "나를 죽이시오"라는 상소를 자주 올렸다고 한다. 드디어 유배지에서 그는 1461년(세조 7년) 한양으로 압송되기에 이르렀다. 그리고 능지처참되어 세상을 떠나고 말았다. 능지처참당할 당시 그녀의 배 속에는 아이가 들어 있었다. 그 뒤 그녀는 둘째 아이를 임신한 채 순천 부사의 관비가 잠시 되었다가 아이를 출산한 뒤 아이 둘을 궁궐에 보내고 비구니가 되었다.

야사에는 세조가 그녀가 임신 중이었을 때 아들을 낳으면 목 졸라 죽이라 했고, 딸을 낳으면 데려다 길러 주라 했다고 전한다. 그러나 세조의 비 정희왕후 윤씨가 그녀의 첫아이로 아들이 태어나자 여장을 시켜 키웠다고 한다. 조카의 왕위를 찬탈한 세조의 부인 정희왕후 윤씨가 경혜공주의

경혜공주의 묘 모습이다.

숙모이기도 하지만 민심을 다독이기 위해서라도 아이만은 길러 주려 했을지도 모른다. 다행히 그녀의 자녀들은 제9대 왕으로 등극할 성종(자을산군)과 궁궐에서 죽마고우로 자라나게 되었다.

하지만 그녀는 경순공주처럼 비구니가 되어 정업원으로 들어갔다. 그곳에서 올케인 단종비 정순왕후 송씨도 만났을 것이다. 올케인 단종비도 단종이 살해된 뒤 그곳에서 여생을 보냈으니 말이다. 그녀는 불심을 열심히 키웠는지 끝내 세조에게 머리를 조아리기에 이르렀다. 자녀들을 위해서 어쩔 수 없는 노릇이었을 것이다. 그녀는 4년 정도의 정업원 생활을 마감하고 그곳을 나와 세조를 찾아갔다. 불교 공부를 하면서 화를 삭이고 원수를 사랑해야 함을 배웠던 모양이다. 그보다 어머니로서 자녀들과 어

경혜공주의 묘(사진의 왼쪽)와 정 종의 제단(사진의 오른쪽)의 모습이다. 경혜공주는 남편인 정 종과 함께 잠들고 싶어 했지만 정 종이 능지처참을 당해 시신이 수습되지 못해 제단만 설치되어 있다. 그녀는 안타깝게도 정 종의 시신이 없는 작은 제단 곁에 잠들 수밖에 없었다.

떻게든 살아야겠다고 스스로 생각했을지도 모른다. 왕실 자녀들은 세자 외에 10세가 되면 누구나 궁궐을 떠나 궁궐 밖으로 나가 살아야 한다. 그녀의 아들이 어느새 10세가 되었고, 겸사겸사 자녀를 생각해 정업원을 떠나올 수밖에 없었을 것이다.

그녀가 정업원에서 불심을 키우고 있을 때 그녀의 자녀들은 궁궐에서 유모의 손에서 무럭무럭 성장했다. 다행인 것은 그녀를 키워 주었던 유모가 그녀의 자녀들을 맡아 키워 주게 되었다. 그 유모의 이름이 백어리니였다. 그 유모는 어머니 현덕왕후 권씨 가문의 여종 출신으로 『조선왕조실록』에도 현실 감각이 뛰어난 유모라 기록되어 있다. 경혜공주의 자녀들뿐 아니라 조선왕실의 자녀들은 유모들의 손에서 자라게 되어 있다. 유모 백어리니는 왕실 아이들의 공동 육아를 도맡았다. 훗날 제9대 왕이 될 자을산군과 함께 경혜공주의 자녀들을 양육했다. 그 결과 자을산군과 경혜공주의 자녀들이 친분을 쌓아 갔다. 백어리니가 왕실 아이들 특히 자을산군과 경혜공주의 자녀들과의 가교 역할을 충분히 해 주었다. 그리하여 경혜공주의 자녀들은 곧 왕이 될 자을산군과 죽마고우가 되는 행운아들이 되었다.

1465년(세조 11년) 4월, 그녀는 정업원을 나와 자녀들을 데리고 원수로 생각하고 살아온 숙부인 세조를 찾아갔다. 세조가 병이 위중해 두려움에 떨고 있을 때 찾아가 세조에게 10세가 된 아들 정미수를 부탁했다. 면천을 위해 그녀가 자존심을 꺾은 것이다. 이때 숙모인 정희왕후 윤씨도 그녀에게 세조를 설득하도록 도움을 주었을 것이다. 1489년 『세조실록』 1월 29일에 실린 기사를 보면 "정 종의 아들과 경혜공주가 입궐하여 세조를 알현하니 세조께서 보시고 불쌍히 여기시어 눈물을 뿌리시고 나로 하여금 전지를 쓰게 하시어 연좌시키지 말도록 하였다."라고 기록되어 있다. 그녀는 모성애로 온몸에 피부병이 번져 시달리고 있는 원수 중의 원수! 세조를 아들 정미수를 데리고 찾아간 것이다. 『세조실록』에도 나와 있듯이 남도 아닌 친형의 딸로 부모를 일찍 여읜 조카딸인데 그녀를 본 순간 어이 눈물이 줄줄 흐르지 않았겠는가. 세조가 경혜공주의 아들 정미수(1456~1512)란 이름도 지어 주었다고 한다. "눈썹이 하얘질 때까지 너는 힘든 상황 겪지 말고 오래오래 살아라" 하면서 '눈썹 미(眉), 목숨 수(壽)' 자를 넣어 이름을 정미수(鄭眉壽)라 지어 주었다고 한다. 이는 세조의 진심이었을 것이다. 경혜공주가 아들을 데리고 세조를 찾아갈 당시 세조의 온몸은 부스럼으로 말이 아니었다고 한다. 그녀가 세조가 죽기 전 찾아가 화해를 한 것은 참으로 잘한 일이다.

그 후 세조는 경혜공주에게 도성 안에 집도 지어 주고, 토지도 주고, 충익사라는 절도 지어 주었다고 한다. 그러고도 계속해서 물심양면으로 조카딸 경혜공주를 도와주었다고 하니 그나마 다행한 일이다. 경혜공주도 아들 정미수를 데리고 세조에게 문안 인사를 자주 갔다고 한다. 아마 정업원에서 비구니 생활을 하면서 왜 원수를 사랑해야 하는지를 깨달았던 모양이다. 무엇보다 자신이 원한에 빠져 살다 보면 상대방도 상대방이지만 자신도 불행해짐을 깊이 깨달았나 보다. 누군가를 미워하고 살아가는 것만큼 괴로운 일이 없음을 경혜공주가 깨달았을 것이다. 세조가 죽기 전에 서로 용서를 하고 화해를 한 것은 잘한 일이라 본다.

그녀가 세조와 화해한 뒤 그녀의 아들 정미수는 15세 때 돈녕부 직장이 되었다. 그런데 7개월 후 그녀는 마음의 상처가 어느 정도 치유되고 긴장이 풀렸는지 1473년(성종 4년) 음력 12월 30일, 38세의 젊은 나이에 한 많왔던 세상을 떠났다. 그녀의 아들 정미수가 16세가 되던 해였다. 그녀의 아들 정미수는 어머니 경혜공주가 병석에 누워 있을 때 항상 약물을 먼저 맛보고 옷도 벗지 않았으며, 경혜공주의 대변까지 직접 맛보는 등 곁을 떠나지 않고 정성을 다해 그녀의 병간호를 했다고 한다. 그녀가 떠난 뒤 정미수와 죽마고우로 지냈던 성종은 신하들 상소에도 불구하고 정미수를 왕족으로 인정하고 고속 승진을 시켜 주었다. 성종의 수렴청정을 한 세조의 비 정희왕후 윤씨가 성종에게 따로 명을 내렸을 것으로 본다. 경혜공주의 유일한 아들 정미수는 어머니인 경혜공주 곁이 아닌 외숙모인 단종의 비 정순왕후 송씨가 잠들어 있는 경기도 남양주시 진건면 사릉로 180

경혜공주와 정 종 사이에 유배지 전라남도 광주에서 태어난 정미수의 묘 모습이다. 정미수의 묘는 단종의 비 정순왕후 송씨의 사릉 곁에 있다. 그가 자녀가 없었던 외숙모 정순왕후 송씨의 후사를 돌보기로 하였기 때문이다. 정순왕후 송씨는 복위되지 못 한 채 숨을 거두어 양자 정미수가 잠들어 있는 해주 정씨 가문 묘역에 잠들 수밖에 없었다.

사릉 곁에 잠들어 있다.

경혜공주는 죽은 뒤 남편과 함께 묻어 달라고 유언했다. 그러나 그녀는 그녀의 남편과 함께 잠들 수 없었다. 그녀 곁에는 정 종의 묘가 아닌 정 종의 제단만이 설치되어 있다. 다행히 그녀가 죽기 전에 세조에게 머리 숙이고 들어간 덕에 그녀가 세상을 떠났어도 그녀의 아들과 딸은 결혼할 때도 왕실에서 다 지원해 주었다고 한다. 참으로 다행한 일이다. 그녀가 잠들어 있는 경기도 고양시 대자골에는 고려의 충신 최 영 장군을 비롯하여 세종의 동생 성령대군, 태종의 7남인 온령군, 소현세자의 막내아들 경안군 등등 조선 왕족들의 묘가 수두룩하다.

그녀의 어머니 현덕왕후 권씨만이라도 오래 살아있었다면 선왕의 비로 대비에 올라 단종의 수렴청정을 했을 것이다. 그렇게 되었으면 경혜공주와 단종의 삶이 그 지경까지는 이르지 않았으리라. 하지만 경혜공주와 단종에게 그런 어머니의 복은 없었다. 어머니의 빈자리가 얼마만큼 큰지를 단종 남매의 삶만 보더라도 알 수 있다. 단종 남매에게 어머니의 따뜻한 사랑이 미치지 못한 게 안타까울 뿐이다. 그들 남매의 할머니 소헌왕후 심씨만이라도 살아 있었다면 세조가 그 정도로 잔인하게 굴지는 못했을 것이다. 소헌왕후 심씨는 단종 남매의 할머니이자 세조의 어머니기 때문이다. 할머니 복에, 어머니 복도 없었던 그녀는 경기도 고양시 대자동 산 29번지에 잠들어 있다.

문신 이승소는 경혜공주 묘지석에 "살아생전 모든 곤욕을 맛보았지만 불평하는 기색은 없었다"고 썼다. 몇 해 전 드라마에서 경혜공주 역을 연기한 탤런트가 너무 카리스마 넘치게 연기를 해 왠지 이 묘지석의 내용이 낯설게 느껴진다. 끝으로 경혜공주의 묘비명에 새겨진 내용을 함께 읊조려 봐도 좋을 듯싶다.

"무릇 귀한 왕녀의 신분이었는데도 그 복록을 누리지 못하였으며 정숙하고 화락한 덕을 지니고 있었으면서도 장수를 누리지 못한 것은 어째서인가? 비록 그렇지만 하늘이 보답하는 것은 소홀하면서도 잊지 않는 법이니 흐르는 광채와 남은 경사가 장차 후세를 기다려서 크게 빛날 것이다."

경혜공주의 묘역 전경이다. 늘씬하게 생긴 문석인이 양쪽에 한 기씩 서서 38세에 생을 마감한 경혜공주의 묘를 수호하고 있다.

죽어서도 단종이 그리울
정순왕후 송씨

제6대 왕 단종의 비

조선 시대 정전(正殿) 중 가장 오래된 창경궁의 명정전에 설치되어 있는 용상(龍床) 모습이다. 용상 뒤 일월오봉병(日月五峰屛)의 색채가 다른 것에 비해 수수하다. 조선의 제6대 왕 단종이 숙부인 세조에 의해 왕위에서 물러난 후 상왕이 되어 그의 비 정순왕후 송씨와 명정전이 있는 이곳 창경궁에 머물다 끝내 단종은 강원도 영월의 청령포로 유배를 떠나고, 그의 비 정순왕후 송씨는 정업원에 들어가 비구니가 되었다. 그 후 단종은 유배지에서 폐서인되어 살해되었고, 그의 비 정순왕후 송씨도 폐비가 되어 모진 목숨을 이끌고 82세까지 살다가 복위되지 못한 채 서인의 몸으로 세상과 하직했다.

그대가 너무 먼 곳에 잠들어 있어 매일매일 그리움에 잠 못 들고 있을 조선의 제6대 왕 단종(1441~1457)의 비 정순왕후 송씨(1440~1521)! 그녀는 시어머니인 현덕왕후 권씨에 이어 2대가 폐비의 신세가 되었다. 그녀는 12세에 왕위에 오른 단종을 만나 왕비가 되었다. 그러나 그녀는 그녀의 시숙부인 세조에 의해 1457년(세조 3년) 단종과 함께 폐위되고 말았다. 단종은 폐왕이 되었고, 그녀는 폐비가 되었다. 참으로 어이없는 일이다. 혼사를 치르고 왕비에 오른 지 얼마 되지 않아 왕비의 길이 아닌 왕대비의 길을 걷다가, 폐위되어 폐비의 길을 걷게 되었다.

그녀는 아버지 여량부원군 송현수와 어머니 여흥부부인 민씨의 1남 1녀 중 외동딸로 세종 22년에 태어나 단종의 비가 되었다. 그녀의 본관은

단종이 잠들어 있는 강원도 영월의 장릉 능침으로 오르는 길의 모습과 그 길 옆에 심어져 있는 정령송(精靈松)의 모습이다 정령송(精靈松)은 1999년 4월 9일 정순왕후 송씨의 사릉에서 가져다 장릉 앞에 심은 것이다. 이 정령송(精靈松)은 단종과 그의 비의 애절하고 슬픈 사연으로 인해 영혼을 합하자는 뜻으로 심은 소나무다.

여산이다. 그녀는 단종과 함께 폐위되면서 그녀의 인생길은 아픔 속에 그리움과 외로움의 길이 되고 말았다. 그녀의 시어머니 현덕왕후 권씨는 이미 세상을 뜬 뒤 폐비가 되었지만 그녀는 생생히 살아 있는데 날벼락을 맞았다. 그것도 남편인 단종이 영월에 유배되어 서로 헤어져 있을 때 함께 날벼락을 맞았다. 이 기막힌 현실을 어린 나이에 어찌 받아들였는지 모르겠다. 그녀는 유배를 떠나는 남편과 청계천의 영도교에서 이별을 하고 영영 만나지 못하는 비운의 부부가 되었다. 폐왕이 된 남편 단종이 폐서인 되어 유배지에서 시 숙부 세조에 의해 사사되었기 때문이다.

정순왕후 송씨는 긴긴 세월을 홀로 남아 외롭게 살아가야만 했다. 단종이 1457년(세조 3년) 폐위 된 후 노산군으로 강등되었다가 그해 다시 서인으로 강등됨에 따라 그녀도 폐비가 되어 한 맺힌 세월을 살아가야만 했다. 그녀는 단종보다 64년을 더 살다가 죽었다. 단종과 3년 남짓 부부로 살았던 정순왕후 송씨의 인생 또한 무엇으로도 보상이 안 될 억울한 인생이다. 그 억울함을 풀 길이 도무지 없어 그랬는지 그녀는 80이 넘도록 그 모진 길을 정처 없이 걸어가야만 했다.

그녀의 남편 단종은 그녀와 헤어진 뒤 머나먼 유배 길을 떠나 유배지인 청령포에 도착하여 외롭고 무서운 나날들을 보내야만 했다. 숙부인 세조가 자신을 언제 죽일지 몰라 하루하루가 그야말로 지옥 같은 생활이었을 것이다. 처음엔 오열하느라 그의 거처인 어소에서 며칠 동안 나오지도 않았다고 한다. 청령포의 제한된 공간에서 미치지 않고 살아남은 게 용할 뿐이다. 그곳에 그가 얼마나 외롭게 생활했는지 알 수 있는 흔적들이 남아 있다. 다행인지, 불행인지 청령포에 단종이 유배 온 지 두 달 정도 되었을 때 홍수가 나 거처를 영월 읍내의 관풍헌으로 옮기게 되었다. 하지만 한 달 좀 지나 관풍헌에서 세조가 내린 사약을 받아 마시고 세상을 떠나고 말았다. 이러나저러나 불행일 수밖에 없다.

청령포에는 그녀의 남편 단종의 비통함과 외로움이 곳곳에 배어 있다. 단종이 상왕에서 노산군으로 강등되어 청령포로 유배된 후 한양을 그리워하며 쌓았다는 망향탑도 그렇고, 해질 무렵 한양을 바라보며 시름에 잠겼던 노산대도 그렇고, 두 가지로 나누어진 소나무 사이에 걸터앉아 쉬었다는 관음송도 그렇고, 거처인 어소도 그렇고, 금표비도 그렇다. 요즘이야 이곳에 별장을 지으면 좋겠다는 생각마저 들지만 옛 청령포에는 풀이 사람 키만큼 무성했고, 짐승들도 살았다 하니 상상만 해도 섬뜩하다. 정말 청령포가 천연의 감옥임에 틀림없다. 삼면은 강물이 쉴 없이 흘러가고, 한면은 절벽이니 감히 도망갈 생각조차 할 수 없는 곳이다. 관광객들을 위해 조성해 놓은 전망대를 올라가 보면 아찔함에 긴장마저 된다. 잘못하다가는 동강에 골인하기 십상이다.

그녀는 성품이 공손하고 검소해 가히 종묘를 영구히 보존할 수 있는 인물이라 하여 왕비로 간택되었다. 1453년(단종 1년) 간택된 뒤 이듬해인 1454년(단종 2년) 음력 1월 22일에 15세의 나이로 한 살 아래인 14세의 단종과 결혼하여 왕비로 책봉되었다. 하지만 그녀는 1년 남짓 왕비의 자리에 머물 수밖에 없었다. 1455년(단종 3년) 단종이 수양대군(세조)에게 왕위를 내주고 상왕이 되었기 때문이다. 단종이 상왕이 되자 그녀는 어린 나이에 왕대비가 되어 의덕(懿德)의 존호를 받았다. 그러나 1457년(세조 3년) 성삼문, 박팽년 등의 사육신이 추진하던 단종 복위 운동이 발각되자 상왕으로 물러앉은 단종은 폐위되어 노산군으로 강등된 채 영월로 유배되었고, 의덕왕대비였던 송씨는 군부인으로 강등되어 궁에서 쫓겨났다. 그렇게 그녀는 폐비가 되고 말았다.

그녀가 폐비가 되면서 그녀의 친정 또한 멸문당하고 말았다. 그녀의 고모는 세종의 8남인 영응대군의 부인으로 시댁에서는 그녀의 숙모가 되었다. 또한 그녀의 어머니와 한명회의 부인은 사촌 간이다. 그런데 한명회는 그녀에게 몹쓸 짓을 참 많이도 했다. 남도 아닌 한명회가 그녀의 남편을 왕위에서 몰아내는 데 앞장섰다. 그녀와 6촌간이 되는 한명회의 두 딸은 각각 세조의 며느리가 되고, 세조의 손자며느리가 되어 그녀에게 사촌동서가 되고, 조카며느리가 되었지만 그녀에게는 아무런 도움이 되지 못했다. 그녀는 폐비가 된 뒤 동대문 밖 숭인동 청룡사 자리에 있었던 정업원에 들어가 시녀들과 함께 살았다. 시녀들이 동냥해 온 것으로 끼니를 겨우 잇고 염색업을 하며 어렵게 살았다.

정순왕후 송씨가 염색업을 할 때 물을 긷던 자주동샘의 모습이다.

이틀 안 세조가 집과 식량 등을 하사했으나 그녀는 끝내 받지 않았다. 꼿꼿한 그녀의 성품을 알 수 있다. 아니, 세조에 대한 분노 때문에 받지 않았을 것이다. 한편 그녀를 가엾게 여긴 동네 아녀자들이 조정의 눈을 피해 그녀의 집으로 먹을 것을 건네주고자 시장을 형성하는 일이 있었다. 그녀를 위하여 만들어진 금남의 시장이었던 여인 시장은 동대문 밖 동묘 근처 남쪽 마을 싸전골에 있었다고 한다. 왕가의 인심보다 민가 인심이 훨씬 더 후했다고 할 수 있다.

그 여인 시장이 있었던 근처에 영도교가 있다. 청계천에 놓여 있는 이 영도교는 강원도 영월의 청령포로 귀양 가는 단종과 정순왕후 송씨가 마지막으로 헤어진 곳으로 전해지는데, 결국 두 사람은 이곳에서 헤어진 이래 이승에서는 영영 만날 수 없었다. 단종이 유배를 떠난 해 유배지인 영월에서 생을 마감했기에 그럴 수밖에 없었다. 단종의 비참한 죽음을 전해 들은 정순왕후 송씨는 매일 아침저녁으로 소복을 입고 산봉우리의 거북바위에 올라 단종의 유배지인 동쪽을 향해 통곡을 했는데 그 곡소리가 산 아랫마을까지 들렸다고 한다. 그러면 온 마을 여인네들이 땅 한 번을 치고, 가슴 한 번을 치는 동정곡(同情哭)을 했다고 전해지고 있다. 18세에 단종과 헤어져 82세가 되어 세상을 뜰 때까지 64년 동안이나 지아비가 묻혀 있는 동쪽을 향해 그리움의 눈물을 흘렸다고 하니 정순왕후 송씨의 절개에 머리가 숙여질 뿐이다. 그녀의 인생 또한 단종 못지않게 참으로 애달프다.

정순왕후 송씨가 올라가 통곡을 했던 그 산봉우리는 동망봉(東望峰)이란 이름이 붙여졌다. 동망봉이라는 이름은 조선 제21대 왕 영조가 지어 비석까지 내렸다고 한다. 그 후 일제강점기 때 그 일대가 채석장으로 사용되면서 그 흔적은 남아 있지 않고, 바위 또한 모두 떨어져 나가 흉물스

정순왕후 송씨가 단종과 이별한 뒤 64년 동안이나 단종이 묻혀 있는 동쪽을 향해 그리움의 눈물을 흘렸다는 동망봉 자리에 세운 동망정의 모습이다.

런 절벽만 남아 있었다. 그런데 지금은 동망봉에 동망정이 세워져 있고, 주변이 공원으로 탈바꿈하여 많은 사람들이 찾는다. 그 동망봉에서 앞으로는 청계천의 영도교가 내려다보이고, 뒤로는 청룡사(옛 정업원 자리)가 내려다보인다.

단종과 정순왕후 송씨는 부부로 3년 남짓 살다가 생이별을 하게 되면서 다시는 만나지 못했다. 둘은 영도교에서 헤어진 뒤 죽음을 앞두고도, 죽고 난 뒤에도 만나지 못했다. 세조가 단종의 시신을 거두는 사람에게 가혹한 형벌을 내린다고 했기 때문에 장사를 지내 주지도 못했다. 그러니 죽어서 단종과 묻히기는커녕 단종의 묘가 있는 줄도 몰랐을 그녀다. 왕비였던 그녀는 백성들과 섞여 살면서 남루하기 짝이 없는 삶을 아프게 살다가 한 많은 세상과 이별했다. 기막힌 자신의 운명을 받아들이기 어려워서였을까? 그녀의 목숨은 참으로 길고도 모질었다. 그녀가 살았던 집을 정업원이라고 하는데 이곳에서 그녀 외에 고려 공민왕 비였던 혜비와 태조의 딸 경순공주, 문종의 딸 경혜공주, 그리고 왕이 죽으면 궁을 나와 살아야하는 후궁들 중 자녀를 낳지 못한 후궁들이 출궁하여 이곳에서 비구니로 살아갔다. 현재 정업원 자리에는 청룡사가 들어서 있으며 지금도 비구니들이 살고 있다. 청룡사의 대웅전에서 앞을 보면 동망봉이 마주 올려다보인다.

영도교와 정업원 자리에 들어서 있는 청룡사 대웅전의 보습이다. 정순왕후 송씨의 눈물이 배어 있는 동망정에서 청계천에 놓인 영도교가 한눈에 내려다보이고, 청룡사 대웅전에서 동망봉이 한눈에 올려다보인다.

그런데 그 청룡사 우화루(雨花樓)에서 단종이 강원도 영월로 유배를 떠나기 하루 전 단종 비 정순왕후 송씨와 마지막 밤을 보냈다고 전해진다. 퇴색되어 있는 우화루의 현판이 왠지 그랬을 것 같다는 생각이 든다. 현재 청룡사가 자리하고 있는 정업원 터에 영조가 '정업원구기(淨業院舊基)'라고 친필로 써 준 비석이 비각 안에 세워져 있다. 영조는 '정업원 옛터 신묘년(영조 47년) 9월 6일에 눈물을 머금고 쓰다(淨業院舊基歲辛卯九月六日飮涕書)'라는 뜻의 글씨를 한자로 써 놓았으며, 비각 현판에는 '앞산 뒤 바위 천만년을 가오리(前峯後巖於千萬年)'라는 뜻의 글씨를 써 놓았다. 이처럼 팔작지붕을 한 비각의 현판과 정면 1칸 측면 1칸의 비각 안의 비석에는 폐비가 되었던 정순왕후 송씨의 애달픈 삶의 흔적이 배어 있다.

단종과 정순왕후 송씨가 유배 떠나기 전날 밤을 함께 지냈다고 전해지는 청룡사의 우화루 모습이다. 이곳에서 둘이 하룻밤을 보내고 강원도 영월로 떠났다고 전해진다. 그 후 정순왕후 송씨는 단종과 영영 이별한 뒤 정업원에서 스님이 되어 82세까지 살다가 세상을 떠났다.

영조가 눈물을 머금고 친필로 '정업원구기(淨業院舊基)'라고 쓴 비석이 비각 안에 세워져 있다(왼쪽 사진). 비각의 현판에 '앞산 뒤 바위 천만년을 가오리(前峯後巖於千萬年)'라는 뜻의 글씨도 영조가 친필로 썼다(오른쪽 사진).

정순왕후 송씨는 1521년(중종 16년) 음력 6월 4일, 지아비를 왕위에서 내쫓고 유배시켰다가 죽인 세조의 증손이며, 단종에게는 손자뻘인 중종이 왕위에 올라있을 때 한 많은 생을 마감했다. 그녀는 세종 대에 태어나 문종, 단종, 세조, 예종, 성종, 연산군, 중종 대에 이르기까지 7대 왕의 치세를 겪으면서 길고 긴 삶을 이어갔다. 그녀의 장사는 서인으로 강등되었지만 대군부인의 예로 치러졌다. 그녀는 조선왕조 최초로 살아서 폐비가 된 후 복위되지 못한 채 서인의 몸으로 눈을 감았다. 그 후 1681년(숙종 7년)이 되어서야 단종이 노산대군으로 추봉되었고, 그녀도 대군부인으로 추봉되었다. 그리고 1698년(숙종 24년) 단종의 복위와 함께 시호를 받고 종묘 영녕전에 배향되었다. 그녀의 신주가 단종의 신주와 함께 종묘에 나란히 자리하게 되었다. 단종이 죽은 지 241년, 그녀가 죽은 지 177년 만의 일이었다.

비운의 왕! 단종의 비 정순왕후 송씨가 홀로 남양주의 사릉에 잠들어 있다. 27명의 조선왕들 중 가장 어린 나이인 17세에 세상을 떠난 소년 왕 단종을 남편으로 둔 정순왕후 송씨의 사릉 전경이다. 어느 왕릉보다 솔숲이 아름다운 능이다.

　조선의 왕비들을 보면 생각보다 폐비가 된 왕비들이 꽤 많다. 그중 살아서 폐비가 된 왕비는 정순왕후 송씨를 비롯하여 뒤에 소개될 폐비 윤씨, 폐비 신씨, 단경왕후 신씨, 인목왕후 김씨, 폐비 류씨, 인현왕후 민씨 등 7명이나 된다. 그리고 죽은 뒤 폐비가 된 왕비는 신덕왕후 강씨, 현덕왕후 권씨, 명성황후 민씨 등 3명이나 된다. 그 밖에 궁녀에서 왕비까지 올랐던 장희빈이 살아서 폐비가 되어 빈으로 강등되었다. 그중 단종 비인 그녀와 신덕왕후 강씨, 현덕왕후 권씨, 단경왕후 신씨, 인목왕후 김씨, 인현왕후 민씨, 명성황후 민씨 등 7명의 폐비는 다행히 복위되었다. 그녀들은 그나마 불행 중 다행이다. 성종의 계비인 폐비 윤씨, 연산군의 부인 신씨, 광해군의 부인 류씨 등은 복위되지 못한 채 조선왕조가 막을 내리고 말았다. 그녀들에 비하면 장희빈은 행운이다. 폐비가 되어 서인이 되지 않고 빈의 자리를 지키게 되었으니 말이다. 그녀의 아들이 폐비 윤씨의 아들 연산군처럼 폐왕이 되지 않고 왕의 자리를 지킨 것이 그녀가 폐비가 되지 않은 이유일 것이다.

정순왕후 송씨의 능호는 사릉(思陵)이며 능은 단릉으로 조성되어 있다. 일반적으로 왕릉이라면 병풍석은 생략되더라도 난간석은 설치되어 있는 게 당연하다. 그러나 그녀가 왕비로 복위되기 전 죽어 대군부인의 예로 장례를 치렀기에 왕릉들과 차등을 두었음을 알 수 있다. 또한 거의 왕릉에는 석양과 석호를 양쪽에 한 쌍씩 두 쌍이 세워져 있는데 단종의 장

사릉의 예감은 조선 왕릉 중 중종의 제1계비 장경왕후 윤씨가 잠들어있는 희릉의 예감과 더불어 40기의 왕릉 중 특이하게 뚜껑이 덮여 있다. 화재 예방 차원으로 뚜껑 설치를 잘 해 놓았다.

릉과 그녀의 사릉에는 양쪽에 한 기씩만 배치되어 있다. 또 문석인, 무석인 그리고 석마가 한 쌍씩 있는데 무석인은 아예 설치되어 있지 않다. 제대로 갖추지 못한 왕릉들이 의외로 많다. 세자나 세자빈 시절에 죽어 사후에 추존된 왕과 비의 능이 대부분 그렇고, 폐비가 된 후 복위되지 못한 채 죽은 왕비의 무덤이 그렇다. 이곳 단종의 비 정순왕후 송씨의 사릉 외에 예종의 원비 장순왕후 한씨의 공릉, 중종의 원비 단경왕후 신씨, 그리고 추존 왕 덕종의 경릉, 추존 왕 원종의 장릉, 추존 왕 진종의 영릉, 추존 왕 장조의 융릉 등이 그렇다.

살아서 폐비가 되었다가 복위되지 못하고 죽은 정순왕후 송씨의 사릉은 예감에 뚜껑이 덮여 있는 게 특징 중의 특징이다. 예감은 제향 후 축문

푸른 소나무 숲에 둘러싸인 사릉의 정자각과 비각 사이로 단종 비 정순왕후 송씨의 능침이 올려다보인다. 정순왕후 송씨는 남양주의 사릉에, 단종은 영월의 장릉에 각각 떨어져 외롭게 잠들어 있다.

을 태우는 함으로 사초지 아래 정자각의 왼쪽에 자리하고 있다. 정자각의 오른쪽에는 산신에게 제사를 지내는 산신석이 있다. 왕릉의 모습이 초라한들 어떠랴. 소년 왕 단종과 정순왕후 송씨가 저세상에서라도 오순도순 사랑을 나눌 수 있으면 그만일 것이다. 둘 사이에 자녀는 없다. 자녀가 없는 게 천만다행이 아닌가 싶다. 둘은 죽어서까지도 함께 잠들지 못하고 너무 멀리 떨어져 있어 그것이 안타깝다. 그녀는 단종이 여전히 그립고, 그녀의 한 많은 인생이 생각나 죽어서도 제대로 잠을 이루지 못할 것만 같다. 사릉(思陵)에 묻혀 있는 그녀와 장릉(莊陵)에 묻혀 있는 단종이 합장되는 날이 왔으면 좋겠다는 생각을 또다시 해 본다.

정순왕후 송씨는 단종의 누나인 경혜공주가 출가한 해주 정씨 묘역 내에 잠들어 있다. 경혜공주와 세조에 의해 유배지에서 능지처참된 정 종 사이에 태어난 정미수가 그녀의 양자가 되었기 때문이다. 자녀가 없었던 정순왕후 송씨에게 시누이의 아들이 양자가 되어 묘 자리도 선물 받고 제사도 받아먹게 되었다. 유배지에서 태어난 정미수는 1506년 51세의 나이로 연산군을 폐위시킨 중종반정에 참여하여 정국공신이 되고 해평부원군에 책봉되면서 해주 정씨 가문을 다시 일으켰다. 그는 외삼촌인 단종과 아버지 정 종의 희생값을 그가 대신 보상받기라도 하듯 죄인의 아들로 태어났지만 성장하면서 왕실로부터 융숭한 대접을 받았다. 세조도 그에게 벼슬자리도 주고, 재산도 하사하며 사랑을 많이 쏟아 주었다고 한다. 그는 아버지 복은 없었지만 왕실 여인들의 덕도 톡톡히 보았다. 그의 고모는 세종대왕의 8남인 영응대군의 부인으로 춘성부부인 정씨이고, 그의 외숙모는 단종 비 정순왕후 송씨다. 그의 고모도 영응대군과 이혼했지만 자식이 없었다. 자녀가 없었던 그의 고모는 39세 되던 해인 1494년(성종 25년)

친정 조카 정미수에게 자신의 제사를 부탁하며 노비와 논밭을 상속했다. 이래저래 정미수는 늦복이 터졌다.

성미수의 외숙모인 단종의 비 정순왕후 송씨 역시 자식이 없어 그에게 재산을 상속했다. 정미수는 고모처럼 자식이 없었던 정순왕후 송씨의 시양자(侍養子)가 되기를 자청해 정순왕후 송씨의 시양자가 되었다. 그런데 정순왕후 송씨가 정미수보다 9년을 더 살다가 세상을 떠났다. 그랬기에 정순왕후 송씨의 노비와 재산은 정미수의 양자 정승휴에게 상속해 주었다. 정미수와 정경부인 전의 이씨 사이에도 자식이 없어 정미수의 육촌동생인 정수경의 아들 정승휴를 양자로 들였기 때문이다. 정승휴와 안동 권씨 사이에서 태어난 장녀와 중종과 희빈 홍씨 사이에서 태어난 금원군이 부부가 되는 등 정미수의 집안은 계속해서 왕실과 혼례를 치르면서 명예 회복이 되어 갔다.

『연산군일기』에 "미수는 문종의 외손으로 용모가 풍만하고 아름다우며, 행동거지가 한가롭고 정중하여 바라만 보아도 곧 그가 왕손임을 알 수 있다. 젊어서 과거공부를 하다가 성취하지 못하고 문사들과 사귀기를 좋아하였는데, 달통하고 민첩하며 숙련하여 벼슬을 하여도 그르친 일이 없으므로 높은 관작에 이르게 되었다."라는 기록이 되어 있을 정도로 그는 몸가짐이 매사에 조심스러웠음을 알 수 있다.

정순왕후 송씨가 홀로 잠들어 있는 사릉 오른쪽으로 보면 정미수를 비롯하여 그의 양자 정승휴 등등 해주 정씨들 묘가 송림 속에 여러 기가 자리하고 있다. 하지만 그곳에 정미수의 부모님인 경혜공주와 정 종의 묘는 없다. 그들의 묘는 그곳과 멀리 떨어진 경기도 고양시 대자동에 있다.

정순왕후 송씨의 사릉 능침에서 내려다본 해주 정씨들의 묘역이다. 그곳에 정순왕후 송씨의 양자가 된 단종 누나 경혜공주의 아들 정미수와 정미수의 양자 정승휴 묘 등이 자리해 있다. 사진 속의 묘 중 왼쪽으로 위가 정미수의 묘다.

　정순왕후 송씨가 잠들어 있는 사릉은 어느 왕릉보다 아름다운 자연환경을 자랑하고 있다. 사계절 내내 솔향기가 가시지 않는 곳이다. 사방으로 잘생긴 소나무들이 빼곡하게 자리하고 있기 때문이다. 솔향기 그윽한 소나무 숲 속에 정순왕후 송씨가 잠들어 있다. 그녀를 생각하면 단종이 함께 생각나 늘 가슴이 아팠는데 사릉에 다녀온 뒤부터는 아픔이 훨씬 덜하다. 그녀가 잠든 사릉의 풍경이 너무나 아름답고 편안해 보였기 때문이다. 솔숲이 아름다운 사릉이 공개되지 않고 있었는데 2013년 1월 1일부터 공개되고 있다. 그녀는 경기도 남양주시 진건읍 사릉로 180에 위치한 사릉에 홀로 누워 단종에 대한 그리움을 달래며 잠들어 있다. 단종과의 사이에 그녀는 한 명의 자녀도 낳지 못했다.

정순왕후 송씨가 홀로 잠들어 있는 사릉의 능침 앞에서 바라본 모습과 곡장 뒤에서 바라본 모습
이다. 단종이 세상을 뜬 지 241년이 지나가고, 정순왕후 송씨가 세상을 뜬 지 177년이 지나간 후에
야 둘의 명예회복이 이루어졌다. 1698년(숙종 24년) 단종의 복위와 함께 시호 및 능호도 받고 종묘
영녕전에 배향되었다. 마침내 둘의 신주가 종묘에 나란히 놓이게 되었다.

233년 만에 폐비 딱지를 뗀 7일의 왕비! 단경왕후 신씨

제11대 왕 중종의 원비

　조선의 왕비들 중 실제 7일 동안 왕비의 자리에 올랐다가 폐비가 된 왕비가 있다. 그 왕비가 조선 제11대 왕 중종(1488~1544)의 원비 단경왕후 신씨(1487~1557)다. 그녀는 중종반정으로 연산군이 폐왕이 되면서 그녀의 남편이 왕위에 올라 그녀도 왕비의 자리에 오르게 되었다. 그런데 일주일 만에 왕비의 자리에서 내려와야만 했다. 조선의 41명의 왕비들 중 재위기간이 가장 짧은 왕비로 기록되는 비운의 왕비다. 그녀는 신덕왕후 강씨, 현덕왕후 권씨, 정순왕후 송씨, 성종의 계비 윤씨, 연산군의 비 신씨에 이어 조선 왕비들 중 여섯 번째로 폐비의 반열에 이름을 올리게 되었다.

　그녀는 본관이 거창으로, 아버지 익창부원군 신수근과 어머니 영가부부인 권씨의 4남 3녀 중 막내딸로, 성종 18년에 태어나 중종의 원비가 되었다. 그런데 폐비가 되고 만 것이다. 연산군이 1506년 폐위되고 중종이 왕이 되면서 함께 왕비의 자리에 올랐으나 기쁨도 잠시 폐비가 되고 말았

조선의 제11대 왕 중종의 즉위식이 거행되었던 경복궁(景福宮)의 근정문(勤政門) 앞 흥례문(興禮門)의 모습이다. 그때 중종의 원비 단경왕후 신씨도 왕비가 되어 즉위식에 함께했다. 그러나 그녀는 왕비에 오른 지 7일 만에 폐비가 되어 끝내 복위되지 못한 채 남편인 중종과 생이별을 한 뒤홀로 기나긴 세월을 살다가 눈을 감았다. 단경왕후 신씨의 애틋한 마음이 배어 있는 인왕산이 보인다.

다. 이 어처구니없는 일을 당한 단경왕후 신씨의 심정이 어땠을지 그 입장이 되어 보지 않은 그 누가 알 수 있겠는가. 가장 큰 원인은 연산군을 고모부로 둔 게 원인이었을 것이다. 거기에 그녀의 아버지 익창부원군 신수근이 연산군을 폐위하는 반정에 가담하지 않아 반정세력에 의해 살해됨에 따라 이 또한 그녀가 폐비가 되는 원인이 되었다.

그녀의 고모부인 연산군이 폭군정치를 이어가 반정세력에 의해 폐왕이 되었고, 그녀의 고모 역시 폐위되어 폐비의 걷게 되었다. 그런데 그것으로 일이 끝나지 않았다. 연산군의 불똥이 그녀의 친정은 물론 그녀에게까지 튀고 말았다. 무엇보다 그녀의 아버지 신수근이 중종반정 세력에 동조하지 않은 것이 그녀가 폐비가 되는 데 일조를 했다고 볼 수 있다. 그녀의 아버지는 딸과 사위만을 위해 매제 연산군과 여동생인 연산군 부인을 버릴 수는 없었을 것이다. 그 결과 그녀의 아버지 신수근은 반정 세력에 의해 안타깝게도 살해되고 말았다. 그 뒤 아버지까지 잃은 그녀였지만 사랑하는 남편 중종과도 생이별을 하고 폐비가 되어 궁궐을 나올 수밖에 없었다.

중종의 조강지처였던 그녀는 폐비가 되어 인왕산 아래 사가에 들어가 살았다. 그녀의 사가와 남편인 중종이 살고 있는 경복궁과는 그리 멀지않은 거리로 서로 마주 보인다. 하지만 궁궐에서 쫓겨나온 이상 그녀가 중종을 다시 만나기는 어려운 일이다. 그러니 그녀는 사가에서 생을 다할 때까지 중종을 그리워하며 살다가 세상을 떠날 수밖에 없었다. 먼저 폐비가 된 그녀의 고모 폐비 신씨와 함께 사가에서 지내며 아픔을 쓰다듬느라 눈물이 마를 날이 없었을 것이다. 고모부인 연산군이 잘했으면 그녀가 고모와 함께 거창신씨 가문을 더욱 빛냈을 것이다. 그러나 오히려 그녀들로 인하여 거창신씨 가문은 풍비박산 나고 말았다. 둘 다 폐비가 되었으니 말이다.

　내일 일을 아무도 모른다더니 정말 알 수 없는 일이 그 가문에 불어닥쳤다. 내일은커녕 한 치 앞도 모르는 게 우리네 삶이다. 그야말로 그녀의 고모는 연산군 같은 폭군을 만나 마음고생 엄청 하다가 폐비까지 되었다. 단경왕후 신씨에 비하면 그녀의 고모 폐비 신씨는 더 불쌍하다. 왕비의 자리에 10년이 넘게 올라 있었는데 하루아침에 폐비가 되어 강화 교동도로 유배를 가 연산군과 함께 유배생활을 하게 되었으니 하는 말이다. 그녀의 고모는 유배지에서 위리안치되어 갇혀 살다가 연산군이 죽은 뒤에야 사가로 돌아올 수 있었다. 불행 중 다행이라 해야 하나 모르겠지만 연산군이 유배지에서 2개월 만에 세상을 떠났다. 아마 그녀의 고모는 고모부를 잃은 것보다 고모가 낳은 2남 1녀 모두 함께 폐위되어 폐세자가 되고, 폐대군이 되고, 폐공주가 된 것이 더 슬펐을지도 모른다. 그중 세자로 책봉되어 있던 이 황과 그의 동생 창녕대군은 어린 나이에 부모와 떨어져 유배를 갔다가 유배지에서 살해되었고, 폐공주가 된 휘순공주는 이혼을 당하고 다시 합치는 등 상상도 안 했던 고통을 겪어야만 했으니 그 슬픔을 감당하기 어려웠을 것이다.

　아마 중종의 원비 단경왕후 신씨는 그런 고모를 보면서 위안을 삼았을지도 모른다. 그녀에게 자녀가 없었던 게 아쉬움이 아니라 천만다행이라 여겼을 것이다. 연산군부인이었던 그녀의 고모는 아픔을 삭이며 61세까지 그녀와 함께 살다가 세상을 떠났다. 서로 의지할 사람이 있어서 둘은 그래도 덜 외롭지 않았나 싶다. 단경왕후 신씨 역시 자녀 없이 한 많은 세월을 참으로 길게 71세까지 살다가 앞서 폐비가 된 고모처럼 끝내 복위되지 못한 채 서인의 몸으로 숨을 거두었다.

원비 단경왕후 신씨를 그토록 사랑했던 조선 제11대 왕 중종의 능침을 앞에서 바라본 모습과 곡
장 뒤에서 바라본 모습이다. 그녀의 남편 중종은 그녀를 사랑했지만 그녀와 함께 잠들지 못하고
정릉에 홀로 잠들어 있다. 왕비가 3명이나 있었지만 그 누구도 중종 곁에 잠들지 못했다. 강남 한
복판에 자리한 중종의 정릉에는 15세기와 21세기가 공존하고 있다. 안산과 조산이 이처럼 빌딩 숲
에 가릴 줄 중종은 짐작도 못했을 것이다.

그녀는 조선의 역대 왕비들 중 가장 짧은 재위 기간을 남겼으며, 역적의 딸로 연좌되어 폐위된 후 조선 제21대 왕 영조 대에 가서야 부모와 함께 복위되었다. 그녀는 1499년(연산군 5년) 13세에 당시 진성대군에 봉해져 있던 중종과 결혼하여 부부가 되었다. 그 후 1506년(중종 즉위년) 중종반정이 성공하면서 남편이 왕위에 오르자 그녀도 자연스럽게 왕비에 올랐다. 하지만 그녀는 곧 폐비가 되고 말았다. 연산군의 폐위로 그녀가 큰 화를 입었다. 연산군만 망한 게 아니고, 그녀도 망하고 그녀의 친정 가문도 모두 망해 버렸다. 그녀는 아무런 잘못도 없이 왕비에서 쫓겨나 기구한 삶을 이어가야만 했다. 왕위에 오른 그녀의 남편이 그녀를 아무리 사랑했어도 그녀의 남편을 왕위에 올린 반정 세력을 꺾을 힘은 없었다. 반정 세력들은 폐위된 연산군의 처남이기도 한 그녀의 아버지를 죽이고 후한을 두려워한 나머지 그녀까지 왕비의 자리에서 폐위시켰다. 그녀의 아버지가 반정 세력을 옹호하지 않았기 때문이다. 반정 세력들은 왕과 비의 사랑은 전혀 아랑곳하지 않고 그녀를 내치고 말았다.

반정 세력들은 1506년(중종 즉위년) 음력 9월 2일 연산군을 폐위시킨 뒤, 그녀의 아버지 신수근을 살해했다. 그 당시 그녀에게 반정 세력들은 폭군 연산군보다 더 무서운 존재였다. 그녀는 정치적 승리자인 중종을 남편으로 두었으면서도 단지 거창 신씨라는 혈연으로 말미암아 폐비가 된 연산군부인 신씨와 폐비의 길을 함께 걸어가야만 했다. 연산군부인 신씨와는 시댁에서는 동서지간이었지만 친정에서는 고모와 조카 사이였다. 그녀는 중종이 왕위에 오른 지 7일 만인 1506년(중종 즉위년) 음력 9월 9일에 폐위되고 말았다. 혈연관계가 이처럼 무서울 줄 그녀가 알았을 리 없다.

중종은 단경왕후 신씨를 폐위시킨 뒤 새로이 왕비를 들였다. 중종의 큰

어머니인 월산대군부인 박씨의 여동생 딸이 중종의 계비가 되었다. 월산
대군부인은 일찍 죽은 여동생을 대신하여 조카딸을 키운 뒤 시댁 조카인
중종의 후궁으로 입궁시켰다. 그런데 후궁으로 있다가 왕비에 오른 장경
왕후 윤씨의 복도 길지 않아 왕비로 책봉된 지 9년 만인 1515년(중종 10
년) 사망했다. 그래도 다행히 장경왕후 윤씨는 원자를 낳아 남겨 놓고 죽
었다. 그 원자가 중종의 뒤를 이은 인종이었다. 계비 장경왕후 윤씨가 죽
자 담양 부사 등이 중종의 원비 단경왕후 신씨의 복위를 간청하는 상소를
올렸다. 그러나 복위를 반대하는 중신들에 의하여 그녀는 복위되지 못했
고, 오히려 단경왕후 신씨의 복위를 간청한 사람들만 유배형에 처해졌다.
중신들은 왕이 조강지처인 단경왕후 신씨를 얼마나 사랑하고 있는지 알
았을 텐데도 자신들의 목숨을 부지하기 위하여 반대했을 것이다. 중종이
세자로 책봉되었다가 떳떳하게 왕위를 계승한 게 아니기 때문에 중신들
이 "전하! 성은(聖恩)이 망극 하옵니다."가 아니라 "전하! 아니 되옵니다."
를 강경하게 부르짖으면 중종도 어쩔 수 없는 노릇이었을 것이다.

중종은 기회가 될 때마다 경복궁의 경회루에 올라가 단경왕후 신씨가
거처하고 있는 서쪽의 인왕산을 바라보며 그녀를 그리워했다고 전한다.
그 당시 경복궁을 중심으로 북쪽에 주산인 북악산(백악산), 남쪽에 남산(목
멱산), 서쪽에 인왕산, 동쪽에 낙산(타락산) 등의 내사산을 두었다. 그 내사
산 중 하나인 인왕산 아래 그녀의 사가가 있었다. 중종이 그녀를 그리워
하고 있다는 사실을 전해 들은 그녀는 중종이 잘 볼 수 있는 곳에 그녀가
궁궐에서 자주 입던 붉은 치마를 펼쳐 놓았다는 이야기가 전해져 오고 있
다. 이것이 인왕산 치마바위 전설이 생겨난 배경이다. 한편 중종이 임종
직전에 그녀를 궁궐로 불러들였다는 소문이 돌기도 했다. 그만큼 중종은

그녀를 폐위하려는 생각이 없었으며 죽을 때까지 그녀를 매우 사랑했다고 야사는 전한다. 그러나『중종실록』등에는 그녀를 폐위할 때 중종이 크게 반대하지 않은 것으로 나와 있어, 위의 야사가 단순히 지어낸 이야기일 가능성도 배제할 수 없다는 반론도 있다. 하지만 그 당시 중종은 반정세력에 의해 왕위를 물려받았기에 자신의 의견을 내세울 만한 위치가 아니었다. 세자수업은커녕 갑자기 아무런 준비도 없이 왕위에 오른 중종이니 무슨 힘이 있었겠는가.

경복궁의 경회루 모습이다. 중종은 원비 단경왕후 신씨가 그리울 때면 이곳에 올라가 그녀가 살고 있는 인왕산 쪽을 바라보았다. 그 소식을 들은 그녀는 궁궐에서 잘 입던 붉은 치마를 인왕산 넓은 바위 위에 펼쳐 놓았다. 그것이 치마바위전설을 탄생시킨 것이다. 눈물겨운 왕과 왕비의 사랑 이야기가 전해져 오는 인왕산의 치마바위가 경회루에서 아주 잘 보인다. 경회루뿐 아니라 치마바위는 경복궁 어디에서도 잘 보인다.

단경왕후 신씨가 폐위된 이후 중종 대에는 그녀의 처우에 대해서 별다른 기록이 없다. 이는 반정세력들로 인해 그만큼 중종의 힘이 약했다는 증거라고 할 수 있다. 중종의 뒤를 이어 인종이 즉위하면서 그녀가 거처하는 곳에 폐비궁(廢妃宮)이라는 이름을 주고 생활을 보조하기 시작했다는 기록이 남아 있다. 그녀 역시 단종의 비 정순왕후 송씨처럼 한 많은 세월을 참으로 길게 살다가 세상을 떠난 왕의 여인이다. 그녀의 장례는 왕비 시부모의 예에 따라 이등례(二等禮)로 치러졌다. 하지만 그게 무슨 소용이겠는가. 왕비의 자리에서 갑자기 폐비가 되어 살았을 때 복위도 되지

장명등 앞에서 바라본 7일의 왕비 단경왕후 신씨의 온릉 능침 모습이다. 그녀가 장명등 창으로 정자각이 아닌 누군가의 모습이 나타나기를 학수고대하고 있는 것만 같다.

못하고 서인의 몸으로 살다가 죽어간 그녀이기에 하는 말이다.

그녀는 폐비가 된 이후 계속해서 시호도 없이 폐비 신씨, 혹은 신비(愼妃)라고 불리다가, 영조 때인 1739년(영조 15년) 음력 3월 28일, 김태남 등의 건의로 폐비 된 지 233년 만에 왕후로 복위되었다. 그때 그녀의 아버지는 익창부원군, 권 람의 딸이었던 그녀의 친모인 권씨는 영가부부인, 시조모인 인수대비 사촌의 딸이자 그녀의 계모인 한씨는 청원부부인으로 그 지위가 격상되었다. 그때 단경이라는 시호와 함께 공소순열(恭昭順烈)이라는 존호를 받았다.

그녀는 사랑하는 중종과 1499년(연산군 5년) 13세에 만나 7년간 부부로 살다가 왕비가 된 지 7일 만에 왕비에서 쫓겨나 중종과 헤어지게 되었다. 그녀에게 숫자 7은 행운의 숫자가 아닌 불행의 숫자가 되고 말았다. 그녀는 1506년(중종 원년) 폐비가 되어 중종과 헤어진 뒤 세상을 떠나는 날까지 51년을 중종을 그리워하며 홀로 쓸쓸히 살다가 1557년(명종 12년) 71세에 세상과 하직하였다. 그녀는 중종이 잠들어 있는 정릉(靖陵)과도 아주 멀리 떨어진 곳에 잠들어 있다. 아마 중종의 제2계비인 문정왕후 윤씨가 자신이 중종 곁에 잠들고 싶어 중종과 동떨어진 곳에 그녀를 묻도록 자신의 아들 명종에게 지시를 했을지도 모른다. 문정왕후 윤씨는 그러고도 남을 성격의 소유자였다. 그녀의 남편 중종은 그녀를 비롯하여 3명의 왕비를 두었으며 그중 세 번째 왕비인 문정왕후 윤씨와 가장 오래 살았다. 문정왕후 윤씨와 27년을 살았으니 그녀가 죽어서도 중종 곁을 차지하려고 왕릉까지 옮겨가며 난리를 쳤던 모양이다. 하지만 문정왕후 윤씨도 단경왕후 신씨와 마찬가지로 중종 곁에 잠들지 못했다.

단경왕후 신씨의 능호는 온릉
(溫陵)이며 단릉으로 조성되었다.
다른 왕릉과 마찬가지로 홍살
문 오른쪽에 배위가 설치되어 있
고, 홍살문에서 정자각까지 이어
진 참도는 대부분의 왕릉이 그렇
듯 왼쪽이 약간 높고, 오른쪽이
약간 낮다. 왼쪽 높은 곳이 신도
이고, 오른쪽 낮은 곳이 어도이
다. 조선 왕릉 참도의 모습은 홍
살문에서 일(一) 자로 되어 있는
게 대부분이지만 꺾여 있는 참도

7일의 왕비인 중종의 원비 단경왕후 신씨가 잠
들어 있는 양주의 온릉 전경이다. 그곳에 그녀가
홀로 잠들어 있다.

도 여럿 있다. 참도가 2도가 아닌 신도만 하나 설치되어 있는 곳도 있고, 3
도, 4도도 있다. 참도의 길이나 폭도 제각각이다. 그러나 온릉은 2도로 신
도와 어도로 나뉘어져 정자각까지 일(一) 자로 이어진다. 정자각 오른쪽
에는 정자각으로 오르는 신계와 어계가 설치되어 있다. 난간이 있는 왼쪽
이 신계이고, 난간이 없는 오른쪽이 어계다. 한편 정자각의 오른쪽에 비각
이 서 있다. 비각이 정자각보다 능침 공간 쪽으로 약간 돌출해 있다. 온릉
의 비각에 모셔져 있는 단경왕후 신씨의 비석에는 총알 자국이 셀 수없이
많다. 비석을 과녁으로 사격훈련을 한 것 같다. 많은 총알 자국 속에 "조선
국단경왕후온릉(朝鮮國端敬王后?陵)"이라고 쓰여 있다. 이곳이 누구의 왕릉
인지 비각에 세워져 있는 비석이 확실하게 가르쳐 주고 있다. 비석은 왕
릉에 잠들어 있는 주인공의 이름표이다. 온릉의 비석이 6 · 25의 상흔까지

말해 주고 있어 더욱 마음이 아
프다.

정자각을 가운데 두고 오른쪽
에 수복방, 왼쪽에 수라간이 있
어야 하는데 온릉에는 흔적만 남
아 있을 뿐이다. 현재 조선 왕릉
에는 수라간보다 수복방이 많이
남아 있다. 수라간이 남아 있는
곳은 몇 군데 안 된다. 수라간의
흔적은 찾기조차 어려우나 수복
방은 주춧돌이 남아 있는 왕릉이
많다. 온릉 역시 수라간의 흔적
은 아예 없고, 수복방의 주춧돌
들이 남아 자신들이 수복방의 주
춧돌이었음을 알리느라 애쓰고
있다.

단경왕후 신씨는 왕족들이 주
변에 아무도 잠들지 않은 곳에
홀로 떨어져 외롭게 잠들어 있
다. 그녀의 온릉은 1739년(영조
15년) 그녀가 복위되면서 다시
조성되었다. 하지만 왕릉의 모습
은 아니다. 봉분에 병풍석은커

"조선국단경왕후온릉(朝鮮國端敬王后溫陵)"이라
고 쓰여 있는 단경왕후 신씨의 비석 모습이다.
그 비석에는 과녁처럼 총알 자국이 많다. 6 · 25전
쟁이 얼마나 무서웠는지 비석이 그때의 상흔을 말
해 주고 있다.

온릉의 수복방 주춧돌들이 자신들의 자리를 굳
건히 지키고 있는 모습이다. 언젠가 복원될 날
이 올 것이라 믿고 그 자리를 떠날 줄 모르는 주
춧돌들의 모습이 왕비로 복위될 날만을 기다리
다가 세상을 떠난 단경왕후 신씨를 보는 듯하다.
비각 옆 산신석 위로 단경왕후 신씨의 능침이
올려다보인다.

녕 난간석도 없으며 곡장과 봉분이 거의 붙어 있어 석호와 석양의 행동반경이 좁아 이들이 왕릉을 제대로 수호할지 모르겠다. 옹색한 틈새에 석양과 석호가 두 기씩이 아닌, 한 기씩 양쪽에 세워져 있을 뿐이다. 그리고 단종의 비 정순왕후 송씨가 잠들어 있는 사릉처럼 이곳 역시 무석인과 석마 한 쌍은 생략되었다.

그녀는 죽어서까지 외로움을 견뎌야만 하는 운명을 타고난 모양이다. 그녀 역시 조선의 왕비들 중 비운의 왕비 중 대표 급에 해당된다고 할 수 있다. 그녀는 살아서도 중종을 그리워하며 홀로 50년을 넘게 살아왔는데 죽어서도 중종과 남북으로 떨어져 잠들어 있다. 말동무할 이웃도 없는 외딴 산속에 홀로 묻혀 있다. 워낙 홀로 살아온 세월이 길어 적응하는 데 어렵지는 않았을지도 모르겠다.

좁아도 너무 좁은 곡장 안에서 그리움에, 외로움에 잠 못 이루고 있을 단경왕후 신씨의 온릉 능침을 수호하고 있는 석물들 모습이다. 석호가 발톱까지 치켜세우고 철통같이 수호하고 있다.

그녀는 중종의 조강지처였지만 도성의 남쪽에 잠들어 있는 중종 곁이 아닌 도성의 북쪽에 잠들어 있다. 그녀가 잠들어 있는 온릉은 방문 신청을 하고도 굳게 닫힌 철문 앞에서 연락을 다시 취해야만 관람을 할 수 있었다. 관리인이 나와 철문을 열어 주어야 하는 비공개 왕릉 중 한 곳이다. 이곳 온릉 역시 사릉처럼 자연환경이 무척이나 아름답다. 비공개 능은 허락을 받아내야 하므로 번거로움이 있지만 조용한 가운데 관람을 할 수 있어 왕릉의 주인과 더 많은 대화를 더 진지하게 할 수 있어 좋다. 온릉은 정자각에서 능침 공간까지 경사가 다른 왕릉들에 비하여 완만하다. 온릉의 능침 공간에서 내려다보는 풍경은 그야말로 백미다. 너무 멋있어 야트막한 곡장 뒤의 잉에서 발길을 떼기가 어렵다. 그곳에서 바라보이는 안산, 조산 그리고 봉분과 석물들, 능침 아래 정자각, 홍살문까지 한 폭의 풍경

233년 만에 폐비 딱지를 뗀 7일의 왕비 단경왕후 신씨가 잠들어 있는 온릉의 능침 앞에서 바라본 모습과 곡장 뒤 잉에서 바라본 모습이다. 안산과 조산의 모습이 그야말로 환상적이다. 그녀의 성품처럼 전망이 단아하면서 아름답다.

화다. 왕릉이 아름다운 자연과 함께하기에 더 멋지게 보인다. 온릉 역시 명당자리임을 풍수에 문외한인 나도 알 수 있다. 사릉에서처럼 온릉에서도 무거웠던 마음을 조금은 내려놓을 수 있다. 자연이 너무 아름답기 때문이다. 경기도 양주시 장흥면 호국로 255-41에 위치한 온릉(溫陵)의 아름다운 풍경 속에 7일의 왕비! 단경왕후 신씨가 억울한 마음을 추스르며 잠들어 있다. 그녀는 한 명의 자녀도 낳지 못했다.

적자를 낳은 게 탈이 되어 유폐생활을 한 인목왕후 김씨

제14대 왕 선조의 계비

덕수궁의 중화문(中和門)과 그 뒤로 보이는 중화전(中和殿)의 야경이 멋스럽다. 이 덕수궁은 어느 왕비보다 조선 제14대 왕 선조의 계비 인목왕후 김씨의 추억이 서려있는 곳이다. 그녀의 희로애락이 이곳에 다 배어 있다. 그녀는 19세의 나이에 51세나 된 선조를 만나 이곳 덕수궁에서 신혼살림을 시작하였다. 그리고 선조가 죽는 날까지 이곳에 함께 살면서 그렇게 바라던 적자와 적녀를 낳아 선조에게 선물했다. 그러나 그녀는 적자를 낳은 게 탈이 되어 그 적자도 잃고, 폐비가 되어 서궁인 이곳에서 딸 정명공주와 함께 5년간의 유폐생활을 하였다. 그 후 인조반정으로 인해 그녀가 대비로 추숭되면서 자신을 폐비로 만들어 버린 조선 제15대 왕 광해군을 자신이 갇혀 있었던 덕수궁의 석어당 뜰에 무릎을 꿇게 한 뒤 폐왕으로 만들어 버렸다.

덕수궁 석어당을 찾을 때면 늘 생각나는 왕비와 공주가 있다. 선조 (1552~1608)가 그렇게 기다리던 적자 영창대군(1606~1614)을 낳아 준 계비 인목왕후 김씨(1584~1632)와 그녀의 딸 정명공주(1603~1685)다. 그곳에서 그들 모녀가 광해군(1575~1641)에 의해 5년 동안이나 유폐생활을 했기 때문이다. 인목왕후 김씨가 선조와의 사이에 적자를 낳았지만 선조에 이어 후궁 공빈 김씨(1553~1577) 소생인 광해군이 왕이 되었다. 서손 출신으로 왕이 된 선조는 자신의 왕위만은 적자에게 넘겨주고 싶어 했다. 하지만 어디 인생이 생각대로 펼쳐지냐 말이다. 선조 역시 중종의 서손으로, 왕이 된 것만 봐도 그렇다. 정상적인 상황이었다면 선조는 왕의 후보에도 오르지 못할 서열이었다. 그런데 왕이 되었지 않은가.

누구보다 적자에게 왕위를 물려주고 싶었던 선조였지만 뜻을 이루지 못했다. 적자는 왕비가 낳아야만 하는데 선조의 원비 의인왕후 박씨(1555~1600)는 적자는커녕 한 명의 자녀도 낳지 못했다. 그러니 선조의 조바심은 극에 달했을 것이다. 선조가 그토록 적자 탄생을 기원했지만 원비는 소생 없이 쓸쓸히 세상을 떠나고 말았다. 원비 역시 선조의 마음을 아는지라 마음고생을 심하게 하면서 살다가 죄인처럼 죽어갔을 것이다. 원비 의인왕후 박씨는 선조가 이미 즉위한 지 2년이 된 뒤에 만나 왕비가 되었다. 하지만 15세에 만난 선조와 죽을 때까지 31년 동안 자녀를 낳지 못해 마음만 졸이며 살다가 세상을 떠났다. 왕비가 자녀를, 그중 아들을 낳지 못하면 죄인처럼 살아갈 수밖에 없었다.

선조는 원비 의인왕후 박씨의 3년 상이 끝나자 바로 계비로 인목왕후 김씨를 맞이하였다. 그녀의 본관은 연안으로, 아버지 연흥부원군 김제남과 어머니 광산부부인 노씨의 3남 2녀 중 막내딸이다. 그녀는 선조 17년에 태어나 조선 제14대 왕 선조의 두 번째 왕비가 되었다. 그때 선조의 나이 51세, 계비로 들어온 인목왕후 김씨의 나이 19세로 나이 차가 무려 32세나 났다. 그런데 석녀였던 원비 의인왕후 박씨와 달리 계비 인목왕후 김씨는 1602년 7월 13일에 혼례를 치른 후 정확히 10개월 뒤인 1603년 5월 19일에 공주를 낳았다. 그 공주가 선조에게 유일한 공주다. 그리고 3년 뒤, 1606년(선조 39년) 선조가 그렇게 바라고, 선조의 원비가 그렇게 낳고 싶어 했던 적자를 낳았다. 그가 선조의 유일한 적자 영창대군이다.

그렇게 선조가 얻고 싶었던 적자를 계비 인목왕후 김씨는 참으로 쉽게도 낳아 주었다. 영창대군이 태어났을 때 선조의 나이 55세였다. 조선의 명의 중 최고였던 허 준이 선조의 주치의였으니 그 덕을 선조가 보았나 보다. 어떻든 선조의 계비로 들어간 인목왕후 김씨는 선조에게 유일한 적자를 쑥 낳아 준 왕비다. 그렇지만 이미 광해군이 세자로 책봉되어 있었기에 선조의 왕위를 이어받기는 어려운 상황이었다. 그래도 선조는 적자에게 왕위를 물려주고 싶어 하였다. 그런 선조의 마음을 알고 있었을 광해군은 인목왕후 김씨가 임신을 할 때마다 불안했을 것이다. 그나마 정명공주가 태어났을 때는 안도의 한숨을 내쉬었을 광해군이지만 영창대군이 태어났을 때는 달랐을 것이다.

그러나 적자로 태어난 영창대군은 왕위 계승을 하지도 못했고, 광해군에게 목숨마저 빼앗겼다. 광해군은 선조가 세상을 뜬 후 아버지의 적자로 태어난 이복동생 영창대군을 강화도로 유배시켰다가 그곳에서 살해당하게 만들었다. 살해당할 당시 영창대군의 나이는 겨우 9세였다. 그 어린 동생이 잔인하게 살해되었음에도 광해군은 영창대군의 어머니이자 자신의 계모인 인목왕후 김씨도 폐서인하여 1618년(광해군 10년)부터 5년 동안이나 정명공주와 함께 서궁(덕수궁)에 유폐시켰다. 다행히 그녀와 정명공주는 1623년(광해군 15년) 인조반정으로 광해군이 폐위되면서 복위되었다.

그녀가 명예 회복을 한 것은 다행이지만 뼈에 사무친 그녀의 한은 쉽게 사라질 리 없었다. 눈에 넣어도 아프지 않을 아들이 어린 나이에 비극적으로 살해당했으니 살아 있어도 살아 있는 것 같지 않았을 것이다. 그래도 그녀는 선조 대부터 광해군 대를 거쳐 인조 대까지 삶을 이어갔다. 그녀는 인목왕후라는 존호보다는 인목대비로 더 잘 알려져 있다. 그녀는 원비 의인왕후 박씨가 1600년(선조 33년) 선조의 자녀를 한 명도 낳지 못한 채 세상을 떠나면서 선조의 계비가 되었다. 그녀는 선조에게 공주와 왕자를 안겨 준 고마운 왕비다. 그렇게 고대하던 적자를 낳아 주었으니 선조의 기쁨은 하늘을 나는 것보다 더 기뻤을 것이다. 하지만 이미 임진왜란을 겪는 과정에서 서자인 광해군이 세자로 책봉된 뒤였다. 세자로 책봉되어 있는 광해군에게 그녀가 계모였지만 9세나 어렸다. 영창대군과 광해군과의 나이 차이도 무려 31세나 되었다.

그녀가 낳은 영창대군은 선조의 8명의 부인들이 낳은 14남 11녀 중 유일한 적자였다. 선조는 나이 많은 자신에게 영창대군을 낳아 준 인목왕후 김씨를 총애할 수밖에 없었다. 그리고 세자로 책봉되어 있던 광해군을 폐하고 영창대군을 세자로 책봉할 생각을 품기까지 했다. 당시 정권을 장악하고 있던 소북파의 유영경 등이 그런 선조의 생각에 부응했다. 하지만 선조가 그 뜻을 이루지 못하고 갑자기 죽는 바람에 선조의 생각은 그야말로 생각으로 끝나고 말았다. 그게 순리였을지도 모른다. 광해군이 서자이긴 해도 세자로 책봉된 지 꽤 오래되었기 때문이다. 만약에 그를 폐세자하고 새로 세자를 세운다면 정국은 대혼란에 빠지게 될 것은 분명한 사실이다. 영창대군이 적자이긴 하나 그때 당시로서는 왕위 계승은 어려운 일이었다.

그래도 선조는 적자에게 왕위를 물려주고 싶은 마음이 간절했다. 선조 자신이 서손으로 왕위를 물려받아 조정 대신들을 좌지우지할 수 없었기 때문에 더 그랬을 것이다. 선조는 조선이 문을 연 이래 최초로 적자로 이어오던 왕위를 적자가 아닌 서손의 몸으로 물려받게 되었다. 그야말로 선조는 준비 없이 왕이 된 인물이다. 명종이 왕위를 이어갈 왕자를 남겨 놓지 못하고 세상을 떠났기 때문이다. 하지만 명종은 서자와 서손들에게 희망을 선물해 준 왕이다. 조선 전기에는 왕자들이 너무 많이 탄생하여 문제가 발생했는데 중기부터는 왕자가 가뭄에 콩 나듯 했다. 그리하여 조선

폐비가 되어 덕수궁에 유폐되었던 인목왕후 김씨의 남편인 조선 제14대 왕 선조의 능침 모습이다. 선조는 누구보다 적자에게 왕위를 물려주고 싶어 했지만 적자 영창대군이 너무도 늦게 태어나 그 뜻을 이루지 못하고 세상을 떠났다.

말기까지 서자와 서손들이 왕위를 이어간 경우가 많았다. 제13대 왕 명종 이후부터 제27대 왕 순종까지 적자가 왕위를 이어간 경우는 3분의 1정도 밖에 안 된다. 3분의 2가량이 서자나 서손, 방계 출신이 왕위를 물려받았다.

적자의 탄생을 학수고대했던 선조는 1608년(선조 41년) 죽으면서까지 대신들에게 영창대군을 잘 돌봐 달라는 유교를 남겼다. 그런데 그 유언이 오히려 아들 영창대군을 궁지로 몰아넣고 죽음에 이르게까지 했다. 선조가 걱정하던 일이 현실로 일어나고 말았다. 광해군이 즉위하자 이이첨이 이끄는 대북파가 정권을 장악하게 되면서 그들은 선조의 맏아들이자 광해군의 동복형인 임해군을 제거하고, 영창대군을 역모 죄로 강화도에 유배시켰다. 그리고 인목왕후 김씨의 친정아버지이며, 영창대군의 외할아버지 김제남을 역모의 주동자로 몰아 살해했다. 그녀의 남편 선조가 죽어 가면서까지 염려했던 일이 너무도 일찍 일어나고 말았다. 그녀는 영창대군이 태어나지 않은 게 오히려 더 나을 뻔했다고 생각했을지도 모른다. 똑같은 왕의 아들로 태어나도 그 당시 적자와 서자와의 차이는 하늘과 땅 같았다. 아버지가 같아도 적자와 서자에 대한 대접은 어마어마했다. 왕비와 후궁의 대접이 다르듯 그들에 대한 대접이 달랐다. 후궁들의 집안이 왕비의 집안보다 월등히 좋아도 왕비가 받는 대접을 후궁은 받을 수 없었다. 그러나 왕과 왕비 사이에 태어난 적자 영창대군은 왕과 후궁사이에 태어난 서자 광해군에 의해 목숨을 잃었다.

영창대군이 강화도에 유배된 후, 조정과 민간에서 끊임없이 영창대군을 구원해 달라는 상소가 이어졌다. 하지만 1614년(광해군 6년) 봄, 이이첨 등의 지시를 받은 강화부사 정 항에 의해 영창대군은 살해되었다. 영창대군은 사약을 받고 죽은 게 아니었다. 강화부사가 방안에 가두어 놓고 장작불을 지펴 그 열기로 죽게 했다. 정말 잔인하고 끔찍하게 조선의 또 한 명의 왕자가 살해되었다. 왕의 아들로 태어났다고 행복해할 일만은 아니었다. 툭하면 역모에 휘둘려 영창대군처럼 목숨을 부지하기가 어려웠다. 왕의 자리는 하나이고, 왕의 아들은 여럿이니 문제가 발생하게 마련이었다. 왕자가 많이 탄생해도 탈, 탄생하지 않아도 탈이었다. 조선의 왕자로 태어나 왕이 되지 못한 왕자들 중 과연 몇 명이나 행복한 삶을 살다 갔는지 궁금할 뿐이다. 사실 역모에 휘둘려 죽어 간 왕자들이 수두룩하다.

9세의 어린 나이에 비참하게 죽어 간 선조와 인목왕후 김씨와의 사이에 태어난 영창대군의 묘역 모습이다. 동자승이 혼유석 양 옆에 설치되어 있는 게 특이하다. 선조의 후궁 인빈 김씨의 순강원과 선조의 서자 의창군의 묘 등에도 동자승이 설치되어 있다. 선조 대에 석물로 동자승을 설치하는 게 유행이었나 보다.

광해군은 서자로 태어나 어렵게 세자가 되었다. 선조는 말년까지 적자가 태어나길 기다렸기에 광해군의 세자 책봉도 늦어졌다. 광해군은 서자 중의 장자도 아니었으므로 세자로 책봉되는 데 어려움이 더 컸다. 광해군은 그 어려움을 극복하고 왕위에 올랐으나 왕위를 끝까지 지켜내지는 못했다. 1623년(광해군 15년) 인조반정이 일어나 폐위되고 말았기 때문이다. 광해군은 폐위되고, 광해군이 폐서인시켰던 영창대군의 관작은 복위되었다. 세상의 이치가 그렇듯 망하는 사람이 생겨나면 흥하는 사람이 꼭 생겨나게 마련이다. 광해군은 영창대군을 역모로 몰아 죽이지는 말았어야했다. 일단 자신이 왕위에 올랐고, 자신의 왕위를 이을 세자로 자신의 아들이 지도 낳아 놓았으니 그렇게 잔혹하게 죽일 일은 아니었다고 생각된다. 화가 화를 불러온다는 것을 광해군은 알지 못했나 보다. 이복형인 광해군에 의해 폐서인되어 끔찍하게 죽어 간 영창대군 역시 광해군이 왕위에서 쫓겨난 뒤 왕자로 복위되었지만 무슨 소용인가 싶어진다. 뜨거운 방에서 어린 나이에 열기에 타죽은 영창대군의 인생을 그 누구도 보상해 줄 수 없기 때문이다. 영창대군이 왕의 적자로 태어난 게 오히려 행운이 아니라 불운이었다. 그는 잠시 잠깐 선조가 살아 있을 당시만 행복했던 왕자였다.

광해군은 영창대군을 살해한 것에 만족하지 않고, 왕통의 취약성을 은폐하기 위하여 영창대군을 낳은 인목왕후 김씨를 폐위시켰다. 그리하여 인목왕후 김씨는 폐비의 신세가 되었다. 대비의 자리에 올라 있어야 할 그녀가 폐위되어 서궁(덕수궁)에 유폐되고 말았다. 다행히 인조반정으로 광해군이 폐출되면서 복위되었다. 그나마 그녀가 살아 있을 때 복위되어 자존심을 회복할 수 있었다. 광해군은 자신이 서자 출신으로 왕이 되었다는 자격지심으로 인해 동복형에 이어 나이 어린 이복동생을 살해하고 선

선조의 계비 인목왕후 김씨와 인연이 깊은 덕수궁의 석어당 모습이다. 그녀는 이곳에서 광해군에 의해 5년 동안이나 유폐되어 있었다. 석어당의 낮과 불이 환하게 켜진 밤의 모습이다.

왕인 아버지의 부인까지 유폐시키는 등 패륜에 패륜을 거듭했을 것이다. 그 자격지심으로 인하여 광해군도 폐위되는 지경을 맞이했다고 본다. 자격지심이나, 열등감이나 모두가 정신적으로 큰 병임을 광해군이 확실하게 보여 주었다.

인목왕후 김씨가 유폐되어 있었던 석어당은 서울 중구 정동 덕수궁의 정전인 중화전 뒤에 있다. 중화전은 중층건물(重層建物)로 1904년(광무 8년) 화재로 원래의 건물은 불타고, 현재의 건물은 그해에 다시 지은 것이다. 이곳은 임진왜란 때 몽진을 했다가 돌아온 선조가 1593년부터 1608년 죽을 때까지 16년 가까이 살았다. 그러니 계비 인목왕후 김씨와 선조와의 모든 추억이 석어당에 흠뻑 배어 있지 않나 싶다. 그녀가 1602년 선조와 혼례를 치르고 선조가 세상 뜰 때까지 정릉 행궁이었던 이곳에서 부부생활을 했다. 이곳 덕수궁 정릉행궁에서 선조의 적자 영창대군과 적녀 정명공주도 탄생했다. 그러나 이곳은 인목왕후 김씨에게 기쁨만을 안겨 준

곳은 아니다. 아픔의 기억이 더 많이 배어 있는 곳이다. 선조가 그녀와 6년 정도의 짧은 부부생활을 마치고 세상을 뜬 곳이기도 하지만 무엇보다 광해군에 의해 그녀의 아들을 잃고, 딸과 함께 유폐생활을 했던 석어당이 있는 곳이기 때문이다. 그러나 그녀는 이곳에서 인조반정 후 5년 동안의 유폐생활을 끝내고, 보란 듯이 광해군을 불러 그녀가 딸과 유폐생활을 했던 석어당 마당에 무릎을 꿇게 한 후 폐위시켰다.

인목왕후 김씨를 유폐시켰던 광해군과 광해군을 몰아낸 인조의 즉위식이 열렸던 덕수궁(경운궁)의 즉조당과 2층 석어당의 모습이다. 두 전각에 불이 환하게 켜져 있다. 그 모습이 마치 인목왕후 김씨가 살았던 17세기 초인 양 착각하게 만들어 준다.

인조반정은 광해군이 형제를 죽이고, 어머니를 폐했다는 패륜론을 명분으로 삼았기 때문에 인목왕후 김씨와 광해군의 불화는 반정 성립과정에서 중요한 역할을 했다. 광해군이 스스로 자신의 무덤을 판 격이 되고 말았다. 『조선왕조실록』을 보면 인목왕후 김씨가 광해군을 왕위에서 폐한다는 교지 내용이 기록되어 있다. 구구절절한 그녀의 한이 다음의 교지 내용에 배어 있다. 서슬이 시퍼런 모습으로 교지를 길게 써 내려갔을 그녀의 모습이 연상되어 가슴을 아프게 한다.

"소성정의왕대비(昭聖貞懿王大妃)는 다음과 같이 이르노라. 하늘이 많은 백성을 내고 임금을 세우게 하신 것은 인륜을 펴고 법도를 세워 위로 종묘를 받들고 아래로 백성을 잘 다스리게 하려고 하신 것이다. 선조대왕(宣祖大王)께서 불행하게도 적자(嫡子)가 없으시어 일시의 권도에 따라 나이의 순서를 뛰어넘어 광해(光海)를 세자로 삼으셨다. 그런데 그는 동궁에 있을 때부터 잘못하는 행위가 드러났으므로 선조께서 만년에 몹시 후회하고 한스럽게 여기셨고, 그가 왕위를 계승한 뒤에는 도리어 어긋나는 짓을 그지없이 했다. 우선 그중에서 큰 죄악만을 거론해 볼까 한다. 내가 아무리 덕이 부족하더라도 천자의 고명(誥命)을 받아 선왕의 배필이 되어 일국의 국모 노릇을 한 지 여러 해가 되었으니 선조의 아들이라면 나를 어머니로 여기지 않을 수 없을 것이다. 그런데 광해는 남을 참소하고 모해하는 자들의 말을 신임하고 스스로 시기하고 혐의하는 마음을 가져 우리 부모를 형벌하여 죽이고 우리 일가들을 몰살시켰으며 품속에 있는 어린 자녀를 빼앗아 죽이고 나를 유폐하여 곤욕을 치르게 했으니, 그는 인간의 도리가 조금도 없는 자이다. 그가 이러한 짓을 한 것은 선왕에게 품었던 유감을 풀려고 한 것인데 미망인에 대해서야 무슨 짓인들 못하겠는가. 그는 형과 아우를 살해하고 조카들을 모조리 죽였으며 서모(庶母)를 때려죽이기까지 했다.

그리고 여러 차례 큰 옥사를 일으켜 무고한 사람들을 가혹하게 죽였고, 민가 수천 호를 철거시키고 두 궁궐을 창건하는 데 있어 토목 공사의 일이 10년이 지나도록 끝나지 않았다. 그리고 선왕조의 원로대신들을 모두 축출시키고 인아(姻婭) · 부시(婦寺)들로서 악한 짓을 하도록 권유하는 무리들만을 등용하고 신임했으며, 정사를 하는 데 있어 뇌물을 바친 자들만을 기용했으므로 무식한 자들이 조정에 가득했고 금을 싣고 와서 관직을 사는 자들이 마치 장사꾼이 물건을 흥정하듯이 했다. 그리고 부역이 많고 수탈이 극심하여 백성들이 살 수가 없어서 고난 속에서 아우성을 치고 있으니, 국가의 위태로움은 말할 수 없었다. 어디 그뿐이겠는가. 우리나라가 중국을 섬겨온 지 2백여 년이 지났으니 의리에 있어서는 군신의 사이지만 은혜에 있어서는 부자의 사이와 같았고, 임진년에 나라를 다시 일으켜 준 은혜는 영원토록 잊을 수 없었던 것이다. 이리하여 선왕께서 40년간 보위에 계시면서 지성으로 중국을 섬기시며 평생에 한 번도 서쪽으로 등을 돌리고 앉으신 적이 없었다. 그런데 광해는 은덕을 저버리고 천자의 명을 두려워하지 않았으며 배반하는 마음을 품고 오랑캐와 화친했다. 이리하여 기미년에 중국이 오랑캐를 정벌할 때 장수에게 사태를 관망하여 향배(向背)를 결정하라고 은밀히 지시하여 끝내 우리 군사 모두를 오랑캐에게 투항하게 하여 추악한 명성이 온 천하에 전파되게 했다. 그리고 우리나라에 온 중국 사신을 구속 수금하는 데 있어 감옥의 죄수들보다 더했고, 황제가 칙서를 여러 번 내렸으나 군사를 보낼 생각을 하지 아니하여 예의의 나라인 우리 삼한(三韓)으로 하여금 이적 금수의 나라가 되는 것을 모면하지 못하게 했으니, 가슴 아픈 일을 어떻게 다 말할 수 있겠는가. 천리(天理)를 멸절시키고 인륜을 막아 위로 중국 조정에 죄를 짓고 아래로 백성들에게 원한을 사고 있는데 이러한 죄악을 저지른 자가 어떻게 나라의 임금으로서 백성의 부모가 될 수 있으며, 조종의 보위에 있으면서 종묘·사직의 신령을 받들 수 있겠는가. 이에 그를 폐위시키노라.

능양군(綾陽君) 이 종(李倧)은 선조대왕의 손자이고 정원군(定遠君) 이 부(李珒)의 첫째 아들인데 총명하고 효성스러우며 비상한 의표를 지니고 있으므로 선조께서 특별히 사랑하시어 궁중에서 키우게 하셨고, 그에게 종(倧) 자의 이름을 지어 주신 데에는 은미한 뜻이 있었던 것이며, 용상에 기대어 계실 때 그의 손을 잡고 탄식하시며 여러 손자들보다 특별한 관심을 가지셨다. 그런데 이번에 대의를 분발하여 혼란스러운 조정을 토평하고 유폐되어 곤욕을 치르고 있는 나를 구해냈으며 나의 위호(位號)를 회복시켜 주어 윤기(倫紀)가 바르게 되고 종묘사직이 다시 편안하게 되었다. 공덕이 매우 성대하여 신명과 인민이 그에게 귀의하고 있으니 보위에 나아가 선조대왕의 후사를 잇게 하노라. 그리고 부인 한씨(韓氏)를 책봉하여 왕비로 삼노라. 이리하여 교시하노니, 모두 알라."

인목왕후 김씨는 대북파의 의견에 따라 광해군의 이 같은 패륜 행위를 훈민정음(한글)으로 하교했다. 그 후 그녀는 1632년(인조 10년) 49세를 일기로 세상을 떠났다. 그녀의 소생으로 정명공주만을 남겨놓고 떠났다. 정명공주는 1603년(선조 36년) 지금의 덕수궁인 정릉동 행궁(경운궁)에서 태어났다. 그녀는 한석봉 체의 대가였던 신조와 명필가였던 인목왕후 김씨의 필력을 닮아 글씨를 매우 잘 썼다. 현재 그녀가 쓴 '화정(華政)'이란 글씨가 남아 있다. 선조의 유일한 공주였던 그녀는 풍산 홍씨 가문으로 시집을 가서 동생인 영창대군 몫까지 보태 살았는지 83세까지 천수를 누리다 세상을 떠났다.

인목왕후 김씨 측 인물로 추정되는 궁녀가 쓴 『계축일기』에 인목왕후 김씨의 서궁(덕수궁) 유폐 생활과 광해군 대 영창대군 측의 치열한 권력 다툼이 세세하게 전해지고 있다. 또 금강산의 유점사에는 명필가였던 그녀가 친필로 쓴 「보문경」의 일부가 전해지고 있으며, 그 밖에도 인목왕후 김씨의 친필이 몇 점 남아 있다.

경기도 안성에 위치한 칠장사에도 그녀가 친필로 쓴 보물 제1627호인 「어필칠언시」와 경기도 유형문화재 제34호인 친필족

인목왕후 김씨가 선조의 적장자로 태어난 영창대군과 친정아버지 김제남의 넋을 기리던 안성의 칠장사 대웅전 앞 삼층석탑의 모습이다. 칠장사에 보물 제1627호인 인목왕후 김씨의 친필 족자가 보관되어 있다.

자 등이 소장되어 있다. 칠장사에서 380여 년간 보관해 오고 있는 '인목왕후어필칠언시'는 아들 영창대군의 비참한 죽음을 접한 인목왕후 김씨가 영창대군의 위패를 모시고 칠장사에 와서 천도제를 올리고 궁궐로 돌아간 후 1623년 인조가 반정을 일으켜 광해군이 폐위되어 유배를 가고 폐비가 되었던 인목왕후 김씨와 아들 영창대군의 신원이 복원되자 칠장사에 와서 크게 제를 올린 후 친필로 써서 칠장사 주지에게 하사한 것이다.

칠장사는 인목왕후 김씨가 억울하게 죽은 아버지 김제남과 아들 영창대군의 넋을 기리기 위하여 자주 찾던 원찰이다. 안성의 칠장사와 멀지 않은 곳에 영창대군의 묘가 자리해 있다. 원래 성남에 있던 영창대군 묘가 1971년 안성으로 이장되어 왔다. 칠장사에 소장되어 있는 가슴 뭉클한 시 한 편을 소개해 본다. 그녀가 아버지 김제남과 영창대군을 잃고 칠장사에 머물 때 쓴 시이다. 인목왕후 김씨가 자신의 심정을 늙은 소에 비유하여 쓴 시로, 시구에서 그녀의 아픈 마음을 읽을 수 있다.

칠장사에 보관되어 있는 경기도 유형문화재 제34호인 인목왕후 김씨의 「어필칠언시」가 적혀 있는 실제 족자의 모습이다. 족자의 크기는 길이 110cm, 폭 50cm로 그렇게 큰 족자는 아니다. 어필 아래에 있는 발문은 서예가 배길기가 1966년 쓴 것이다. 실제 이 족자의 사진은 문화재청에서 제공한 사진이다.

老牛用力已多年

늙은 소는 힘을 다한 지 이미 여러 해

領破皮穿只愛眠

목이 찢기고 가죽은 뚫려 단지 잠만 자고 싶구나.

犁耙已休春雨足

쟁기질 써레질도 끝나고 봄비도 흡족한데

主人何苦又加鞭

주인은 무엇이 괴로워 또 채찍을 가하는가?

　　인목왕후 김씨의 능호는 목릉(穆陵)이며 능은 동원이강릉으로 조성되어 있다. 그녀는 선조와 원비인 의인왕후 박씨의 능 옆 동산에 묻혀 있다. 조선왕조가 문을 연 후 이때까지 왕 곁에 원비와 계비가 함께 잠든 왕릉은 목릉이 최초였다. 동원이강형식으로 조성된 세 개의 능침이 그녀의 삶과는 다르게 평화로워 보인다. 홍살문에서 보면 왼쪽 동산에 선조가 잠들어 있고, 그녀는 오른쪽 동산에 잠들어 있다. 그 가운데 동산에는 원비 의인왕후 박씨가 잠들어 있다. 목릉의 비각에 세워져 있는 비석이 목릉의 주인들이 어디에 잠들어 있나 친절히 알려 주고 있다. 선조의 가장 왼쪽에 계비 인목왕후 김씨, 중간에 원비 의인왕후 김씨가 잠들어 있음을 확실하게 알려 준다.

　　목릉의 신도와 어도는 함께 홍살문에서 정자각까지 'ㅡ' 자가 아닌 'ㄱ' 자로 꺾여 설치되어 있다. 또한 신도가 정자각 뒤 신문과 이어진 신교를 건너 선조의 능, 원비 의인왕후 박씨의 능, 계비 인목왕후 김씨의 능으로 각각 세 갈래 길로 나뉘어 길게 조성되어 있는 게 큰 특색 중의 하나라 할

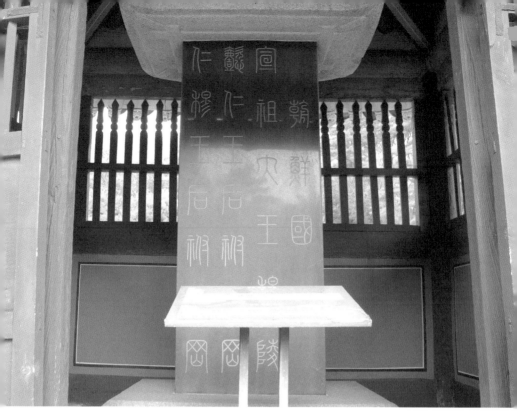

'조선국(朝鮮國) 선조대왕목릉(宣祖大王穆陵) 의인왕후부중강(懿仁王后附中岡) 인목왕후부좌강(仁穆王后附左岡)'이라고 쓰여 있는 목릉의 비석 모습이다. 공교롭게 '中'자와 '左'자가 비문 해설 표지판에 가려져 있다. 목릉의 가장 오른쪽 언덕에 선조, 중앙 언덕에 원비 의인왕후 박씨, 왼쪽 언덕에 계비 인목왕후 김씨가 잠들어 있다고 밝히고 있다.

수 있다. 선조의 신도는 능침이 바로 정자각 뒤에 자리하고 있어 강(사초지)과 바로 연결되지만 원비와 계비를 향한 신도는 선조의 신도와 달리 각각 주인을 향해 길게 뻗어 있다. 두 신도의 모습이 마치 마을길 같다. 그중 인목왕후 김씨의 신도는 조선 왕릉 중 가장 길게 조성되어 있다. 그 길을 따라가다 신교를 만나게 되는데 그 밑으로 시냇물이 졸졸졸 흐른다. 길게 뻗어 있는 신도를 따라 인목왕후 김씨의 능까지 걸어 보는 것도 색다른 체험이다.

선조의 계비 인목왕후 김씨의 능에서 내려다본 목릉의 전경이다. 숲에 가려 원비 의인왕후 박씨의 능침은 보이지 않는다. 정자각과 비각 위로 선조의 능침만 마주 건너다보인다. 마을길 같은 신도가 매우 정겹다.

　　원래 선조의 목릉은 건원릉 서쪽에 자리하고 있었다. 조선 제24대 왕 헌종이 원비와 계비 모두를 곁에 두고 잠들어 있는 경릉 자리가 선조의 초장지다. 경릉은 조선왕조 유일한 삼연릉으로 매우 아름다운 능이다. 그런데 그곳이 물기가 차고 터가 좋지 않다는 심명세의 상소에 따라 1630년(인조 8년) 현재의 위치로 천장되었다. 선조의 원비인 의인왕후 박씨가 잠들어 있는 유릉 곁으로 목릉이 옮겨오게 된 것이다. 그리하여 왕의 능호를 따라 왕비 의인왕후 박씨의 능호 유릉은 역사 속으로 사라지게 되었고, 선조의 능호인 목릉으로 부르게 되었다. 원비 의인왕후 박씨의 왕릉 석물은 계비 인목왕후 김씨의 석물보다 훨씬 못하다. 나라가 임진왜란으로 쑥대밭이 되고 난 후 원비가 죽었으니 석물이 제대로 만들어질 리가 없었을 것이다. 계비인 인목왕후 김씨의 능침에 조성된 석물이 더 크고 생동감 있게 조각된 이유는 또 있다. 인조 덕분이다. 인조가 왕위에 오르는 데 인목왕후 김씨가 결정적인 역할을 해 주었으니 그녀의 능침을 소홀

인목왕후 김씨가 잠들어 있는 목릉의 능침 모습이다. 선조가 그렇게 기다리던 적자를 낳아 주었
으나 왕위는커녕 너무도 어린 나이에 살해되었다. 크나큰 아픔을 가슴에 묻은 채 인목왕후 김씨
가 잠들어 있다.

하게 조성하였겠는가. 그래도 그녀의 능침 공간에 올라서면 많이 슬프다.

그녀의 능침은 원비의 능침과 마찬가지로 12지신 상과 구름 문양이 새
겨져 있는 병풍석이 설치되어 있지 않다. 병풍석은 선조의 능침에만 설치
되어 있다. 그녀와 원비의 능침에는 12칸의 난간석만 세워져 있다. 하지만
그녀의 능침을 지키고 있는 석물의 모습은 원비의 능침을 지키고 있는 석
물보다는 좀 괜찮게 조각되어 있다. 계비인 인목왕후 김씨가 왕과 더 가
까이 잠들어 있는 원비 의인왕후 박씨를 미워할 일은 없다. 원비가 죽었
기 때문에 그녀가 왕비의 자리에 오를 수 있었으니 하는 말이다. 그녀는
왕비가 되게 해 준 원비에게 오히려 고마워해야 할 일이다. 원비가 왕위
를 계승할 왕자를 남겨놓지 않고 죽었으니 계비인 그녀에게 희망까지 선
물한 것이나 다름없다.

그러나 그 희망은 절망이 되고 말았다. 그녀의 희망으로 태어난 영창대
군이 그녀를 왕의 어머니로 만들어 주지 못했기 때문이다. 왕위를 계승하

기는커녕 어린 나이에 잔인하게 살해당했다. 그리하여 영창대군은 그녀에게 크나큰 아픔이 되었고, 그녀의 가슴에 영원히 묻어야만 했다. 그녀는 끔찍한 모습으로 죽어간 영창대군이 생각나서 저세상에서도 잠 못 이루고 있을 왕비다. 아마 광해군을 두고두고 저주하고 있을 것이다. 인목왕후 김씨는 경기도 구리시 동구릉로 197에 위치한 동구릉 능역 안의 목릉(穆陵)에 원비를 사이에 두고 선조의 능침을 마주 바라보며 잠들어 있다. 그녀는 적자를 그렇게 기다리던 선조에게 적자와 적녀를 선물한 왕비다. 그녀가 낳은 남매가 선조에게는 기쁨의 선물이 되었지만 세자로 책봉되어 있던 광해군에게는 그렇지 않아 화를 입었다.

목릉의 정자각 모습이다. 정자각에서 계비 인목왕후 김씨의 능침이 너무 멀리 떨어져 있다. 목릉의 정자각은 원래 원비 의인왕후 박씨의 유릉 것이었다. 그런데 남편인 선조가 천장되어 오는 바람에 선조의 능호를 따라 능호가 목릉으로 바뀌었고, 원비의 능침 아래에 있던 정자각도 선조의 능침 아래로 옮기게 되었다. 목릉의 정자각은 보물 제1743호로 지정되어 있다. 그 외의 왕릉 중 건원릉과 숭릉이 보물 제1741호, 보물 제1742호로 각각 지정되어 있다.

🐚 선조의 14남 중 유일한 적자! 영창대군

마침내 선조가 그렇게 눈이 빠지도록 기다리고 또 기다렸던 적자가 계비 인목왕후 김씨로부터 탄생했다. 선조의 14명의 아들들 중 유일한 적자로 영창대군(1606~1614) 이 의가 태어난 것이다. 안타깝게도 원비 의인왕후 박씨는 자녀를 낳지 못하는 석녀였다. 그러니 적자 탄생만을 기다리던 선조는 왕비를 폐위시킬 수도 없고, 조바심 속에 살아갔을 것이다. 다행인 것은 왕비가 자녀를 낳지 못한다고 쫓겨나지는 않았다. 비행을 저지르거나 사망을 하지 않는 이상 왕비를 새로 들일 수 없었다. 왕비가 자녀를 낳지 못한다고 서둘러 세상을 뜰 수도 없는 노릇이고, 원비 역시 불안 속에 살아갔을 것이다.

예상 외로 조선 왕비들 중 왕을 낳지 못한 왕비들이 너무나 많다. 총 41명의 조선 왕비들 중 13명만이 왕을 낳았고, 28명이 왕을 낳지 못했다. 이유는 불임이 많았다. 왕을 낳은 13명의 왕비들 중 태조의 원비 신의왕후 한씨와 세종의 비 소헌왕후 심씨의 2명의 아들이 각각 왕위에 올랐으므로 27명의 왕 중 15명만이 왕비 소생이다. 나머지 12명은 후궁들 소생 4명, 추존 왕비들 소생 5명, 대원군부인들 소생 3명이 각각 조선의 왕이 되었다.

선조는 자신이 적자가 아닌 서손으로 왕위에 올라 유별나게 적자 탄생을 원했는지도 모른다. 선조의 마음을 어느 정도 이해할 수는 있다. 그런데 그런 선조에게 영창대군 이 의가 태어났으니 선조의 마음이 어땠을지는 상상조차 할 수 없다. 하지만 안타깝게도 너무 기뻐했던 게 탈이 되었을까? 영창대군이 3세가 되던 해 성장하려면 아직도 멀었는데 그만 선조가 눈을 감고 말았다. 선조도 그렇지만 영창대군이 복이 없었다고 본다.

의외로 영창대군의 아버지 선조는 영창대군이 태어났을 때 3년 먼저 태어난 정명공주 때보다 기쁨의 표시를 자제했던 것 같다. 왜냐하면 정명공주가 태어났을 때는 원래 왕족이나 공신들에게 주는 봉작을 대군은 7세 이전에, 공주는 8세 이전에 내리는데 그 규칙을 깼기 때문이다. 선조는 정명공주에게 2세 때 봉작을 주고, 어마어마한 재산을 주었다. 봉작을 받기 전에는 왕녀들에게 공주가 아닌 '아기씨'라고 불렀는데 정명공주는 봉작을 일찍 받아 일찍부터 공주로 불려졌다. 아마 선조가 광해군을 의식해서 영창대군에게는 봉작을 빨리 주지 않고 더 엄하게 키우려 했는지도 모른다. 그러나 훗날 공주보다 영창대군에게 더 많은 재산을 물려주었다고 한다. 소용없는 일이 되고 말았지만…….

영창대군은 선조의 적자로 태어나 특별한 총애를 받았다. 하지만 이미 선조는 임진왜란이 일어나자 공빈 김씨의 소생 광해군을 세자로 책봉하였다. 그랬음에도 불구하고 적자로 영창대군이 태어나자 세자를 바꾸려는 생각을 가지게 되었다. 그때 당시 실권을 잡고 있던 유영경을 위시한 소북파가 이 뜻에 영합했으나, 선조의 갑작스런 사망으로 실현되지 못하였다. 하지만 죽으면서 대신들에게 영창대군을 돌봐 달라는 유교를 내려 뒷일을 부탁하였다. 선조는 선견지명(先見之明)이 있어 그랬나 보다. 그런데 훗날 선조의 이 유교가 오히려 영창대군의 명을 재촉하고야 말았다.

광해군이 즉위하면서 이이첨이 이끄는 대북파가 정권을 장악하기에 이르렀다. 그러면서 그들은 선조의 맏아들이자 광해군의 동복형인 임해군을 제거하고, 선조의 유교를 염두해 영창대군을 경계하였다. 그러던 중 1613년(광해군 5년) 소양강을 무대로 유흥을 즐기던 서양갑, 박응서 등 7명의 서출들이 역모를 꾸몄다 하여 그들이 옥에 갇힌 이른바 '7서의 옥'

이 일어났다. 이때 이이첨 등 집권세력들은 이들이 역모를 꾸며 영창대군을 옹립하고, 영창대군의 외할아버지인 김제남이 이를 주도했다는 자백을 유도해 냈다. 그 결과 영창대군은 서인으로 강등되어 강화도에 유배되었고, 그의 외할아버지 김제남은 살해되었다. 선조가 살아 있었다면 일어날 수 없는 끔찍한 일이 일어나고 말았다.

그 뒤 강화도에 유배되어 위리안치되어 있는 영창대군을 풀어주라는 구원의 상소가 끊임없이

광해군에 의해 8세의 어린 나이에 유배를 떠났다가 9세에 끔찍한 죽음을 맞이한 선조의 유일한 적장자 영창대군이 쓸쓸히 잠들어 있는 '영창대군 묘'의 모습이다.

이어졌다. 그러나 광해군을 지지하는 대북파의 계속된 요구로 이듬해 봄, 이이첨 등의 명을 받은 강화부사 정 항에 의해 위리안치된 지 10개월 만에 살해되었다. 『광해군일기』에 의하면 정 항이 영창대군을 굶겨서 죽게 하였다거나 정 항이 온돌을 뜨겁게 달구어 영창대군을 증살(蒸殺)했다고 되어 있으나, 『인조실록』에 의하면 광해군의 밀명을 받은 별장(別將) 이정표(李廷彪)가 음식물에 잿물을 넣어 영창대군을 죽게 하였다고 기록되어 있어 양자 사이에 논란이 있다. 서인으로 강등되었던 영창대군은 1623년 인조반정 후 관작이 복구되었다.

영창대군의 묘역 모습이다. 잔인하게 죽인 뒤 묘역만 잘 조성해 주면 무슨 소용 있을까?

광해군이 얼마나 영창대군을 경계했는지를 『계축일기』 1권에 실려 있는 다음의 내용을 보면 알 수 있다. 영창대군이 나이가 어림에도 광해군은 그를 눈엣가시로 여기고 있었음을 알 수 있다. 그러나 계축일기 내용을 100% 믿어서는 안 된다. 왜냐하면 작자 미상으로 되어 있지만 인목왕후 김씨 쪽 궁녀가 기록한 책으로 인목왕후 김씨의 임신부터 계축옥사 등 당시의 궁중비화를 기록한 책이기 때문이다. 『계축일기』는 인목왕후 김씨를 모시던 똘똘한 궁녀가 쓴 것으로 추측하고 있다.

"하루는 대군이 '대전 형님(광해군)이 보고 싶다.'라고 보채어 정명공주와 영창대군을 나란히 인사시켰다. 상감은 정명공주에게 '이리 와 보라.'라며 만져 보기도 하고 '참 영민하고 예쁘구나.'라고 칭찬하기도 했으나, 대군에게는 말도 붙이지 않고 본 체도 하지 않았다. 대군이 어려워하자 인목왕후 김씨께서 '너도 상감 앞으로 가 보거라.'라고 일러 주셨다. 대군이 일어나 임금 앞에 가서 섰지만 여전히 본 체도 아니하시니 대군이 나가서 울음을 터뜨리셨다. '대전 형님이 누님은 귀여워하시고 나는 본 체도 아니하시니 나도 누님처럼 여자로 태어났어야 했는데, 무슨 일로 사내아이가 되었는고.'라며 종일 우시니 불쌍하시어 차마 볼 수가 없더라."

광해군은 영창대군을 미워하는 죄의식 때문에 정명공주를 더 예뻐해 주었는지도 모른다. '광해군이 자신보다는 31세나 어리고, 세자로 책봉된 자신의 아들 이지보다도 8세나 어렸던 이복동생 영창대군을 조금만이라도 어여삐 생각해 주었더라면 얼마나 좋았을까?' 하는 생각이 든다. 그랬더라면 15년이나 왕좌에 올라 있었던 그의 인생이 물거품이 되지는 않았을 것은 분명하다. 아버지가 같음을 염두해 두었더라면 그렇게 참혹한 모습으로 9세밖에 안 된 동생을 살해당하게 두지는 않았을 게 아닌가 싶다. 적자에 목말라했던 아버지 선조 탓도 있다. 영창대군이 아버지에게는 목을 시원하게 축여 준 적자로 태어났지만 서자로 태어나 아버지의 사랑을 충분히 받지 못했던 그의 이복형 광해군에게는 그가 화근 중의 화근으로 태어난 셈이 되고 말았다. 그런 광해군을 이복형으로 두어 영창대군은 자신의 목숨을 지키지 못하고 짧은 생을 마감해야만 했다. 영창대군의 삶을 돌아볼 때마다 '아버지 선조가 좀 더 오래 살면서 보살펴 주었으면 좋았을 텐데'라는 생각이 든다. 영창대군 묘는 경기도 성남시에서 이장되어 경기도 안성시 일죽면 고은리 산 24-5번지에 자리하고 있다. 안성에는 인목왕후 김씨가 억울하게 죽은 아버지 김제남과 아들 영창대군의 넋을 기리기 위하여 자주 찾던 원찰 칠장사가 있는 곳이다.

영창대군의 어머니 인목왕후 김씨가 어린 나이에 죽은 아들 영창대군과 역모에 휘몰려 억울하게
죽은 친정아버지 김제남의 넋을 기리던 안성의 칠장사 전경이다.

'화정(華政)'의 정치를 누구보다 바랐을 정명공주(1603~1685)는 선조의 11명의 딸들 중 유일하게 공주로 태어났다. 2015년 인기리에 막을 내린 드라마 〈화정〉의 주인공이 바로 조선 제14대 왕 선조와 계비 인목왕후 김씨 사이에 태어난 정명공주였다. 원비 의인왕후 박씨가 그렇게 낳고 싶어 했던 자녀를 어머니 인목왕후 김씨는 아버지 선조와 결혼하자마자 1년도 안 되어 자신을 손에 안을 수 있었다. 아버지와 어머니의 나이 차가 무려 32세나 된다. 아버지가 51세에 19세 된 어머니를 계비로 맞이하였기 때문이다. 그때까지 조선왕들 중 아버지가 왕비와의 나이 차가 가장 많이 났다. 그런데 나이에 상관없이 그녀의 어머니는 그녀를 낳았다.

그리고 어머니 인목왕후 김씨는 3년 뒤 55세에 왕자를 또 생산하였다. 그녀의 남동생으로 영창대군(1606~1614)이 태어난 것이다. 남동생 영창대군이 태어난 뒤 아버지와 어머니는 하늘을 날듯이 기뻤을 것이다. 하지만 세자로 책봉되어 있는 이복오빠 광해군은 땅이 꺼지는 것 같았을 것이다. 광해군의 장인 류자신 역시 그랬을 것이다. 적어도 둘은 그녀가 태어났을 때와 달리 고민이 이만저만이 아니었을 것이다. 류자신은 그녀의 어머니 인목왕후 김씨가 임신했을 때 낙태시키기 위해 궁궐에 돌팔매질을 하는 등 나인들이 쓰는 화장실에 구멍을 뚫어 나무로 쑤셔대고 나인들이 기절하거나 놀라게 하는 소동을 일으키곤 하였다고 한다. 이 소식을 듣고 인목왕후 김씨가 놀라 신경을 쓰다 보면 태아한테 영향이 가 유산될 수 있다는 생각에 그런 소행을 저질렀다는 것이다. 세자빈의 아버지로 장차 왕비의 아버지가 될 사람이 정말 너무나 무식한 행동을 하였다고 본다. 동네 말썽꾸러기 애들도 아니고, 그런 수준 낮은 행동을 어찌 세자의 장인이 하였는지 이해가 안 간다. 그 정도로 세자의 자리가 불안했던 모양이었다.

그러나 그들의 흉한 방해 공작에도 정명공주는 정릉동 행궁이 있었던 지금의 덕수궁자리에서 아무 탈 없이 태어났다. 아마 그녀가 태어났을 때는 왕자가 아닌 공주가 태어나 광해군과 광해군의 장인 류자신은 안도의 한숨을 내쉬었을 것이다. 그녀의 어머니가 임신을 할 때마다 아버지 선조는 날듯이 기뻤겠지만 아버지와 반대로 그들은 불안했을 것이다. 그런데 그녀에 이어 남동생 영창대군이 태어났으니 그들의 심정이 어땠을지 짐작이 간다. 그녀의 아버지 선조는 동생이 태어났을 때와 달리 그녀가 태어났을 때 얼마나 기뻤으면 8세 전후에 내리는 공주의 봉작을 2세가 되었을 때 내리고 어마어마한 재산을 주었다고 한다. 그 덕분에 그녀는 2세 때부터 천석꾼 재벌이 되었다. 한편 생각해 보면 선조가 늦은 나이에 얻은 딸이라 그것도 왕비에게 얻은 딸이니 어느 딸들보다 애착이 더 가 그랬는지도 모른다.

남들에게 너무 부러움을 사도, 시샘을 받아도, 좋지 않다는 말이 맞나 보다. 아니나 다를까? 그녀가 6세 되던 1608년(선조 41년) 아버지 선조가 세상과 하직을 고했다. 겨우 5년가량의 세월을 아버지와 함께 보낸 정명공주다. 선조는 죽음에 앞서 다음과 같은 유언을 했다. 이복오빠인 광해군에게는 "형제 사랑하기를 내가 있을 때처럼 하고 참소하는 자가 있어도 삼가 듣지 말라."고 하였다. 그리고 선조가 믿었던 7명의 신하들에게는 "단지 대군이 어린데 장성하는 것을 보지 못하게 되었으니 이 때문에 걱정스러운 것이다. 내가 불행하게 된 뒤에는 사람의 마음을 헤아리기 어려

덕수궁 안에 2층으로 된 석어당의 모습이다. 이곳에 정명공주와 그의 어머니 인목왕후 김씨가 폐위되어 1618년부터 1623년까지 5년간 유폐되어 있었다. 꽁꽁 닫혀 있었던 석어당에 문이 활짝 열려 있다.

운 것이니 만일 내가 그릇되고 간사한 말이 있게 되면 원컨대 공들이 소중히 보호해 주고 지켜 주기 바란다."라는 말을 남겼다. 선조는 광해군을 못 믿어 신하들에게 따로 이 같은 유언을 남겼을 것이다.

　그런데 이 유언장을 어머니 인목왕후 김씨가 광해군이 왕위에 오르기 전 인계하면서 문제가 되었다. 인목왕후 김씨는 이 유언장을 공개해야만 이 그녀의 자녀들을 광해군으로부터 지켜낼 수 있을 것 같아 그랬을지도 모른다. 광해군이 영창대군을 늘 눈엣가시처럼 여기고 있는 것을 어머니 인목왕후 김씨가 알고 있었기에 미리 공개했을 것이다. 그런데 예상 밖의 일이 발생하고 말았다. 조정을 혼란에 빠트린 역모사건의 배후로 외할아버지 김제남이 처형되고 외가는 풍비박산 나고 8세에 유배를 떠났던 영창대군은 목숨을 잃게 되었다.

선조가 세상을 떠나면서 염려했던 일들이 현실이 되었다. 급기야 정명공주와 어머니 인목왕후 김씨의 앞날에도 폭풍우가 예상되었다. 아버지의 영향력이 어떠한지를 아버지 사후 5년을 지내면서 어머니와 실감할 수 있었다. 외가가 풍비박산 나고, 동생이 죽임을 당한 게 끝이 아니었다. 예상했던 폭풍우가 정명공주와 어머니 인목왕후 김씨에게도 들이닥쳤다. 영창대군과 달리 자신에게 친절히 대해 주었던 이복오빠 광해군이 그녀에게 점점 악마로 보이기 시작했다. 아니 악마였다. 그녀가 11세 되던 1613년(광해군 5년)에는 대북파가 영창대군 및 반대파 세력을 제거하기 위하여 '계축옥사'가 일어났다. 그로 인해 동생 영창대군이 유배를 가 살해 당하고 말았다.

한편 정명공주에게도 위기가 닥쳐 왔다. 천연두인 마마에 걸리고 말았다. 그런데 인목왕후 김씨 전 궁녀가 금기를 어겨 음식을 조심시키지 않았다. 오히려 조심해야 할 음식을 먹였던 것이다. 알고 보니 광해군 쪽에 매수된 궁녀의 소행이었다. 정명공주가 죽어야 인목왕후 김씨가 더 이상 살아갈 이유가 없어질 거란 생각에서 그런 못된 짓을 한 것이었다. 왕실에서 대비는 후계자를 선정할 수 있는 막강한 권한을 갖고 있다. 그러니 광해군이 그에게 충성하는 김개시를 시켜 궁녀를 포섭해 그 같은 비행을 저지르게 했던 것이다. 그러고 보면 이 사건은 이복오빠 광해군이 어머니를 죽게 만들기 위함이었다. 정말 악마로 변한 광해군이었다.

정명공주는 광해군이 이렇게까지 어머니와 자신을 비참하게 만들 거라 예상 못했을 것이다. 광해군은 더 이상 역모에 휘둘릴 동생 영창대군도 죽어 없는데도 끊임없이 그들 모녀를 괴롭혔다. 마침내 1618년(광해군 10년)에는 어머니 인목왕후 김씨를 후궁으로 강등하여 경운궁(덕수궁)인

서궁에 유폐시켰다. 어머니가 왕비에서 아버지의 후궁으로 강등되었지만 정식 후궁도 아니었다. 궁호도 없었기 때문이다. 덕수궁이 서궁이었으니 그냥 '서쪽에 사는 여자'로 취급되었다고 한다. 폐서인시킨 것이나 다름없었다. 정명공주도 어머니와 함께 유폐되었다. 그때 정명공주의 나이 16세였다. 그녀는 어머니와 함께 가택연금된 거라 볼 수 있다. 인목왕후 김씨와 정명공주가 유폐당해 갇혀 있던 건물은 2층짜리 석어당 건물이었다. 그들 모녀가 유폐된 후 덕수궁은 담을 기존보다 더 높이 쌓고 파수대를 설치한 다음 무사를 시켜 그곳을 지키게 하였다. 정명공주는 어머니 인목왕후 김씨와 그곳에 갇혀 궁핍한 생활을 하여야만 했다. 궁핍했던 서궁 생활을 기록한 『계축일기』 2권에 실린 내용을 보면 얼마나 궁핍했는지 짐작이 가고도 남는다.

> "쌀을 일 바가지가 없어 소쿠리로 쌀을 일었다. …… 내인들은 솜도 없이 칠팔 년 동안 겨울을 지냈다. 햇솜이 없어 추워 벌벌 떨었는데 우연히 면화씨가 섞여 들어왔다. 그것을 심어 씨를 냈더니, 두세 해째는 많이 피어 솜을 두어 옷을 지어 입었다. 사계절이 다 지나도록 햇나물을 얻어먹을 길이 없었는데, 가지와 외(참외)와 동화씨가 짐승의 뚱에 들어 있었다. 그것을 심어 나물 상을 차려 먹을 수 있었다."

그런데 서궁에 갇혀 산 지 5년 되던 1623년(광해군 15년) 3월 13일 새벽, 창덕궁 쪽에서 큰 소란이 있었다. 그리고 한 무리의 신하들이 그녀와 어머니가 갇혀 지내는 서궁으로 찾아와 문을 두드렸다. "대비는 … 광해군이 병사를 보내어 반란을 일으키는 것인가 의심하여 문을 잠그고 받아들이지 않았다." (광해군일기 정초본 1623년 3월 13일)

그녀와 그녀의 어머니는 한참동안 문을 두드려도 열지 않았다. 누구도 믿을 수 없었던 상황이었기에 그럴 수밖에 없었을 것이다. 날이 밝자 광해군이 아닌 정원군의 아들 능양군이 찾아왔다. 어머니 인목왕후 김씨에게는 손자뻘이 되고 그녀에게는 조카뻘이 된다. 능양군은 아버지 선조와 인빈 김씨 사이에 태어난 정원군의 장남이었다. 그가 반정을 일으킨 것이다. 아마 인목왕후 김씨는 능양군이 찾아왔을 때 왕의 자질이 있건 없건

덕수궁의 석어당 바로 왼쪽에 있는 즉조당의 모습이다. 이 건물은 팔작지붕으로 정면 7칸, 측면 4칸으로 되어 있으며 임진왜란 때 의주까지 피난 갔던 선조가 난이 수습된 뒤에 돌아와 시어소로 사용하였던 건물이다. 그 당시 한양의 궁궐이 모두 불에 타 선조가 갈 곳이 없어 이곳에서 정사를 볼 수밖에 없었다. 그 후 1623년(인조 즉위년) 반정으로 왕위에 오른 인조가 창덕궁이 아닌 이곳에서 즉위하였다. 그 뒤부터 즉조당이라 불렀다.

상관없이 원수를 갚고 싶다고 소리쳤을지도 모른다. 아니나 다를까? 얼마 후 어머니 인목왕후 김씨는 36가지 죄목으로 이복오빠 광해군을 왕위에서 폐위시켰다. 정명공주는 어머니와 경운궁(서궁)에 유폐된 지 5년 만에 자유의 몸이 되었다. 굳게 닫혔던 석어당의 문은 물론 서궁(경운궁)의 문이 활짝, 활짝 열리게 되었다. 16세에 갇혀 21세가 되어 해방되었다. 광해군은 어머니를 폐위시키고 동생을 죽였다는 '폐모살제(廢母殺弟)'가 가장 큰 죄목으로 그를 폐위하는 데 무리가 없었다. 참고 살다 보니 희망의 빛이 찾아들었다. 그녀는 어머니와 함께 거처를 경운궁(서궁)에서 창덕궁으로 옮겼다. 그녀와 그녀의 어머니 인목왕후 김씨의 기쁨과 아픔이 뒤섞여 있는 경운궁은 순종에 의해 덕수궁으로 이름이 바뀌었다.

어머니 인목왕후 김씨와 그녀를 유폐시켰던 광해군이 이번에는 어머니에 의해 폐위되어 강화의 교동도로 유배를 떠나게 되었다. 그 결과 그녀와 어머니 인목왕후 김씨는 신분이 회복되어 어머니는 대비가 되었고, 그녀는 다시 공주가 되었다. 재산도 돌려받았다. 그녀의 어머니 인목왕후 김씨는 마음이 얼마나 급했으면 반정 3일 후 21세의 노처녀가 된 그녀의 부마 간택령을 내리도록 예조에 명하였다. 예조가 아뢰기를… "정명공주의 부마 간택을 속히 거행하소서." 하니 따랐다라고 1623년 3월 16일 『인조실록』에 기록되어 있다. 공주의 남편이 될 부마 간택도 세자빈이나 왕비 간택과 똑같았다. 전국에 적령기의 총각들은 혼인을 금하고 부마단자를 낼 것을 공고한다. 그런데 그때 부마단자를 낸 사람이 기한이 다 되도록 9명밖에 안 되었다고 한다. 9명만이 공주의 남자가 되고 싶다고 응모한 것이다. 생각보다 경쟁률이 너무 약했다. 공주의 나이가 21세나 되었으니 신랑감 구하기가 어려웠다. 그 당시 남자의 나이가 그 정도면 이미 결혼을 했을 것이기 때문이다. 할 수 없이 부마단자 접수 기간을 늦추고 나이도 낮출 수밖에 없었다. 그리하여 음력 8월쯤에 치르려던 혼례를 미루어 음력 12월 11일에 치렀다. 초간택으로 9명을 선발한 뒤 재간택을 거쳐 정명공주의 남편이 선발되었다. 그런데 이미 남하고 약혼이 되어 있는 인물을 파혼시키고 부마로 삼았다. 그가 바로 본관이 풍산인 중추부동지사 홍 영의 아들 홍주원(1606~1672)이다. 조선 중기 4대 문장가 이정구의 외손자다. 어찌해야 좋을까? 홍주원과 약혼한 약혼녀만 참으로 억울하게 되었다.

그녀는 약혼녀를 울리고 그녀의 남편이 된 홍주원과 유폐생활에서 결혼생활로 접어들게 되었다. 그녀의 앞날에 서광이 비치고 있었다. 공주는 시집을 가도 시댁으로 들어가는 게 아니었다. 조선 시대 대군과 군, 공주와 옹주 등이 거처하는 집을 궁방이라 하는데 따로 궁 옆에 거처를 마련해 주었다. 한편 공주는 시집살이도 하지 않는다. 오히려 부마가 처가살이를 하게 된다. 정명공주의 살림집은 궁궐을 드나들기 편하게 경복궁과 창덕궁 사이에 마련해 주었다. 지금의 안국동 풍문여자고등학교 터에 정명공주의 살림집이 있었다. 그 살림집을 '정명공주방'이나 '영양위방'으로 불렀다. 공주의 살림집은 다른 양반집과는 달랐다. 『경국대전』의 기록을 보면 "집의 규모는 대군이면 60칸, 왕자인 군이나 공주이면 50칸 …" 그런데 엄격하게 규정해 놓은 『경국대전』을 인조는 무색케 했다. 정명공주에게 파격 지원을 해 주었다. 규정을 깨고 처음에는 100칸, 나중에는 200칸까지 확대 허용을 해 주었다. 그뿐이 아니다. 고가의 철근 3천근, 목면 15동, 쌀 500가마 등을 지원해 주었다. 인조에게 정명공주는 고모였다. 그런 고모에게 인조는 아낌없이 살림집을 마련해 주고 일체의 살림살이와 편의를 제공해 주었다. 조선 최고의 명장이 만든 최고의 식자재였던 꿩고기를 15년 동안이나 공급했다는 기록이 남아 있을 정도로 최고의 대접을 해 주었다.

정명공주의 부마가 된 홍주원은 종1품 품계를 받고 그에 해당하는 녹봉을 지급 받았다. 또 전국의 해안가 내륙의 산간 지역인 국유지를 절수지라 하는데 이를 공주가 부마에게 주고 세금을 거두는 게 아니라 관리하여 생산물을 갖도록 했다. 정명공주에게 준 토지는 정확히 알 수 없으나 전국에 경상감사 박문수가 "영안위 궁이 절수 받은 것 중 도내에 있는 것이 8,076결에 이릅니다." (승정원일기 1728년 영조 4년 7월 23일)라고 아뢰었다. 경상도만 해도 여의도의 20배에 달했으니 전국 8도를 계산해 보면 정명공주는 엄청난 토지를 갖고 있었다고 볼 수 있다.

그러니 정명공주의 엄청난 혼수 등이 문제가 되지 않을 수 없었다.『인조실록』1625년 8월 4일을 보면 "백성이 '전하께서 백성의 생명도 돌보지 않고 한갓 사치만을 일삼는다'고 하면 성덕에 누가 됩니다." 이처럼 정명공주의 혼수와 재산에 신하들이 많은 논쟁과 논란이 있었다. 인조가 조정 신하들의 강한 반대에 부딪히는 게 당연했다. 어느 신하는 정 주고 싶으시면 전하의 개인 재산에서 떼어 주라고까지 했다. 이에 1626년 7월 8일『인조실록』을 보면 "지금 사재를 써서 도와주라고 말한 것은 매우 모욕적인 발언이다."라고 기록되어 있을 정도다. 그 시대에 백성들은 자신들이 아닌 왕실 가족을 먹여 살리기 위해 땀 흘려 일한 게 아니었나 싶다. 적자도 아니고, 서손으로 삼촌을 몰아내고 왕위를 찬탈한 인조였기에 자신을 왕이 되게 해 준 인목왕후 김씨의 하나뿐인 딸에게 온 정성을 쏟아 부었던 모양이다. 그나마 왕의 행동에 직언을 하는 신하들이 있어 다행이었다.

덕수궁의 중화전(中和殿) 모습이다. 정명공주가 축복 속에 태어나 뛰놀던 옛 정릉행궁(덕수궁)에 자리한 중화전의 낮과 밤의 풍경이 사뭇 다르다. 그러나 덕수궁은 정명공주의 아픔이 배어 있는 곳이기도 하다.

이렇게 인조가 정명공주에게 온 정성을 다 쏟아 부은 것은 정명공주를 위하는 게 그녀의 어머니 인목왕후 김씨를 위하는 거라 생각했기 때문이 아니었을까 싶다. 반정의 명분이 폐모살제(廢母殺弟)였기 때문에 이에 보답하기 위함이었을 것이다. 그녀의 어머니 인목왕후 김씨의 바람은 오직 하나 남은 딸이 좋은 남편 만나 잘 사는 거였을 테니 그녀에게 인조가 최선을 다할 수밖에 없었을 것이다. 인조는 백성들의 원성에 아랑곳하지 않고 과해도 너무 과한 혼수용품을 해 주었다. 광해군에게 핍박을 받은 어머니 인목왕후 김씨는 인조의 극진한 보살핌에도 1632년(인조 10년) 49세의 나이로 인경궁에서 세상을 떠났다. 인조는 그녀의 어머니 인목왕후 김씨가 병석에 누워 있을 때 병수발을 밤낮 가리지 않고 들어 자신의 건강 또한 약해졌다고 한다. 또한 그녀의 어머니 힘을 받아 왕이 된 인조였기에 그녀의 어머니 장례를 치르면서 건강은 더 나빠졌다고 한다. 인조는 왕위에 올라 있으면서도 그녀의 어머니 눈치를 살펴야만 했다. 인조도 왕의 수업을 진혀 받지 않고, 자신이 앞장서서 반정을 일으켜 삼촌인 광해군을 몰아내고 왕권을 쥐었으니 그럴 수밖에 없었을 것이다.

그런데 인목왕후 김씨가 승하하고 난 뒤 광해군이 달라졌다. 그렇게 혼수를 대대적으로 챙겨 준 그녀를 의심하기 시작하였다. 정명공주방에 드나든 궁녀들을 괜히 의심하여 문초하고 고난이 끊이지 않았다. 그때 정명공주가 자신은 권력에 전혀 관심이 없다고 전했다. 그리고 인조의 의심을 무마시키기 위해 그녀는 서인 가문의 남편 홍주원과 살면서 살림만 하고 소학만 읽었다고 한다. 그녀가 왜 '화정(華政)'이란 글씨를 써서 남겼는지 짐작이 간다. '화정(華政)'에서 화(華)는 꽃, 혹은 빛을 의미하고, 정(政)은 다스림을 의미한다. 따라서 화정은 '화려한 정치', 혹은 '빛나는 다스림'으로 해석할 수 있다. 그녀가 1682년(숙종 8년) 80세가 되던 해에 그녀의 막내아들 홍만회(1643~1709)에게 남긴 글에서도 '화정'의 정신을 엿볼 수 있다. 홍만회는 어머니의 손때가 묻은 작품의 글씨를 탁본하여 자위수택(慈闈手澤)이란 표제를 붙였다. 정명공주는 아래와 같은 글도 써서 자녀들에게 남겼다. 이런 공주의 당부를 잘 지켜서 그랬는지 후손들은 조선 최고 명문가의 명성을 이어 갔다.

나는 원하건대
너희가 다른 사람의 허물을 들었을 때
마치 부모의 이름을 들었을 때처럼
귀로만 듣고 입으로는 말하지 않았으면 한다.
다른 사람의 장점과 단점을 논의하기 좋아하고
정치와 법령을 망령되이 시비하는 것을 나는 가장 싫어한다.
차라리 죽을지언정 자손들 사이에
이런 행실이 있다는 말을, 나는 듣지 않기를 원한다.

정명공주는 어머니 인목왕후 김씨와 유폐생활 중 붓글씨를 열심히 썼다. 그녀의 필체는 아버지 선조를 많이 닮았다고 한다. 아버지도 아버지지만 그녀의 어머니 인목왕후 김씨 또한 명필가였다. 그러니 그녀가 명필가에 버금가는 서예가가 된 게 당연했다. 마음의 치유를 위해 그녀가 붓글씨 쓰기를 잘 선택했다고 본다. 훗날 그녀가 자녀들에게 붓글씨를 써서 두 글자씩 남겨 주었다고 한다. 그중 그녀의 막내아들 홍만회에게 써준 두 글자가 바로 '화정(華政)'이다. 글씨의 크기가 무려 가로세로 각각

73cm나 된다. 남자도 쓰기 어렵다는 그 큰 글씨를 공주의 몸으로 썼다는 게 믿기 어렵다. 그녀의 필체는 선조와 닮은 석봉체로 힘이 넘친다. 그녀가 조선 최고의 여성 서예가로 손꼽히고 있는 것은 어쩌면 당연한 일일지도 모른다. 무엇보다 강한 정신력으로 덕을 쌓으며 겸손한 삶을 펼쳐 나간 그녀가 자랑스럽게 여겨진다.

그녀가 서예를 시작한 것은 원래 인목왕후 김씨를 행복하게 만들어 주기 위해서였다고 한다. 남구만의 『약천집』에도 "정명공주는 붓을 잡고 큰 글자, 작은 글자를 써서 인목왕후 김씨의 마음을 위로하고 풀어 드리고자 했다."고 나와 있다. 그녀는 어머니와 함께 가택 연금을 당하면서 종교의 힘을 빌려 살아갈 수밖에 없었다. 중생이 관세음보살의 이름을 부르거나 생각하면 그 신통력으로 현재의 어려움에서 벗어날 수 있는 불교 정신으로 '관세음보살보문품경(觀世音菩薩普門品經)'을 열심히 써 나갔을 것이다. '감지은니보문품경(紺紙銀泥普門品經)'에도 정명공주가 유폐 시절 감색 종이에 은가루로 쓴 '관세음보살보문품경'이 남아 있다. 그녀는 어려움을 어머니와 함께 극복할 수 있도록 "관세음보살님! 오셔서 우리를 살려 주세요."라고 그녀의 의지를 서예로 간절히 표현했을 것이다. 그녀는 유폐생활을 이겨내면서 강한 정신력이 키워졌을 것이다. 그 덕인지 장수 공주가 되어 살아가다 세상을 떠났다. 그녀를 생각하노라면 고진감래(苦盡甘來)란 사자성어가 떠오른다. 인생은 딱 고생한 만큼은 보상도 따라오는 것 같다. 그러니 고생을 덜 하고 얻은 게 많으면 죽기 전 그 얻은 것을 나눠 갖도록 해야 한다. 그러지 않고 살면 화가 꼭 찾아오게 마련이다. 그래서 인생살이가 어려운 것이다. 인생에 공짜가 없음을 조선왕조만 잘 들여다보아도 알 수 있다.

정명공주는 인조가 세상을 떠나고도 39년이나 더 살았다. 그녀는 임진 왜란 직후에 태어나 조선 역사의 5분의 1에 가까운 삶을 살아간 최장수 공주다. 그녀는 그녀의 인생 전체로 보았을 때 잠시 잠깐 큰 고통을 겪어 냈을 뿐 그 이후로는 영광과 기쁨으로 가득한 삶을 83세까지 살아갔다. 선조, 광해군, 인조, 효종, 현종, 숙종 대까지 6대 조선 국왕들과 시대를 함께하며 최고의 예우를 받았다. 아마 광해군 때 그녀의 인생길에 겪어 내야 할 고통의 몫을 다 겪어 냈던 모양이다. 그녀는 7남 1녀의 자녀를 두었으며 1685년(숙종 11년) 세상을 떠난 뒤 남편 무덤에 합장되었다. 남편 홍주원은 그녀보다 13년 전인 1672(현종 13년) 9월 14일에 세상을 떠났다. 그녀의 무덤은 북한의 개성 남면 조강리에 있어 답사를 할 수 없었다. 이렇게 그녀는 해피엔딩의 삶으로 그녀의 인생을 멋지게 마무리했다.

그녀의 묘지문은 그녀와 80년 동안 동시대를 살았던 우암 송시열(1607~1689)이 썼다. 송시열은 아래의 묘지문에서 알 수 있듯이 정명공주를 극찬하였다. 그녀가 말년에 큰 복을 받고 자손들마저 큰 복을 받은 것은 우암 송시열의 말대로 '겸손하고 공손하며 어질고 후덕하여서'였을 것이다.

> "공주는 부인의 존귀함에 걸맞게 겸손하고 공손하며 어질고 후덕하여 오복을 향유했다."

(정명공주의 묘지문 중에서)

후궁에게 왕비 자리를 빼앗기고 쫓겨났던
인현왕후 민씨

제19대 왕 숙종의 제1계비

창덕궁 후원 북쪽의 깊은 골짜기에 있는 옥류천 주변에 새봄이 찾아왔다. 이곳은 인조 14년(1636)에 커다란 바위였던 소요암을 깎아 조성된 곳으로 인조는 이곳에서 신하들과 더불어 술잔을 띄우고 시를 지었다고 한다. 그 소요암에는 인조의 친필 옥류천(玉流川)이라는 글씨가 새겨져 있으며 그 위로 숙종이 지은 다음과 같은 오언절구 시가 새겨져 있다. "飛流三百尺 폭포는 삼백척인데/ 遙落九天來 멀리 구천에서 내리네/ 看是白虹起 보고 있으면 흰 무지개 일고/ 翻成萬壑雷 골짜기마다 우레 소리 가득 하네" 숙종이 왠지 인현왕후 민씨를 폐위시키고 장희빈과 이곳을 자주 찾았을 것만 같다. 소요암 위쪽에는 볏짚으로 지붕을 해 얹은 청의정의 모습도 보인다.

죽어서도 여러 여인들 틈바구니에 끼어 잠들어 있는 지아비를 바라보아야 하는 왕비가 있다. 그 왕비는 살아서는 후궁에게 왕비 자리까지 빼앗겨 그야말로 왕비로서의 자존심이 바닥을 친 왕비다. 그래도 조선의 왕비들 중 착한 왕비로 이름이 널리 알려진 왕비다. 그녀는 제19대 왕 숙종(1661~1720)의 제1계비 인현왕후 민씨(1667~1701)다. 그녀는 숙종에게 처음으로 아들을 선물해 준 후궁 장희빈(희빈장씨) 때문에 겪지 않았어야 할 아픔을 겪어야만 했다. 장희빈에게 왕비의 자리를 내주고 서인이 되어 사가로 쫓겨났던 왕비다. 그로 인하여 그녀의 경력에도 폐비의 경력이 붙게 되었다. 그녀의 본관은 여흥으로, 아버지 여양부원군 민유중과 민유중의 계실인 어머니 은성부부인 송씨의 2남 3녀 중 2녀로 현종 8년에 태어나 숙종의 제1계비가 되었다.

명릉의 여름과 겨울 능침의 모습이다. 후궁한테 왕비의 자리를 빼앗기고 폐비가 되어 쫓겨났던 조선 제19대 왕 숙종의 제1계비 인현왕후 민씨가 남편인 숙종과 나란히 잠들어 있다. 장희빈도 장희빈이지만 숙종도 그녀에게 마음고생을 엄청 시켰다. 그것이 미안했는지 숙종은 수많은 부인들 중 인현왕후 민씨를 곁에 두고 잠들어 있다.

숙종의 원비 인경왕후 김씨가 1680년(숙종 6년) 왕비로 책봉된 지 4년 만에 천연두로 죽자, 숙종은 뭐가 그리 급했는지 원비의 3년 상도 치르기 전 1681년(숙종 7년) 인현왕후 민씨와 가례를 올려 그녀를 계비로 맞이했다. 그때 인현왕후 민씨의 나이는 15세, 숙종의 나이는 21세였다. 인현왕후 민씨는 서인의 대가에서 노론의 영수가 된 송시열(1607~1689)과도 일가친척으로 송준길(1606~1672)의 외손녀이다. 송시열은 조선 후기 정계와 학계를 주도했던 거목이다. 그 당시 인현왕후 민씨의 아버지 민유중도 서인이면서 노론의 중진으로 활약하고 있었다. 그녀가 왕비로 간택되었을 때도 숙종은 그의 어머니 명성왕후 김씨가 쫓아낸 남인 세력 장희빈을 잊지 못하고 있었다. 명성왕후 김씨는 1680년(숙종 6년) 남인이 밀려나고 서인이 경신환국으로 다시 집권하자 이듬해 장희빈을 사가로 내쫓았다. 명성왕후 김씨는 장희빈과 다른 서인 측 가문인 청풍 김씨 출신이다.

숙종은 1683년(숙종 9년) 음력 12월, 그의 어머니 명성왕후 김씨가 세상을 떠나자 기다렸다는 듯 사가로 쫓겨난 장희빈을 궁궐로 불러들였다. 이때부터 숙종은 또다시 장희빈만 찾게 되었다. 인현왕후 민씨가 잉태도 못하는 상황에서 숙종이 남인 세력인 장희빈만 지나치게 총애하자 불안감을 느낀 서인 세력은 후궁을 들여 후사를 볼 것을 숙종에게 권했다. 그리하여 서인 세력인 영의정 김수항의 종손 김희홍의 딸을 숙종의 후궁으로 간택하여 숙의에 봉했다. 그러나 숙종은 숙의 김씨에게 별 관심을 갖지 않았다. 오직 장희빈에게만 푹 빠져 헤어나지를 못했다.

장희빈에게 푹 빠져 버린 숙종은 당시 조정을 장악하고 있던 서인 강경파들이 하나둘 세상을 떠나자, 이를 계기로 왕권을 강화시키기로 작정하고 서인 세력을 견제하기 시작했다. 숙종은 남인 세력인 인조의 계비 자의대비(장렬왕후 조씨)의 6촌 동생인 조사석을 영의정에 앉혔다. 조사석은 장희빈의 어머니와 내연관계로 알려져 있던 사람이었다. 그리고 얼마 후 장희빈이 1688년(숙종 14년) 왕자 윤(경종)을 낳았다. 그러니 숙종이 장희빈을 더욱 총애할 수밖에 없었다. 그런데 장희빈의 어머니 윤씨가 장희빈의 산후 조리를 위하여 옥교를 타고 궁궐로 들어오다가 사헌부 관리에게 옥교를 빼앗기고 여덟 명의 노비가 취조당하는 사건이 일어났다. 천인 윤씨가 옥교를 탈 수 없다는 이유에서였다. 그러나 딸 장희빈은 내명부 2품이었으므로, 숙종은 이 사건을 자신에 대한 능멸로 보고 서인에 대해 본격적인 공세를 취했다. 숙종은 그 공세의 하나로 2개월 된 윤을 원자로 정하고, 장희빈을 내명부 정1품인 희빈에 봉했다. 장희빈에게 날개를 달아 준 셈이었다.

그 당시 인현왕후 민씨의 나이가 아직 22세밖에 안되었으므로 대부분의 서인들이 원자 책봉에 반대했으나 숙종은 강하게 밀고 나갔다. 송시열이 이에 반대하는 상소를 올리자 숙종은 송시열을 삭탈관직하고 제주도에 유배시킨 뒤, 서인들을 몰아내고 남인들을 등용하여 우의정과 좌의정에 임명했다. 이어서 계비인 인현왕후 민씨의 투기를 빌미로 그녀를 폐출시키려고까지 했다. 그리고 서인의 거두 송시열을 사사시키고, 서인 세력들을 죽이거나 삭탈관직 시키지 않으면 유배를 보내는 등 정계에서 모두 축출했다. 아울러 남인의 주장에 따라 서인들이 신앙처럼 모시던 이 이, 성 혼도 문묘에서 출향시켰다. 그 후 숙의 김씨를 인현왕후 민씨와 함께 장희빈을 투기했다는 죄목으로 폐출시키고, 이어 인현왕후 민씨까지 폐출시키고 말았다. 여인한테 한번 잘못 빠지면 헤어나기 어렵다는 것을 숙종이 여실히 보여 주었다.

인현왕후 민씨는 1689년(숙종 15년) 왕비 자리를 장희빈에게 빼앗기고 폐비가 되어 상궁 한 명, 시녀 두어 명과 함께 안국동 본가인 감고당으로 쫓겨나고 말았다. 그 감고당 자리에 현재 덕성여고가 자리하고 있다. 폐서인이 되어 궁궐에서 쫓겨난 인현왕후 민씨는 감고당에서 뚫어진 문에 창호지 한 장 바르지 않고 잡초도 그대로 둔 채 지내며 살아갔다. 감고당은 폐가나 다름이 없었다. 다행히 1694년(숙종 20년) 감고당에서의 생활 5년여 만에 복위되었다. 그녀가 살아 있을 때 복위가 되어 왕비의 자리에 다시 올랐으니 만백성이 기뻐할 일이다. 인현왕후 민씨가 "악한 끝은 없어도 착한 끝은 있다"는 옛말이 왜 생겨났는지 증명해 주었다. 착한 끝에는 복이 찾아옴을 그녀가 보여 주었다.

전남 완도의 보길도 해안 절벽에 '글씐바위' 모습이다. 이 바위에 서인의 거두 우암 송시열이 쓴 암각시문이 새겨져 있다. 그는 삭탈관직 당하고 제주도로 유배 가는 길에 풍랑을 피해 보길도에 잠시 들렀는데 그때 자신의 신세를 한탄한 시를 큰 바위에 새겨 넣었다고 한다. 탁본을 떴는지 그 바위에 먹물이 묻어 있다.

서울 안국동의 덕성여고 자리가 감고당 터였음을 알리고 있는 정문 옆 표지판 모습과 감고당 대문 위에 달려 있는 영조의 친필 감고당 현판. 그리고 현재 여주에 복원해 놓은 감고당의 모습이다. 안채, 사랑채, 중문채, 행랑채 등이 복원되어 있다.

인현왕후 민씨가 폐비가 되어 두문불출하고 지냈던 그 감고당은 현재 서울 안국동이 아닌 여주에 자리하고 있다. 원래 서울 종로구 안국동 덕성여고 자리에 있었는데 1966년에 도봉구 쌍문동으로 옮겨졌다가 다시 경기도 여주 명성황후 생가 옆으로 옮겨져 복원해 놓았다. 감고당은 숙종의 제1계비 인현왕후 민씨가 왕비가 되면서 숙종이 장인인 민유중에게 선물한 집이었다. 그러므로 이곳은 인현왕후 민씨의 사가로, 그녀가 장희빈과의 갈등으로 인해 왕비에서 쫓겨났을 때 이곳에 머물렀다. 한편 그녀와 같은 집안인 고종의 비 명성황후 민씨도 아버지 민치록이 사망한 후 어머니 한창부부인 이씨와 함께 왕비로 책봉되기 전까지 머물렀던 곳이기도 하다. 이와 같이 감고당은 조선의 두 왕비를 배출한 역사적 가치가 높은 건물이다. 감고당이라고 부르기 시작한 것은 1761년(영조 37년)부터

인현왕후 민씨의 아버지 민유중 묘 전경이다. 그곳과 가까운 곳에 감고당을 복원해서 그런지 그렇게 낯설게 느껴지지 않는다. 그녀의 아버지 민유중은 첫째 부인 이씨와 둘째 부인으로 그녀의 어머니인 송씨와 합장되어 잠들어 있다.

다. 영조는 인현왕후 민씨를 기려 "감고당(感古堂)"이라는 편액을 내렸다. 여주의 명성황후 생가 바로 뒷동산에는 인현왕후 민씨의 아버지 민유중의 묘가 자리하고 있다. 그래선지 이곳으로 옮겨온 것이 그렇게 낯설지만은 않다.

숙종은 인현왕후 민씨를 폐위시킨 후 장희빈을 왕비로 책봉했고, 장희빈의 아버지 장 경을 양반으로 승격시켜 옥산부원군에 봉했다. 이로써 장희빈 집안은 최고의 명문가로 자리 잡게 되었다. 그러나 장희빈이 왕비가 된 지 5년이 지나면서 예전의 서인 세력 못지않게 남인 세력이 커져 가고 있었다. 숙종은 이에 고심하며 인현왕후 민씨를 폐위시킨 것을 후회했다. 그러던 중 1694년(숙종 20년) 서인 중의 소론인 김춘택이 숙종의 마음을 읽고 폐비 복위 운동을 일으켰다. 그러자 남인의 민 암, 김덕원 등이 이를 막으려 했다. 그런데 이번에는 숙종이 남인 세력들을 유배시킨 뒤 사사시켜 갑술옥사가 일어났다. 그 결과 폐위되었던 인현왕후 민씨는 복위되었고, 왕비에 올라 있던 장희빈은 왕비에서 후궁으로 강등되었다. 그리고 양반에 올려 주었던 장희빈의 아버지 장 경의 봉작도 거두어 버렸다. 거기에다 숙종은 장희빈 이후로는 빈이 후비로 오르지 못하도록 아예 국법으로 정했다. 이런 숙종의 마음은 알다가도 모를 일이지만 장희빈에게 크게 데긴 했나 보다.

아무리 생각해 보아도 숙종은 어머니 한 분만 부인으로 둔 자신의 아버지 현종을 닮지 않았다. 현종은 조선 왕들 중 후궁조차 한 명도 들이지 않은 왕이다. 왕의 여인들이 부러워하고 또 부러워할 왕이 조선의 제18대 왕 현종이다. 오로지 숙종의 어머니 명성왕후 김씨만 부인으로 두고 살다가 세상을 떠난 왕이다. 현종의 재위 기간이 15년 3개월이나 되는데도 그의 어머니하고만 살다가 세상을 떠났으니 왕의 여인들이 어찌 부러워하지 않겠는가.

시아버지를 닮지 않은 숙종을 남편으로 둔 인현왕후 민씨가 왕비의 자리에서 쫓겨났을 때 그녀를 생각하며 백성들이 지어 부른 참요가 전해지고 있다. 장희빈의 모함으로 숙종이 인자한 인현왕후 민씨를 내쫓았을 때 백성들이 이를 안타까워하며 지어 부른 노래가 '미나리와 장다리'다. 이런 노래를 참요(讖謠)라고 하는데 주로 아이들이 부르는 동요의 하나로 하늘의 뜻을 대변하고, 노래에 예언의 능력이 있다고 믿었다. 인현왕후 민씨가 쫓겨날 때 백성들과 산천초목이 다 울었다는 이야기까지 전해지고 있다. 그 정도로 인현왕후 민씨가 백성들의 사랑을 많이 받았다.

미나리는 사철이요 장다리는 한철일세

철을 잃은 호랑나비 오락가락 노닐더니

제철가면 어이 놀까 제철가면 어이 놀까

장다리는 무나 배추 따위의 꽃줄기를 말하는데 사철 푸른 미나리와 달리 장다리꽃은 한철 피고 만다. 장다리는 키만 컸지 한철로 곧 시들어 버린다. 그렇지만 미나리는 얼음장 밑에서도 푸르게 돋아난다. 이 노래를 지어 부른 깊은 뜻은 인현왕후 민씨가 다시 왕비의 자리에 오르길 바라는 백성들의 마음을 전하기 위함이었다. 장희빈은 장다리처럼 얼마 못 가 왕비의 자리에서 쫓겨나고, 진실된 마음을 가진 인현왕후 민씨는 미나리 같이 푸른 생명력으로 활짝 피어나 왕비의 자리에 복위되기를 바라는 백성들의 마음이 이 노래에 담겨 있다. 인현왕후 민씨는 예의가 바르고 덕성이 높아 이처럼 백성들의 추앙을 받았다고 전해진다. 백성들은 사실 호랑나비가 오락가락 노닐다가 제철을 잃을까 봐 크게 걱정했을 것이다. 호랑나비는 숙종을 일컬은 말이다.

인현왕후 민씨는 오늘날 문화 예술 발전에 상당한 공헌을 한 왕비 중 한 명이다. 그녀로 인하여 『인현왕후전』이라는 문학작품이 탄생되었다. 그 작품은 한 궁녀가 인현왕후 민씨를 주인공으로 쓴 전기체 소설로 오늘날에도 많은 사람들의 사랑을 받고 있다. 또한 숙종의 원비 인경왕후 김씨의 숙부인 김만중이 쓴 고전소설 『사씨남정기』도 전해져 오고 있는데 『사씨남정기』 역시 인현왕후에 대한 이야기다. 숙종이 인현왕후 민씨를 폐출하고 장희빈을 책봉한 사건에 대해 숙종을 깨닫게 하는 데 목적을 두고 쓴 소설이다. 두 작품은 인현왕후 민씨가 소재 제공을 해 주어 탄생되었다고 볼 수 있다. 이러한 소설 창작 동기에 있어서 목적성과는 별도로, 작품에서 특징적으로 드러나는 것은 17세기 중반 이후 강화되기 시작한 가문 의식이다. 임진왜란과 병자호란의 양 난 이후 피폐한 현실, 특히 예송(禮訟)과 그에 따른 수차례의 환국(換局), 그리고 사족 가문 내부의 처첩갈등과 같은 여러 문제가 작품에 반영되어 그 당시의 사회상을 잘 보여주고 있다.

인현왕후 민씨는 참요를 통해서도, 문학작품을 통해서도 백성들에게 사랑을 많이 받았다. 그런 백성들의 따뜻한 사랑 때문인지 사가로 쫓겨났던 그녀가 다시 왕비의 자리로 돌아오게 되었다. 그녀는 복위 후 자신을 쫓아낸 장희빈과 화합을 도모하고자 노력했다. 그러나 그녀는 화해도 제대로 하지 못하고 병을 얻어 얼마 못 살고 세상을 뜨고 말았다. 그녀가 허약했기 때문이었는지, 마음고생을 많이 했기 때문이었는지, 한 명의 자녀도 낳지 못한 채 복위된 지 7년 만인 1701년(숙종 27년) 35세의 젊은 나이로 요절하고 말았다. 그녀의 마음은 미나리 같았지만 인생은 그와 같지 않았다. 그녀가 왕이 될 왕자를 낳았다면 왕비의 자리에서 쫓겨날 일도 없었을 것이다. 그녀가 낳은 왕자가 왕위 계승 서열 1위가 되기 때문이다. 하지만 그녀가 복위되기 전 이미 장희빈의 아들이 세자로 책봉되어 있었다. 만약 그녀가 복위되어 왕자를 낳았으면 어땠을까? 장희빈의 아들 경종의 앞날은 더 비참했을 것이다. 덕을 쌓지 못한 어머니를 둔 경종을 생각하면 인현왕후 민씨가 왕자를 낳지 못한 게 그렇게 안타깝지만은 않다.

명릉의 예감(瘞坎) 모습이다. 왕릉 제향을 마친 뒤 축문을 태운 곳으로 망료위(望燎位)라고도 한다. 정자각 뒤 왼쪽에 설치되어 있다.

그녀의 능호는 명릉(明陵)이며 능은 쌍릉으로 조성되어 있다. 그녀는 그녀를 내쫓았다가 다시 불러들인 변덕쟁이 지아비 숙종 곁에 잠들어 있다. 숙종은 죽어서나마 인현왕후 민씨에게 속죄하고 싶었던 모양이다. 어찌 되었거나 여인들 치마폭에서 헤어날 줄 몰랐던 숙종이 그 많은 부인들 중 그녀 곁에 묻히겠다고 죽기 전 말했다니 하는 말이다. 그래도 숙종은 죽어서도 사랑 놀이 하느라 이 무덤 저 무덤 찾아다니느라 무덤 속에서도 발에 물집이 생기고, 신발이 쉴 새 없이 닳을 것 같은 생각마저 든다. 3명의 왕비에, 장희빈까지 같은 능역 안에 잠들어 있으니 누가 그를 말리겠는가. 거기에다 그가 그토록 사랑했던 영조의 어머니 숙빈 최씨가 잠들어 있는 소령원도 그리 멀지 않은 곳에 있으니 죽어서도 여인들 때문에 골치 꽤나 아플 숙종이다. 그런 숙종이지만 인현왕후 민씨는 곁에 묻힌 것에 만족하며 용서할 것으로 보인다.

숙종은 부인으로 원비 인경왕후 김씨, 제1계비 인현왕후 민씨, 제2계비 인원왕후 김씨 등 3명의 왕비와 그 이름도 유명한 장희빈을 포함하여 6명의 후궁을 두었으며 그들과의 사이에 6남 2녀가 태어났다. 부인의 수에 비해 자녀는 많지 않았다. 3명의 왕비에게는 한 명의 소생도 탄생하지 않았다. 숙종은 여인들 치마폭에 휩싸여 지내느라 골치 꽤나 썩다가 1720년 (숙종 46년) 음력 6월 8일 60세의 나이로 자신이 태어났던 경덕궁(경희궁) 의 융복전에서 죽음을 맞이했다.

조선의 5대 궁궐 중의 하나였던 경희궁(경덕궁)의 정문인 흥화문(興化門) 모습이다. 이곳 경희궁 의 침전인 융복전에서 인현왕후 민씨의 남편 숙종이 태어나고 승하했다.

숙종은 9명의 부인들 중 제1계비 인현왕후 민씨와 나란히 잠들었지만 그의 곁에 잠들고 싶어 했던 또 한 왕비로 제2계비인 인원왕후 김씨가 그의 왼쪽 위로 잠들어 있다. 그런데 그녀는 별도로 능호를 받지 못해 숙종의 명령을 함께 쓰고 있다. 어떻게 보면 명릉은 쌍릉이 아니라 동원이강릉이라 할 수 있다. 하지만 그녀가 숙종의 능침 왼쪽 위에 있기 때문에 그녀의 능은 단릉으로 볼 수밖에 없다. 이것은 동양의 예절방위(禮節方位) 원칙인 좌남우녀(左男右女), 좌상우하(左上右下) 원칙에 어긋나기 때문이다. 좌를 우보다 높게 치기 때문에 선조의 목릉처럼 계비인 인원왕후 김씨의 능은 숙종과 인현왕후 민씨의 능 오른쪽에 자리해 있어야 한다. 그래야 동원이강릉으로 볼 수도 있는 것이다. 그러니 명릉은 정자각을 함께 쓰는 쌍릉과 단릉으로 각각 보아야 할 것 같다. 명릉의 참도는 조선 왕릉의 전

홍살문 앞에서 바라본 명릉의 전경이다. 이곳에 제계비 인현왕후 민씨와 숙종, 그리고 제2계비 인원왕후 김씨가 잠들어 있다. 정자각 뒤에 인현왕후 민씨와 숙종이 나란히 잠들어 있고, 왼쪽 위 언덕에 능호도 받지 못한 인원왕후 김씨가 홀로 잠들어 있다. 명릉의 참도는 신이 걷는 신도와 왕이 걷는 어도, 그리고 양옆에 신하들이 걷는 변로까지 뚜렷하게 설치되어 있다.

형을 보여 주고 있다. 2도(二道)로 되어 있는 참도 옆에 신하들이 걸어갔던 '변로'가 조성되어 있다. 보통 참도는 신도와 어도로 2개의 길이 설치되어 있는데 명릉에는 길이 4개나 된다. 참도가 어느 왕릉보다 길고, 깨끗하게 설치되어 있다.

숙종은 장희빈으로 인하여 폐비가 되어 사가로 쫓겨났던 인현왕후 민씨와 나란히 잠들어 있다. 장희빈에게 푹 빠져 폐비까지 시켰던 숙종이 그래도 인현왕후 민씨 곁에 잠들어 있다. 또한 같은 능역 안에 원비 인경왕후 김씨와 제2계비 인원왕후 김씨도 잠들어 있고, 사랑했지만 미워할 수밖에 없었던 장희빈도 잠들어 있다. 장희빈은 원래 경기도 광주시 오포면 문형리에 장사지냈는데 도시 개발로 인하여 1969년 6월에 숙종이 잠들어 있는 서오릉 경내로 옮겨 왔다. 숙종과 장희빈! 둘의 인연은 끊으려야 끊을 수 없는 고래 힘줄보다 더 질긴 인연인 모양이다.

숙종과 인현왕후 민씨의 명릉 능침을 한여름과 한겨울 곡장 뒤 잉에서 바라본 모습이다. 왼쪽이 인현왕후 민씨의 능침이고, 오른쪽이 숙종의 능침이다. 왕과 왕비의 능침에 내린 눈이 똑같이 녹고 있다. 그 모습이 참으로 아름답다.

인현왕후 민씨는 서오릉에 네 번째로 조성된 왕릉의 주인이 되었다. 그녀 곁에 잠든 숙종은 3명의 왕비와 장희빈까지 4명의 부인을 가까이 두고 서오릉의 명릉에 잠들어 있다. 이렇게 많은 여인들을 가까이 두고 잠들어 있는 왕은 없다. 아마 죽어서도 여인들한테 둘러싸여 있는 숙종을 조선의 왕들이 가장 부러워할지도 모른다. 2명의 부인까지는 곁에 두고 있어도, 4명의 부인을 곁에 두고 잠들어 있는 왕은 숙종밖에 없다. 그래서 서오릉에 가면 죽어서는 숙종이 어느 여인과 밤을 보내는지 늘 궁금해진다. 숙빈 최씨가 잠들어 있는 파주시 광탄면으로 매일 밤 달려가는 것은 아닌지 모르겠다. 현재 숙종은 경기도 고양시 덕양구 서오릉로 334-92 서오릉 능역 안의 명릉(明陵)에 인현왕후 민씨와 나란히 잠들어 있다. 안타까운 것은 인현왕후 민씨가 끝내 자녀를 낳을 수 없는 석녀(石女)였다는 것이다.

숙종과 인현왕후 민씨의 명릉 능침을 눈을 맞으며 수호하고 있는 석물들 모습이다. 이곳의 석물들은 다른 왕릉에 비해 왜소한 편이다. 문무석인의 크기가 보통 사람 키 정도다. 석양과 석호의 크기도 다른 왕릉의 새끼들 크기만 하다. 40기의 왕릉 중 숙종의 명릉과 경종의 의릉 석물이 가장 작다.

잔인하게 살해된 후 폐비까지 되었던
명성황후 민씨

제26대 왕 고종의 비

경복궁의 후원에 있는 향원정의 만추 모습이다. 조선의 제26대 왕 고종과 그의 비 명성황후 민씨
가 자주 찾았을 향원정이다. 명성황후 민씨는 건청궁에서 잔인하게 살해된 후 폐비까지 되었다.
그 후 건청궁은 1909년 일본에 의해 철거되었다가 2007년 복원되어 현재 일반인들에게 공개되고
있다. 우리의 아픈 역사가 배어 있는 건청궁의 모습이 향원정 오른쪽 옆으로 살짝 보인다. 원래
향원정과 연결된 취향교는 6·25 때 파괴되어 1953년에 건청궁이 있는 북쪽에서 지금의 위치인
남쪽으로 바꾸어 가설되었다.

조선의 왕비들 중 11명이 폐비의 경력을 갖고 있다. 그중 마지막으로 폐비의 경력을 갖게 된 왕비는 제26대 왕 고종(1852~1919)의 비 명성황후 민씨(1851~1895)다. 여흥이 본관인 그녀는 아버지 여성부원군 민치록과 어머니 민치록의 재취인 한창부부인 이씨의 딸로 철종 2년에 태어나 고종의 비가 되었다. 그녀는 폐비가 되지 않았어도 억울하고 또 억울할 조선의 국모인데 죽은 뒤 일본의 압력으로 폐비까지 되었다.

조선의 국모였던 그녀는 일본에 의해 잔인하게 살해된 것도 모자라 살해된 후 47일간 폐비가 되었다. 비록 짧은 기간 동안 폐비가 되었지만 죽어서도 눈을 감지 못할 통탄할 일이다. 일본 정부의 사주를 받은 주한 일본공사 미우라 고로가 1895년 8월 20일(양력 10월 8일) 일본 낭인들을 궁중에 잠입시켜 명성황후 민씨를 잔인하게 살해한 후, 이틀 뒤인 음력 8월 22일(양력 10월 10일) 거짓 조서에 따라 왕비를 폐위하고 서인으로 강등시키기까지 했다. 그녀의 남편 고종은 왕비를 잃은 것도 억울한데 일본의 압력으로 왕비를 폐비로 만들 수밖에 없었다. 다행히 고종은 그녀가 폐서인 된 이튿날 그녀에게 빈호를 내리고, 음력 10월 10일(양력 11월 26일)에는 왕후로 복위시키는 조서를 내렸다.

그녀는 폐비의 경력을 가지고 있는 11명의 조선 폐비들 중 태조의 계비 신

일본에 의해 잔인하게 살해된 뒤 47일 동안 폐비가 되어야 했던 명성황후 민씨와 그의 남편 고종이 합장되어 잠들어 있는 홍릉의 모습이다.

일본 자객에 의해 잔혹하게 살해된 후 폐비까지 되었던 명성황후 민씨의 생가 모습이다. 명성황후 민씨의 생가는 1995년 남아있던 안채를 보수하고, 행랑채, 사랑채, 별당채 등을 복원하였다.

덕왕후 강씨와 문종의 비 현덕왕후 권씨와 더불어 죽어서 폐비가 되었다가 복위된 3명의 왕비 중 1명이다. 그러나 8명의 폐비들은 두 눈 다 뜨고 살아 있을 때 폐비가 되어 슬픔 속에 인생을 펼쳐 나갈 수밖에 없었다. 그녀들 중 죽기 전에 복위된 왕비는 선조의 계비 인목왕후 김씨와 숙종의 제1계비인 인현왕후 민씨 등 2명뿐이다. 단종의 비 정순왕후 송씨와 중종의 비 단경왕후 신씨 등 2명은 죽은 뒤 200년이 훨씬 넘은 뒤에야 복위되었고, 성종의 계비였던 윤씨, 연산군의 비였던 신씨, 광해군의 비였던 류씨, 그리고 인현왕후 민씨를 그야말로 들들 볶아댔던 숙종의 후궁 장희빈 등 4명은 아예 복위되지 못한 채 조선이 문을 닫아 영원한 폐비가 되었다.

폐비까지 되었다가 명예 회복을 한 명성황후 민씨는 숙종의 제1계비 인현왕후 민씨의 아버지 민유중의 6대손이다. 인현왕후 민씨와 그녀는 같은 집안 출신이다. 그녀의 본명은 민자영이다. 그런데 그녀는 공교롭게도 5대조인 작은할머니 인현왕후 민씨와 함께 폐비의 경력을 지니게 되었다. 그것은 유전이 아닐 텐데 참으로 공교로운 일이다. 그녀는 8세 때 아버지 민치록을 여의고 홀로 된 어머니와 함께 고향인 여주를 떠나 서울의 감고 당(덕성여고 자리)에서 살다가 그녀의 먼 친척뻘인 흥선대원군(1820~1898) 의 부인인 여흥부대부인 민씨(1818~1897)의 천거로 고종의 비가 되었다. 그녀는 그녀보다 한 살 적은 고종과 1866년(고종 3년) 16세에 가례를 올리 고 입궁했다. 그녀가 왕비로 책봉될 수 있었던 것은 그동안 3대(순조, 헌종, 철종)에 걸친 안동 김씨의 세도정치에 의한 국정의 폐단을 되풀이하지 않 겠다는 흥선대원군의 의지 때문이다. 그리하여 외척이 적은 흥선대원군 부인의 집안에서 왕비를 맞아들였다. 그녀의 친정 배경이 미흡한 것이 그 녀가 왕비가 되는 데 오히려 도움이 되었다. 집안 환경은 안 좋았지만 명 성황후 민씨는 왕비가 될 운명을 타고났던 모양이다.

그녀의 남편 고종은 12세의 어린 나이에 왕위에 올라 추존 왕 문조(익 종)의 비 신정왕후 조씨의 수렴청정을 받았다. 아울러 시아버지 흥선군은 대원군이 되어 국정을 총괄하게 되었다. 고종은 왕위에 오르긴 했지만 흥 선대원군이 정권을 쥐고 있었기에 허수아비 왕 노릇을 오랫동안 할 수밖 에 없었다. 그녀는 고종이 20세를 넘겼는데도 친정 체제를 확립할 수 없 자 흥선대원군과 대립하기 시작했다. 흥선대원군에게 그녀는 친정(親政) 의 욕심을 강하게 표출했다. 사실 흥선대원군이 10년 넘게 정권을 잡고 있어 누가 왕인지 알 수 없을 정도였다.

고종의 아버지이자 그녀의 시아버지인 흥선대원군은 남연군(17 88~1836)과 군부인 여흥 민씨 사이에서 4남 1녀 중 4남으로 태어났다. 그 녀의 시어머니에, 그녀의 시할머니까지 그녀와 같은 여흥 민씨였다. 남연 군은 인조(1595~1649)의 3남인 인평대군(1622~1658)의 6대손이다. 그런 데 남연군은 사도세자(1735~1762)와 숙빈 임씨 사이에서 태어난 은신군

(1755~1771)의 양자로 들어갔다. 은신군은 정조(1752~1800)의 이복동생이며, 은언군(1754~1801)의 동복동생으로 1776년(정조 즉위년) 정조에 의해 숙종과 명빈 박씨(?~1703)의 소생인 연령군(1699~1719)의 적통으로 입적되었다. 그런데 은신군도 아들 없이 세상을 떠나 1815년(순조 15년) 흥선대원군의 아버지인 남연군이 은신군의 양자가 되어 후사를 잇게 된 것이다.

조선의 제24대 왕 헌종은 제25대 왕 철종의 선왕이었지만 후왕인 철종이 헌종에게 7촌 아저씨다. 고종에게도 철종이 7촌 아저씨다. 제26대 왕 고종과 제24대 왕 헌종이 같은 항렬로 8촌간이 된다. 왜냐하면 철종의 할아버지 은언군과 고종의 증조할아버지 은신군이 친형제이기 때문이다. 그러나 헌종의 어머니 신정왕후 조씨가 고종을 양자로 입적하여 왕위에 올렸기 때문에 헌종과 고종은 추존 왕 문조의 아들로 8촌간이 아닌 형제 사이가 되었다. 따라서 사도세자가 고종의 고조부가 되고, 은신군이 증조부, 남연군이 조부가 된다. 철종이 후사를 잇지 못하고 세상을 떠났을 때 그래도 가장 가까운 친족이 고종의 아버지인 흥선군이었다. 고종의 할아버지인 남연군이 은신군의 양자가 되지 않았다면 고종이 왕위 계승 서열에서 멀리 벗어나 있었을 것이다. 그러고 보니 사도세자의 후손들이 정조를 시작으로 순조, 헌종에 이어 철종, 고종, 순종으로 이어져 조선왕조 마지막까지 왕의 자리를 지켰다. 사도세자의 희생이 헛되지 않았음을 그 후손들이 보여 준 셈이다. 죗값도 언젠가 꼭 치르게 되어 있지만 희생의 값 역시 언젠가 꼭 보상받게 됨을 사도세자를 보니 알 수 있다. 그러나 그의 후손들이 조선왕조를 끝까지 지켜내지 못하고 문을 닫아거는 신세가 되었다.

고종은 어려운 시기에 왕위에 올라 나라를 지키려 애썼으나 아버지 흥선대원군에 이어 부인 명성황후 민씨의 허수아비 노릇에 꼭두각시 노릇만 하다가 1907년(융희 1년) 헤이그 밀사사건으로 인하여 일제에 의해 강제 퇴위당하고 말았다. 고종은 네덜란드의 헤이그에서 열린 만국평화회의에 밀사를 파견하여 을사조약과 일제의 조선에 대한 침략과 만행을 폭로하고 호소하여 국권 회복을 이루고자 했다. 그런데 고종의 어려운 결정에도 불구하고 약소국가인 조선은 큰 성과를 거두지 못했다. 오히려 백성들의 반일 감정으로 고종이 일제에 의해 폐위되는 결과를 낳았다. 그리하여 고종은 아들인 순종에게 왕위를 물려주고 태황제로 물러나 있게 되었다. 그 뒤부터 고종에게는 아무런 실권이 없었다. 허수아비 왕 노릇조차도 할 수 없었다.

홍선대원군이 마지못해 물러나고 고종이 친정을 시작했을 때도 고종이 아니라 명성황후 민씨의 척족들이 정권을 장악했다. 그동안 외척이었던 안동 김씨의 세도정치에 이골이 난 신정왕후 조씨와 홍선대원군이 그토록 걱정했던 외척정치가 또다시 시작되었다. 그들은 홍선대원군이 강력하게 진행하던 쇄국정책과는 달리 대외 개방정책을 취했다. 명성황후 민씨와 홍선대원군의 갈등이 여기에서도 한몫을 했다.

명성황후 민씨는 아버지 민치록의 재취 한산 이씨의 소생으로, 1남 3녀 중 유일하게 그녀만 살아남아 왕비까지 되었다. 아버지의 정실부인으로 오씨가 있었지만 자녀가 없었던 것으로 추정된다. 명성황후 민씨는 인현왕후 민씨의 아버지 민유중의 6대손으로 할아버지 민기현은 예조참판과 개성부 유수를 지냈다. 하지만 그녀의 아버지 민치록은 정3품 사도사첨정에 이르렀고, 말년에 낙향하여 경기도 여주에서 선영을 돌보며 소일하고 있었다. 그녀의 생가는 인현왕후 민씨의 아버지 민유중의 묘소를 지키기 위하여 지은 집으로, 그녀의 아버지는 문음으로 출사하기에 앞서서 민유중의 묘를 지키는 일을 했다. 그녀의 아버지는 대를 잇기 위하여 그녀의 11촌 아저씨인 민치구의 아들 민승호를 양자로 들였다. 그리하여 그녀와 민승호는 남매 사이가 되었다. 원래 민승호는 흥선대원군과 처남남매 사이였는데 고종과도 처남남매 사이가 된 것이다. 고종의 외삼촌이었다가 고종의 처남이 된 것이다. 민승호의 누이가 흥선대원군의 부인이자, 고종의 어머니이며, 명성황후 민씨의 시어머니다. 명성황후 민씨와 시어머니는 친정 쪽으로 12촌 간이다.

명성황후 민씨와 한집안인 인현왕후 민씨의 아버지 민유중의 신도비 모습이다. 민유중의 업적을 소개하고 그를 찬양하는 신도비가 그녀의 생가 옆에 세워져 있고, 생가 바로 뒷산에는 민유중의 묘가 자리하고 있다. 신도비의 기단석 몸통은 거북 모양인데 머리는 용의 모양을 하고 있다. 그런데 그 머리가 그곳에서 150m 떨어져있는 민유중의 묘 쪽을 가리키고 있어 여러 생각을 갖게 한다.

명성황후 민씨는 어려서 아버지 민치록으로부터 학문을 배웠는데,『소학』,『효경』,『여훈』등을 즐겨 읽었고, 특히 역사를 좋아하여 치란과 국가의 전고에 밝았다고 한다. 현재 그녀의 생가를 복원해 놓았는데 공부방 자리에는 그녀의 '탄강구리비(誕降舊里碑)'가 세워져 있다. 그 공부방이 있었던 자리는 1895년(고종 32년) 동학농민운동 당시에 불탔다. 그 후 명성황후 민씨가 태어난 곳을 기념하기 위하여 1904년(고종 41년) 고종이 탄강구리비를 세웠다.

명성황후 민씨의 탄생을 기념하기 위하여 세워 놓은 탄강구리비(誕降舊里碑)의 모습이다. 명성황후 민씨의 공부방이 있었던 별당 자리에 '明成皇后誕降舊里'라 쓰여 있는 비석이 비각 안에 세워져 있다. 비석의 글씨는 명성황후 민씨의 아들 조선 제27대 왕 순종이 1904년(고종 41년) 쓴 친필이다.

그녀는 1858년(철종 9년) 8세 되던 해에 아버지 민치록을 잃었다. 아버지가 죽자, 그녀는 염습(殮襲)하는 모습을 어른처럼 지켜보아 주위 사람들을 놀라게 했다는 이야기가 전해진다. 김동인의 역사소설『운현궁의 봄』에서도 명성황후 민씨는 부친 민치록이 병으로 자리에 누웠을 때에 간호를 잘한 효녀로 묘사되고 있다. 아버지 민치록이 죽은 뒤 그녀가 태어난 여주군 근동면 섬락리(지금의 여주읍 능현리 250-2) 사저에서 한양의 감고당(感古堂)으로 옮겨 홀어머니 한씨와 함께 살다가 왕비가 되었다. 감고당은 인현왕후 민씨의 아버지 민유중의 집으로, 인현왕후 민씨가 왕비에서 쫓겨나 홀로 머물러 살던 사가로서 민씨의 후손들이 그곳에서 계속 살았다. 그 당시 감고당은 명성황후 민씨의 아버지 민치록의 소유였다. 아버지

명성황후 민씨의 생가 왼쪽에 서울 덕성여고 자리에 있었던 감고당을 복원해 놓은 모습이다. 감고당은 숙종의 제계비 인현왕후 민씨의 아버지 민유중의 집으로 인현왕후 민씨가 왕비에서 쫓겨났을 때 살았으며, 같은 가문인 명성황후 민씨도 아버지 민치록이 사망한 뒤 생가를 떠나 왕비로 책봉되기 전까지 이곳에서 어머니 한씨와 함께 살았다.

를 잃고 그녀는 홀어머니와 함께 친척들의 도움을 받으면서 감고당에서 성장했다. 그녀는 그곳에서 살다가 16세에 왕비로 간택되었다. 다행히 그녀의 어머니 한씨(1818~1874)는 아버지 민치록(1799~1858)과 달리 살아서 그녀가 왕비로 책봉되는 것도 지켜보았고, 그녀가 왕비에 올라있는 모습도 8년간이나 지켜보다가 세상을 떠났다.

명성황후 민씨가 간택되어 왕비가 되는 과정은『동치오년병인삼월가례도감의궤(同治五年丙寅三月嘉禮都監儀軌)』에 자세히 설명되어 있다. 거기에 보면 우선 1866년(고종 3년) 음력 1월 1일, 대왕대비 조씨(추존 왕 문조의 비)가 조선에 있는 12세~17세 사이의 모든 처녀들에게 금혼령을 내린다. 그리고 음력 2월 25일, 초간택을 행했고, 민치록의 딸인 명성황후 민씨는

명성황후 민씨의 시아버지인 흥선대원군의 사저이며 고종의 잠저였던 운현궁의 정문(왼쪽사진)과 노락당(老樂堂)의 모습이다. 노락당(오른쪽사진)은 고종과 명성황후 민씨의 가례와 가족들의 회갑이나 잔치 등 각종 중요 행사가 열렸던 곳이다. 명성황후 민씨가 삼간택이 끝난 후 이곳 노락당에서 왕비 수업을 받았다.

김우근의 딸, 조면호의 딸, 서상조의 딸, 유초환의 딸 등과 더불어 재간택에 들어간다. 마침내 음력 3월 6일에 그녀는 삼간택에 뽑혀 왕비로 정해졌다. 그녀의 지아비가 될 고종은 운현궁에서 그녀를 데리고 음력 3월 21일, 창덕궁으로 돌아오는 친영(親迎)을 거행했다. 명성황후 민씨의 아버지 민치록은 왕의 장인에게 추증하는 예에 따라 증 의정부 영의정에 추증되었고, 아버지의 본부인 해주 오씨는 해령부부인에 추증되었으며, 살아서 딸이 왕비가 되는 모습을 지켜본 생모 감고당 한산 이씨는 한창부부인의 작위를 받았다. 그녀로 인해 그녀의 부모는 덕을 톡톡히 보았다.

한편 흥선대원군은 고종이 즉위하기 전 안동 김씨 가문의 김병학의 딸, 김병문의 딸 중에서 고종의 배필을 정하기로 비밀리에 묵계를 맺었으나 약속을 깨게 되었다. 이에 김병학 등 흥선대원군을 지지했던 일부 안동 김씨 세력이 등을 돌리게 되었다. 그런데 명성황후 민씨는 그 점을 간파하고, 후에 흥선대원군을 축출할 때 안동 김씨 세력과도 손을 잡았다. 안동 김씨 세력은 고종의 비까지 안동 김씨 가문에서 책봉하려고 했다.

명성황후 민씨가 왕비로 책봉되어 입궁할 무렵 고종은 15세였다. 왕비를 들이기 전 고종은 이미 후궁 귀인 이씨를 총애하고 있었다. 고종은 가례를 올린 첫 날 밤에도 왕비의 처소에 들지 않고 귀인 이씨의 처소에 들었다. 명성황후 민씨의 자존심을 처음부터 고종이 건드린 셈이다. 명성황후 민씨는 가례를 올린 지 2년이 넘어가도록 태기가 없었다. 그런데 우려했던 대로 1868년(고종 5년) 귀인 이씨가 먼저 왕자를 생산했다. 귀인 이씨와의 사이에서 고종의 첫아들 완화군(1868~1880)이 태어난 것이다. 그러니 첫아들을 낳은 귀인 이씨에 대한 고종의 총애는 더하면 더했지 식을 줄 몰랐다.

명성황후 민씨는 아들을 먼저 낳지 못했지만 권력 기반을 다지기 위하여 힘을 모았다. 그녀의 양오빠인 민승호 등 일가친척, 흥선대원군이 실각시킨 풍양 조씨의 조영하, 안동 김씨의 김병기, 고종의 형인 이재면, 서원 철폐에 불만을 품고 있던 유림의 거두 최익현 등과 제휴했다. 이처럼 세력을 다지던 명성황후 민씨는 차츰 고종의 총애를 받아 드디어 1871년(고종 8년) 왕자를 낳았다. 그러나 어렵게 낳은 왕자가 항문 폐색으로 인하여 5일 만에 죽고 말았다. 명성황후 민씨는 자신의 임신 중에 흥선대원군이 보낸 산삼을 너무 많이 달여 먹었기 때문에 왕자가 죽었다고 의심했다. 그 일로 두 사람의 관계는 더욱 악화되었다. 흥선대원군은 며느리에게 선물을 주고도 욕을 먹었다. 둘 사이의 신뢰감이 어느 정도였는지 짐작이 가고도 남는다.

그런데 고종과 귀인 이씨 사이에 태어난 고종의 첫아들 완화군이 13세가 되어 갑자기 의문의 죽음을 당했다. 그러자 명성황후 민씨는 아픔이 가시지도 않았을 완화군의 생모 귀인 이씨를 궁궐에서 쫓아냈다. 귀인 이씨는 아들마저 잃고 고종 곁을 영영 떠날 수밖에 없었다. 그때 이미 명성황후 민씨의 힘이 고종보다 더 강력했었던 것으로 보인다. 이처럼 명성황후 민씨는 시아버지는 물론 남편도 두려워하지 않았다. 시아버지 흥선대원군을 마치 원수처럼 여겼다. 그녀가 흥선대원군을 더 부정적으로 대한 이유는 귀인 이씨의 아들 완화군을 총애했던 반면에 자신이 낳은 아들에게는 무관심과 냉소적인 태도를 보였다는 그녀의 판단 때문이었다. 며느리 사랑은 시아버지라는 말이 무색할 정도로 그녀와 흥선대원군의 사이가 보통 나빴던 게 아니다.

서삼릉의 비공개 지역에 잠들어 있는 고종의 장남 완화군의 묘와 비석의 모습이다. 그는 5명의 후궁들 틈에 잠들어 있다. 완화군 만이 왕자들 묘역이 아닌 후궁들 묘역에 홀로 떨어져 잠들어 있다. 그의 어머니 귀인 이씨는 바로 옆 담장 너머 제2후궁 묘역에 16명의 후궁들과 함께 잠들어 있다. 이왕이면 이장할 때 어머니 곁에 잠들게 해 주지 왜 그랬나 싶다.

　　사실 흥선대원군은 고종의 후궁 귀인 이씨 소생인 완화군을 세자로 책립하려고 했다. 그러니 명성황후 민씨가 그런 시아버지를 좋아할 리 없었다. 자신이 왕비이기 때문에, 자신이 낳은 왕자가 세자로 책봉되어야 함이 마땅할 텐데 후궁의 소생을 세자로 책봉까지 하려고 했으니 흥선대원군이 명성황후 민씨의 미움을 받을 만도 했다. 그래도 시아버지 쪽에서 생각하면 명성황후 민씨는 배은망덕한 며느리로 생각되었을 것이다. 그 당시 그것도 왕실에서 며느리가 어떻게 사사건건 시아버지와 갈등을 빚을 수 있었는지 이해하기는 어렵다. 오늘날에도 며느리가 시아버지와 의견 충돌을 그렇게 노골적으로 일으킨다는 것은 쉽지 않은 일이다. 그러니 흥선대원군은 며느리가 죽이고 싶을 정도로 미웠을 것이다. 아마 내쫓고 싶었을 것이다. 조선의 왕비들 힘이 세긴 셌지만 시아버지와 맞선 명성황후 민씨의 성격은 그야말로 대단하다.

그러나 그녀는 한 치 앞의 불행을 예측하지 못했다. 1895년(고종 32년) 음력 8월 20일(양력 10월 8일), 일본공사 미우라가 을미사변을 일으켜 왕궁을 습격하여 그녀를 살해하는 폭거를 자행했다. 일본 군인과 정치 낭인들이 홍선대원군을 내세워 왕궁을 습격하고 그녀를 살해한 뒤 정권을 장악한 사건이 있었다. 명성황후 민씨를 살해한 것도 모자라 그들은 그녀의 시체에 석유를 붓고 불태우는 인간으로서 도저히 저지를 수 없는 만행을 저질렀다.

그뿐만이 아니었다. 앞에서도 밝혔듯이 그녀는 일본의 압력으로 폐비가 되어 서인으로 강등되었다가, 이튿날 빈이 되었다가 폐비의 딱지를 47일 만에 떼고 왕후로 복위되었다. 불에 탄 그녀의 시신은 처음에 조선의 제18대 왕 현종과 명성왕후 김씨가 잠들어 있는 동구릉의 숭릉(崇陵) 오른쪽 언덕에 안장을 하기 위해 산릉 공사를 시작하였으나 고종이 아관파천을 하여 중단되고 말았다. 그 후 그녀가 죽은 지 2년이 지난 1897년 대한제국이 선포된 후 명성황후로 추존해 홍릉이라는 능호를 내리고 현재의 동대문구 청량리에 새로 능을 조성하였다. 처음에 그녀에게 숙릉(肅陵)이란 능호가 내려졌다. 숭릉과 내연지 사이에 명성황후 민씨의 초장지 공사 흔적이 남아 있다. 그녀는 비록 세상을 뜨고 없었지만 왕비에서 폐비가 되어 서인으로 강등되었다가 하루 만에 빈이 되었고, 빈에서 46일 만에 다시 왕비로 복위되었다. 자칫하다가는 연산군의 어머니 폐비 윤씨처럼 그녀도 영원히 폐비가 될 뻔했다.

경복궁의 향원정 뒤에 자리한 건청궁의 모습이다. 명성황후 민씨는 이곳의 옥호루(玉壺樓)에서 살해되었다.

명성황후 민씨는 경복궁 후원 향원정 뒤에 있는 건청궁에서 끔찍하게 살해되었다. 건청궁의 장안당(長安堂)은 고종의 거처였고, 곤녕합(坤寧閤)은 명성황후 민씨의 거처였다. 그런데 그녀의 거처인 곤녕합까지 일본 공사 미우라가 지휘하는 낭인들이 난입했다. 수비대장 홍계훈이 폭도들을 가로막았으나 홍계훈과 수비대원들은 일본 폭도들과 그 낭인들에게 협력한 조선인 병사들이 쏜 총에 맞아 죽었다. 그 뒤 홍계훈을 죽인 낭인들은 명성황후 민씨를 찾아내기 위해 난리였을 것이다. 그때 명성황후 민씨는 궁녀 복으로 갈아입고 건청궁의 곤녕합에서 옥호루(玉壺樓) 쪽으로 피신하였다고 한다. 그러나 이미 건청궁에 들어온 일본 낭인들은 궁녀와 내관 40여 명을 붙잡아 학살하고 있었다. 내부대신 이경직이 두 팔을 벌려 명성황후 민씨와 궁녀들 앞을 가로막자 낭인들은 이경직의 양 팔목을 잘라 죽였다. 그리고 드디어 명성황후 민씨를 찾아냈다. 그들이 그것도 궁녀 복장을 한 조선의 왕비를 어찌 찾아낼 수 있었겠는가. 그것은 내부 고발자가 있었기에 가능했을 것이다. 목숨에 연연한 조선인 안내자들이 궁녀들의 얼굴을 일일이 확인해 보고 궁녀로 변장한 명성황후 민씨를 찾아내 주었다고 한다. 어디든 구차하게 목숨을 부지하려는 간신의 무리가 있게 마련이다. 일본 낭인들은 명성황후 민씨를 찾아내자마자 발을 걸어 넘어뜨린 후 가슴을 수차례 밟은 다음 칼로 난자질하여 살해하고는 그 시신을 궁궐 밖 소나무 숲으로 옮겼다고 한다. 그러고는 그 시신에 석유를 붓고 불태워 버렸다고 하니 이보다 끔찍한 일이 세상천지에 또 있을까싶다. 도저히 믿기 어려운 이 같은 만행이 우리나라의 왕궁에서 일어났다는 사실에 그저 놀랄 뿐이다.

조선의 국모 명성황후 민씨가 살해된 건청궁의 옥호루(玉壺樓)의 모습이다. 1895년(고종 32년) 음력 8월 20일(양력 10월 8일) 을미사변이 일어나 조선의 국모였던 명성황후 민씨가 일본 자객들에 의해 이곳에서 잔인하게 살해되었다.

살해될 당시 명성황후 민씨의 나이 겨우 45세였다. 그녀가 살해됐다는 것은 경복궁 내 강녕전에 머물며 휴식을 취하고 있던 흥선대원군에게 즉각 보고되었다고 한다. 그런데 겁에 질린 고종이 건청궁에서 그를 부른 뒤에야 아들과 만났다. 흥선대원군이 건청궁으로 향하던 바로 그 시각, 명성황후 민씨의 시신은 홑이불에 싸인 채 궁궐 밖의 소나무 숲으로 옮겨져 석유가 뿌려진 가운데 새벽하늘로 한줄기 연기가 되어 사라지고 있었을 것이다. 한 나라의 국모를 일본이 이렇게 잔인하게 죽일 수 있는 것인지, 세상천지에 이런 천인공노할 일이 일어날 수 있는 것인지 기가 막힐 노릇이었다. 흥선대원군은 며느리가 처절하게 죽어 갔는데 고종과 만난 자리에서 고종의 형이자 자신의 맏아들 이재면을 궁내부 대신에 앉히고 다시 정권을 장악했다고 한다. 흥선대원군과 명성황후 민씨는 서로 인연을 맺지 않았어야 좋을 뻔했다. 악연 중의 그런 악연도 없을 것이다.

명성황후 민씨의 암살은 바로 한성부에 체류하고 있던 프랑스와 청나라 공사관의 외교관 및 외교관 부인들과 언론인들의 입을 통해 외국에 알려졌다. 조선 주재 러시아 공사 웨베르는 즉시 보고서를 작성하여 러시아 황제 니콜라이 2세에게 보고했다. 당시 러시아 황제 니콜라이 2세는 웨베르 보고서를 직접 읽은 뒤, 표지에 친필로 "이런 일이 실제로 일어났단 말인가. 정말 놀라운 일이다"라고 적은 뒤, 즉각 한반도에 가까운 아무르 주 주둔군에게 비상 대기령을 내렸다. 프랑스 공사관에서는 명성황후 민씨의 암살 배후로 흥선대원군을 의심했다. 이 같은 세상 어디에서도 일어날 수 없는 끔찍한 일이 우리 조선 땅에서 일어났고, 일어나서는 안 될 일이 우리 조선 땅에서 실제 일어났다.

대부분의 조선 왕비들 삶이 불행했지만 어디 명성황후 민씨만 하겠는

가. 하긴 죽은 뒤 무덤까지 파헤쳐지는 수난을 겪은 왕비들도 있었다. 무덤의 시신이 꺼내어져 바닷가에 내동댕이쳐지거나 잘 조성된 왕릉을 파헤쳐 옮긴 뒤 석물은커녕 봉분도 없는 무덤으로 만들어지는 등 무덤 속에서조차 처참했던 왕비들도 있었다. 오히려 왕자를 낳지 못한 왕비들이 마음고생은 좀 했지만 왕자를 낳은 왕비들보다 더 편안히 잠들 수 있었다. 그래서 "무자식이 상팔자"라는 말이 생겨난 게 아닌가 싶어진다. 왕이 될 왕자를 낳지 못했던 왕비들은 크게 욕심을 낼 일도, 크게 신경 쓸 일도 없었다. 그녀들은 왕자를 낳아 왕을 만들지 못했지만 대접은 극진히 받았다. 중전에서 대비로, 대비에서 왕대비로, 왕대비에서 대왕대비로까지 최고의 권력을 누릴 수 있었다.

왕자를 낳은 왕비들은 왕자를 낳아 기뻐한 만큼 그 대가도 톡톡히 치렀다. 아들을 낳은 후궁들도 항상 위험을 감수해야만 했다. 세자로 책봉된 뒤에도 폐세자가 되는 경우도 많았다. 또한 보위에 올랐다고 좋아할 일만도 아니었다. 보위에 오른 아들이 단명을 하거나 폐왕이 될 수도 있었기 때문이다. 거기에 후사를 남겨 놓지 못한 채 죽으면 왕위 계승 문제로 보통 골치 썩는 게 아니었다.

명성황후 민씨는 남편의 왕위를 계승할 아들 한 명을 딱 남겨 놓았다. 그녀가 유일하게 남기고 세상을 떠난 그녀의 아들 순종은 조선왕조를 통해 무엇을 배우고 익혔는지 모르겠다. 그녀는 자신의 아들이 조선왕조의 문을 닫아거는 왕이 될 줄은 꿈에도 몰랐을 것이다. 어찌 되었거나 그녀의 아들! 순종은 조선왕조의 마지막 왕이 되고 말았다. 그녀가 끔찍하게 죽어 간 1895년(고종 32년) 그녀의 아들 순종의 나이는 22세였다. 철이 다 든 나이로, 그렇게 죽어간 어머니를 보면서 순종은 나라를 어찌 이끌어가야 할지 걱정이 태산을 넘었을 것이다.

훗날 고종의 뒤를 이어 그녀의 아들 순종이 즉위하긴 했지만 실질적으로 보면 고종이 조선의 마지막 왕이나 다름없었다. 그것은 이미 그가 집권하던 시기에 일본에 의한 강압적인 보호조약이 이루어졌고, 그가 일본의 강권에 의해 퇴위했기 때문이다. 고종은 1907년에 퇴위했지만 1910년 8월 29일에 일어난 경술국치를 겪어야 했고, 그 후 9년을 더 살면서 일본의 식민통치를 목격해야만 했다. 고종은 망해 가는 조선을 지켜봐야 했던 비운의 왕 중 한 명이다. 그는 나라를 빼앗기리라는 예상은커녕 상상조차 못했을 것이다.

명성황후 민씨의 남편 고종은 부인으로 명성황후 민씨를 비롯하여 후궁 10명을 두었으며 그들과의 사이에서 9남 7녀가 탄생했다. 그러나 고종의 자녀들도 철종의 자녀들처럼 대부분 일찍 죽었다. 16명의 자녀들 중 11명이 일찍 죽었으며, 고종의 뒤를 이을 조선왕조 마지막 왕인 순종(1874~1926)과 고종의 장남으로 태어나 13세에 요절한 완왕(1868~1880), 의친왕(1877~1955), 영친왕(1897~1970), 덕혜옹주(1912~1989) 등 4남 1녀만 10세가 넘겨 살았을 뿐이다.

그런데 그들 중 명성황후 민씨의 유일한 아들로 조선의 마지막 왕이 된 순종은 아예 자녀가 없었고, 황태자로 책봉된 순헌황귀비 엄씨의 아들 영친왕은 1907년부터 일본에 인질로 끌려가 일본 황족과 정략결혼을 한 뒤 2남을 낳았다. 그런데 영친왕의 맏아들 이 진(1921~1922)은 영친왕이 부인 이방자 여사와 우리나라를 방문했을 때 갑자기 의문사 했다. 이 진이 태어난 지 8개월 만이다. 조선의 왕과 왕세자, 왕자들의 죽음에 독살설이 대두되고 있는 경우가 많은데 영친왕의 장남 이 진의 죽음을 놓고도 독살설이 제기되고 있다. 그리고 이 진의 동생으로 이 구(1931~2005)가 이 진이 죽은 지 10년 뒤인 1931년에 태어나 2005년에 사망했다. 따지고 보면 그가 마지막 황세손이다. 그 외에 완왕은 일찍 죽어 후사를 남기지 못 했고, 의친왕만 13남 9녀의 많은 자녀들을 남겼다. 의친왕의 자녀들은 현재까지 여러 명이 생존해 있다. 일본인과 강제로 결혼한 덕혜옹주는 딸만 하나를 낳았는데 그 딸도 20대 초반 결혼 생활 중에 불행하게 죽었다.

명성황후 민씨의 남편 고종 인생도 그녀와 마찬가지로 파란만장하게 펼쳐졌다. 그의 자녀들 인생 또한 그렇다. 모두 시대를 잘못 타고난 게 탈이었는지는 모르겠다. 고종은 1910년(순종 4년) 일제가 대한제국을 무력으로 합방하면서 이태왕으로 불리다가 1919년 정월에 68세를 일기로 덕수궁에서 세상을 떠났다. 이때 전국 각지에 고종이 일본인에 의해 독살당했다는 소문이 퍼져 민족의 분노를 자아냈으며, 국상이 치러지는 날 전국적으로 3·1독립만세운동이 일어났다.

그녀가 남기고 간 아들이 조선의 마지막 왕이 되었지만 그 역시 일본의 허수아비 노릇만 하다가 세상을 떠났다. 그녀의 아들 순종은 조선왕조의 문을 닫아건 왕이 되었고, 그 문을 다시는 열 수 없는 왕이 되었다. 순종은 일본에게 대항도 못한 채, 의미는 다르지만 그의 묘호처럼 일본에 순종하면서 살다가 죽음을 맞이했다. 어머니 명성황후 민씨가 너무 강해서 그랬는지, 아버지 고종이 너무 순해서 그랬는지, 힘을 잃은 나라에서 꿈도 펼치지 못한 채 세상을 떠난 순종이다.

명성황후 민씨는 1895년(고종 32년) 10월 8일 일본 공사 미우라 등 일제에 의해 계획적으로 잔혹하게 시해된 뒤 치러진 국장 기록을 4권에 싣고 있을 정도로 많은 이야기를 남겨 놓았다. 명성황후 민씨의 국장도감의궤는 조선 시대에 제작된 국장도감의궤 중 가장 길다. 명성황후의 시신이 불태워져 유해도 제대로 수습하지 못하여 입던 옷을 시신 삼아 주인 없는 관을 경복궁 지하에 보관해 오다가 장례를 치러야만 했다고 한다. 고종이 러시아 공사관으로 피신하는 바람에 장례가 더 늦어져 그녀가 시해된 지 2년이 지나고서야 국장을 제대로 치를 수 있었다고 한다. 그녀의『국장도감의궤』에는 2년 2개월간에 걸쳐 진행된 명성황후 민씨의 국장에 대한 기록이 자세히 남아 있다. 이 의궤는 천인공노할 만행을 저지른 일본이 빼앗아갔다가 2011년 12월 6일에 우리나라에 반환했다.

명성황후 민씨는 죽어서도 편안하지 못했다. 처음에 동구릉의 숙릉(肅陵)에 잠들려다 못 들고, 2년 뒤인 1897년(고종 34년) 청량리 홍릉(洪陵)에 잠들었다가 1919년 고종이 세상을 뜨자 현재의 남양주시 금곡동으로 천장되었다. 청량리 홍릉에 잠들어 있을 때 고종은 그녀를 보러 가기 위하여 종로에서 청량리까지 전차선로를 가설하기도 했다. 그로 인해 돈의문(서대문)에서 종로를 거쳐 청량리(홍릉)까지 뻗은 선로 위에 전차가 다니게 되었다. 1899년(고종 36년) 우리나라 최초의 전차가 개통된 것이다. 그러나 홍릉이 길지가 아니라는 풍수지리설이 대두되어 다시 천장론이 일었다. 하지만 고종이 죽은 뒤에야 현재의 자리로 천장되었

청량리 홍릉수목원 안에 이곳이 명성황후 민씨의 옛 '홍릉터'였음을 알려 주는 표석의 모습이다. 홍릉터에는 잔디대신 잡목들이 우후죽순(雨後竹筍)으로 자라나 있다.

다. 청량리 홍릉수목원 안에 명성황후 민씨가 잠들어 있었던 옛 홍릉 자리가 있다. 표석만이 명성황후 민씨가 잠들어 있었던 옛 홍릉자리를 지키고 있다. 왠지 현재의 홍릉 자리보다 옛 홍릉 자리가 더 명당 같다. 사계절 내내 수목이 아름다운 옛 홍릉 자리가 아늑하고 편안해 보인다.

우리나라의 왕비가 그것도 이웃 나라 일본에 의해 잔인하게 살해되는 비극적인 역사를 간직한 채 우리는 오늘을 살아가고 있다. 조선의 왕비들 중 진정으로 행복한 왕비가 몇이나 있었는지 생각하면 할수록 서글프다. 명성황후 민씨의 인생이 그렇게 비참했으니 그녀의 아들 인생이 순조로울 리 없었다. 그녀의 아들 순종 역시 나라 잃고 비참한 삶을 살아가다가 해방을 보지 못한 채 눈을 꼭 감아 버리고 말았다. 순종은 그녀의 손자와 손녀를 한 명도 남겨 놓지 못하고 그녀가 잠들어 있는 홍릉 곁 유릉에 잠들어 있다.

홍릉의 홍살문 앞에서 바라본 모습(왼쪽 사진)과 침전 앞 월대에서 바라본 모습(오른쪽 사진)이다. 홍릉은 기존의 조선 왕릉과 달리 명나라 태조의 효릉을 따라 황제의 능으로 조성되어 침전의 모습과 석물의 위치, 종류, 숫자가 달라 홍살문에 들어서자마자 낯설게 느껴진다. 침전 쪽에서 홍살문까지 문석인, 무석인, 기린, 코끼리, 사자, 해태, 낙타, 말 등의 석물들이 일렬로 서 있다. 너무도 낯선 석물들이 홍살문에 이르기까지 길게 늘어서 있다.

홍릉은 황제 능으로 조성되어 지금까지의 조선 왕릉과 확연히 다른 모습을 하고 있다. 우선 자연 속에 그대로 조성된 기존의 왕릉과 달리 능역이 거대한 담으로 둘러싸여 있다. 또 정자각 대신 일자각 침전이 자리하고 있으며 능침에 있어야 할 석물들이 침전 앞에 도열하여 서 있다. 두 개의 길이 아닌 세 개의 길로 만들어진 참도를 사이에 두고 홍살문까지 석물들이 줄지어 서 있다. 침전 쪽에서 홍살문 쪽으로 문석인, 무석인, 기린, 코끼리, 사자, 해태, 낙타, 말 등의 석물들이 일렬로 서 있다. 조각 솜씨는 형편없다. 문석인과 무석인의 얼굴이 일본인을 닮았으며 그중 기린은 전혀 기린 같지 않다. 다른 석물들에게서도 장인의 솜씨를 찾아볼 수 없다. 능침에는 석양과 석호, 석마, 문석인, 무석인이 없고, 혼유석, 향로석, 망주석과 장명등만이 능침을 지키고 있다. 다른 조선 왕릉에 없는 혼유석 앞에 향로석이 설치되어있는 것도 특징이면 특징이라 할 수 있다. 홍릉은 이래저래 정이 안 간다. 여러 가지가 낯설기만 하다.

황제릉으로 조성된 명성황후 민씨와 고종이 합장되어 잠들어 있는 홍릉의 능침 모습이다. 혼유석 앞에 향로석이 설치되어 있는 게 특이하다. 그런데 함께 황제릉으로 조성된 순종의 유릉에는 향로석이 없다. 그 외에 오른쪽 사진에서 볼 수 있듯이 왕릉 능역 전체에 담장이 둘러져 있다. 홍릉과 유릉 빼고는 담장이 둘러져 있는 조선 왕릉은 없다.

명성황후 민씨는 그녀의 아들 순종에 의하여 고종이 마지막까지 사랑했던 순헌황귀비 엄씨와는 떨어진 곳에 고종과 합장되었다. 순종이 잔인하게 죽어간 그의 생모 명성황후 민씨를 생각하여 왕릉 조성을 그렇게 했을 것이다. 어머니의 시위상궁이었던 순헌황귀비 엄씨가 아버지의 승은을 입어 어머니의 자존심을 몹시 상하게 했으니 청량리의 옛 홍릉에 아버지를 묻어 드리기 싫었을지도 모른다. 청량리에 있었던 홍릉 능역 내에는 명성황후 민씨가 죽고 계비의 역할을 했던 순헌황귀비 엄씨의 영휘원과 그녀의 손자 이 진의 숭인원이 있다. 순종은 어머니와 가까이에 순헌황귀비 엄씨를 묻은 아버지의 뜻을 알았지만 아버지의 능을 다른 곳에 조성하기로 하고 어머니를 그곳으로 천장했다.

그녀는 죽어서도 편안하게 자리를 잡지 못하고 이리저리 불태워진 시신이 옮겨 다녀야만 했다. 이제 홍·유릉 능역 안에 조성된 홍릉이 그녀의 영원한 안식처가 되길 바랄 뿐이다. 그녀의 남편 고종은 나라를 잃은 탓에 능호를 받지 못해 그녀의 능호를 함께 쓰고 있다. 원래 왕비의 능호가 있어도 왕과 함께 묻히면 왕비의 능호는 역사 속으로 숨게 되고 왕의 능호를 쓰게 되어 있다. 그녀의 남편뿐 아니라 그녀의 아들 순종도 능호를 받지 못해 그의 원비 순명황후 민씨의 능호인 유릉(裕陵)을 계비 순정황후 윤씨와 함께 쓰게 되었다. 부디 명성황후 민씨가 편안히 잠들 수 있었으면 좋겠다. 그녀는 경기도 남양주시 홍유릉로 352-1 홍릉(洪陵)에 낯선 석물들의 수호 속에 고종과 합장되어 한 능침에 잠들어있다. 그녀는 4남 1녀를 낳았으나 모두 일찍 죽었으며, 그녀와 같은 능역 안에 잠들어 있는 제27대 왕 순종(1874~1926)만 살아남아 조선의 마지막 왕이 되었다.

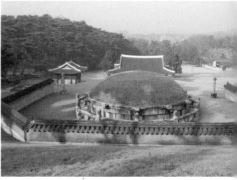

조선 왕비들 중 폐비가 되었다가 가장 빨리 왕비로 복위된 명성황후 민씨와 조선 제26대 왕 고종이 합장되어 잠들어 있는 홍릉의 능침 앞과 능침 뒤 잉에서 바라본 모습이다. 능침 공간에는 석양, 석호, 문석인, 무석인 석마 등은 없고, 혼유석, 향로석, 장명등, 망주석만이 자리하고 있다. 석양·석호가 아닌 다른 석물들이 침전 앞에 낯설게 도열해 있다. 조선 왕릉 42기 중 홍릉과 유릉만 황제릉으로 조성되어 다른 조선 왕릉의 모습과 완전히 다르다.

조선 마지막 왕을 탄생시키다

조선왕조 마지막으로 폐비 딱지를 붙여야 했던 명성황후 민씨가 남기고 떠난 자녀는 아들 딱 한 명뿐이다. 그녀는 4남 1녀를 낳았지만 3남 1녀가 조기 사망을 하고 유일하게 한 명만 살아남아 조선의 마지막 왕이 되었다. 그가 바로 그녀와 고종과의 사이에 어렵사리 1874년((고종 11년) 태어난 조선 제27대 왕 순종(1874~1926)이다. 그의 본명은 이 척이다. 순종은 자신이 조선왕조 마지막 왕이 될 것을 짐작이라도 한 것처럼 한 명의 자녀도 남기지 않았다. 그는 두 명의 왕비로 원비 순명황후 민씨(1872~1904)와 계비 순정황후 윤씨(1894~1966)를 두었으나 두 왕비 사이에 아들은커녕 딸도 태어나지 않았다. 하지만 조선왕조가 막을 내려야했기 때문에 왕위 계승자가 없음을 걱정할 일은 아니었다.

순종은 창덕궁의 관물헌에서 조선의 왕자로 당당하게 태어나 이듬해인

1875년(고종 12년) 왕세자로 책봉되었으며, 1897년(광무 1년) 대한제국의 수립에 따라 황태자가 되었다. 그는 일제의 강요로 왕위에서 물러나게 된 아버지 고종의 뒤를 이어 1907년(고종 44년) 7월 19일부터 대리청정을 하였다. 그리고 그해 8월 27일에 황제로 즉위하였다. 황제가 된 순종은 연호를 광무에서 융희로 고치고, 11세가 된 이복동생 이 은(1897~1970)을 자신의 왕위를 계승할 황태자로 책립하였다. 이 은이 조선의 마지막 황태자인 의민황태자다. 그는 우리들에게 영친왕으로 더 알려져 있다. 안타깝게도 순종은 끝내 한 명의 자녀도 얻지 못하였다.

순종의 재위 3년 동안은 친일 매국정객과 일본 침략자의 야합으로 조선왕조 519년 동안의 역사에 종언을 고하는 비극의 시기였으며 민족사의 주권을 수호하려는 저항의 시기였다. 순종이 즉위한 직후 1907년(순종 즉위년) 7월 24일, 일본은 이른바 한일신협약(정미 7조약)을 강제로 성립시켰다. 한편 국정 전반을 일본인 통감이 간섭할 수 있게 하였고, 정부 각부의 차관을 일본인으로 임명하는 '차관정치'를 시작하였다. 또한 일본은 대한제국기인 1905(광무 9년) 을사년에 한국의 외교권을 빼앗기 위하여 강제적으로 '한일협상조약을' 맺었다. 그 이후 한국에 통감부를 두고 외교권을 빼앗는 등 여러 가지로 내정을 간섭해 왔다. 그리고 헤이그 밀사사건을 계기로 이 사건의 책임을 물어 고종을 퇴위시켰다. 그 뒤 보다 강력한 통감의 권한과 일본인 관리채용 등을 강제하는 내용의 한일신협약을 맺게 하였다.

일본은 이렇게 내정간섭을 해온 후 재정 부족이라는 구실 아래 한국 군대를 강제 해산시켜 지위조직마저 해체해 버렸다. 이로 인하여 전국 각지에서 의병이 일어났으나 일본주둔군에 의해 진압되었고, 황태자로 책봉된 영친왕은 그해인 1907년 12월 유학이라는 명목으로 일본에 인질로 잡혀갔다. 그러고도 모자라 1909년(융희 3년) 7월, 기유각서(己酉覺書)에 의해 조선의 사법권마저 강탈해 버렸다. 또한 그해 10월 26일, 이토 히로부미(伊藤博文)가 안중근 의사에게 저격당하여 사살되자, 이를 기회로 한반도 무력 강점을 실행에 옮겼다. 안중근 의사는 중국의 만주 하얼빈에서 침략의 원흉 이토 히로부미(伊藤博文)를 통쾌하게 사살하고, 1년 뒤인 1910년 3월 26일 사형되었다. 안중근 의사 같은 애국자가 계셨기에 나라를 잃었다가도 다시 찾아 오늘의 우리 나라를 만들어 가고 있는지도 모른다. 두고두고 감사할 애국자 중의 한 분이다.

남산의 '안중근의사기념관' 중앙 홀에 세워져 있는 안중근 의사의 대형 좌상 모습이다. 안중근 의사는 애국자 중의 애국자로 "하루라도 글을 읽지 않으면 입에 가시가 돋는다(日不讀書 口中生荊棘)"는 명언 중의 명언을 남겼다.

　그러나 일본은 친일매국단체인 일진회(一進會)를 앞세워 합방의견서를 작성하게 정부에 건의토록 하였다. 그들은 조선인이 원하여 조선을 합병한다는 그럴듯한 명분을 앞세우며 위협과 매수로 합병조약을 체결하기에 이르렀다. 1910년(융희 4년) 8월 16일, 데라우치 통감은 본국 정부의 지시대로 한국총리 대신 이완용을 만나 조약안을 제시하여 합의를 본 합병조약 조인을 끝냈다. 그리고 그해 8월 29일, 이완용은 순정황후 윤씨의 숙부인 윤덕영을 시켜 황제의 옥새(玉璽)를 날인케 하여 조선 왕조는 519년, 27대 왕을 끝으로 국권을 상실하고 일본의 식민지가 되었다. 1392년 8월 5일(음력 7월 17일), 고려왕조를 무너뜨리고 문을 연 조선왕조는 1910년 8월 29일(경술국치일), 종언을 고하고 말았다.

순종은 고종이 일본에 의해 강제로 퇴위됨에 따라 왕위에 올랐지만 워낙 건강이 좋지 않았다. 또한 일본의 간섭이 심각한 상황이었기 때문에 왕으로서의 역할을 제대로 할 수도 없었다. 순종이 왕위에 올라 있을 때 군대는 해산되었고, 사법권이 박탈되었으며, 급기야 나라가 일본에 넘어가게 되었다. 자신이 왕위에 올라있을 때 나라를 잃었으니 어느 왕보다 비운의 왕이 순종이다. 순종은 종묘사직에 무슨 말을 어찌 고해야 할지 난감하였을 것이다.

종묘의 정전, 영녕전, 그리고 사직단의 모습이다(위쪽 사진부터). 국가의 제사를 지내는 종묘와 사직을 함께 흔히 '종묘사직(宗廟社稷)'이라 일컫는다. 종묘는 왕실 조상의 신주를 모시는 사당이고, 사직은 토지의 신인 국사지신(國社之神)과 곡식의 신인 국직지신(國稷之神)에 제사를 지내는 곳이다.

순종은 왕위에 올라 있을 때 이복동생인 이 은(영친왕)을 황태자로 책봉할 수밖에 없었다. 자녀를 한 명도 두지 못했기 때문이다. 황태자로 책봉된 이 은은 아버지인 고종과 고종의 후궁 순헌황귀비 엄씨 사이에 태어났다. 순헌황귀비 엄씨는 고종의 승은을 입자마자 명성황후 민씨에 의해 쫓겨났다. 하지만 그녀는 명성황후 민씨가 죽고 10일째 되는 날 고종이 다시 불러들여 후비 역할을 하게 한 고종이 사랑한 후궁이다. 고종은 자신의 승은을 입은 후 아내인 명성황후 민씨에 의해 곧바로 궁 밖으로 쫓겨났던 그녀를 잊지 않고 바로 불러들여 후비 역할을 하게 만들었다. 그녀는 다시 궁에 들어온 뒤 2년만인 1897년(고종 34년) 영친왕으로 더 알려져 있는 의민황태자를 낳았다. 그가 바로 순종의 이복동생이다. 하지만 조선의 황태자로 11세에 그가 책봉되었으나 나라가 일본에게 넘어가면서 그는 불행하게도 일본인이 되어 살아가야만 하였다. 그는 황태자로 책봉되던 해 일본에 끌려가 일본 교육을 받고, 일본 황족여인과 정략 결혼하여 일본 문화 속에 젖어 일본인처럼 살아가야만 하였다.

의민황태자는 덕수궁에서 고종과 순헌황귀비 엄씨 사이에서 고종의 7남이자 순종과 의친왕의 이복형제로 태어났다. 그러나 영친왕은 정식으로 왕위에 오르지는 않았다. 그러니 정식적인 왕은 아니다. 대한제국의 마지막 황태자일 뿐이다. 하지만 1926년 순종이 죽고 난 뒤부터 1945년 일본에서 독립되는 해까지 그를 이왕(李王)으로 불렀다. 의민황태자란 그의 시호도 정식 시호는 아니다. 그가 죽은 뒤 전주 이씨 대동종약원에서 올린 시호다. 태조에서 순종까지 27명의 왕만 조선의 정식적인 왕으로 인정하고 있다. 조선왕조가 종언을 고하지 않았으면 큰 문제없이 왕위에 올랐을 의민황태자지만 그는 조선이 망해 안타깝게도 실제 왕위에는 올라가

영친왕의 장남 이 진(1921~1922)이 잠들어 있는 숭인원의 전경(왼쪽 사진)과 영친왕의 차남 이 구 (1931~2005)가 잠들어 있는 회인원(오른쪽 사진)의 모습이다.

지 못했다.

그는 그의 부인 이방자 여사와 합장되어 홍·유릉 오른쪽 담장 밖의 나 지막한 동산에 조성된 영원에 잠들어 있다. 영원 오른 쪽에는 2005년에 사망한 그의 차남 이 구가 회인원(懷仁園)에 홀로 잠들어 있다. 그의 장남 이 진은 그의 어머니 순헌황귀비 엄씨가 잠들어 있는 영휘원 오른쪽 언덕 위 숭인원에 잠들어 있다. 의민황태자나 그의 아들들이나 조선이 문을 닫 아거는 바람에 빛을 보지 못하고 쓸쓸히 세상을 떠났다.

영친왕은 순종의 이복동생으로 황태자가 되었지만 1907년 일본에 인 질로 끌려가 일본의 교육을 받고 일본의 문화를 접하며 일본인들 속에서 일본인이 되어 살아갔다. 어쩌면 순종보다 더 기막힌 인생을 살다가 떠난 영친왕이다. 순종은 그래도 스러져 가는 조국을 눈물로 지켜보다가 눈을 감았을 뿐 조국을 떠나 있지는 않았다. 순종에게 만약 아들이 있었다면 영친왕이 황태자의 자리에 오르지 못했을 것이다. 순종도 그렇고, 영친왕도 그렇고, 자신들의 운명을 탓할 수밖에 없는 상황이었다. 그들은 자신들에게 주어진 운명을 받아들이고 살아갈 수밖에 없었던 시대를 살다간 조선의 마지막 왕이었고, 조선의 마지막 황태자였다.

홍릉과 더불어 황제릉으로 조성된 유릉의 모습이다. 능침 공간에 있어야 할 석물들이 홍릉과 마찬가지로 침전 앞에 도열해 있다. 석물들 모습 또한 그동안 조선 왕릉에서 만났던 석물들 모습이 아니다. 침전도 정자각이 아닌 일자각이고, 모든 게 낯설기만 하다. 배위도 홍살문 오른쪽 안이 아닌 왼쪽 안에 설치되어 있다.

대한제국이 일제의 무력 앞에 종언을 고한 뒤 순종은 창덕궁 이왕(李王)으로 강등되어 창덕궁에 거처하면서 망국의 한을 달래다가 1926년 4월 25일, 보령 53세의 나이로 승하해 6월 11일, 부모님이 잠들어 계신 홍릉의 오른쪽 산줄기에 안장되었다. 순종의 장례가 치러지는 날에 맞추어 6·10독립만세운동이 전국적으로 일어났다. 1910년 국권을 강탈당하여 아무런 실권이 없었던 순종은 이태왕(李太王)으로 강등된 아버지 고종에게 하루에 3회 문안 전화를 하는 것으로 하루 일과를 보냈다. 아버지 고종은 덕수궁에서, 아들 순종은 창덕궁에서 거처하며 나라 잃은 슬픔과 억울함을 각각 달래고 지내야만 하였다. 그러다가 고종은 나라 잃고 9년 뒤인 1919년, 순종은 나라 잃고 16년 뒤인 1926년에 나라를 되찾지 못한 채 각각 눈을 감았다.

고종과 순종의 선왕이었던 강화도령 철종은 별로 실권이 없던 왕이긴 하였지만 망국의 한을 달래지는 않았다. 조선이 이렇게 일본의 손에 넘어갈 줄 모르고 강화도령은 눈을 감았다. 그런데 고종과 순종 부자는 나라 잃은 아픔을 톡톡히 겪다가 눈을 감아야만 했다. 어쩌면 고종과 순종이 철종을 부러워했을지도 모른다. 순종의 어머니 명성황후 민씨가 살아 있었다면 어땠을까? 갑자기 궁금해진다. 순종은 그의 원비 순명황후 민씨, 계비 순정황후 윤씨와 한 능침에 모여 3명이 함께 잠들어 있다. 원비 순명황후 민씨의 초장지는 현재 어린이대공원 안에 있었다. 그곳에 잠들어 있다가 순종이 세상을 뜨면서 천장되어 함께 잠들게 되었다. 그녀가 잠들어 있었던 초장지에는 그녀가 남기고 떠난 석물들이 그대로 남아 그 자리가 옛 유릉(유강원)의 자리였음을 말해 주고 있다.

순종의 원비 순명황후 민씨의 초장지 유릉(유강원). 순명황후 민씨는 세자빈 시절에 세상을 떠나 능이 아닌 원에 잠들었다. 그 후 순종이 왕위에 오르면서 왕비로 추존되어 유강원이 유릉으로 승격되었다. 그런데 순종이 승하하면서 그녀는 어린이대공원 안에 자리한 유릉을 떠나 현재의 남양주 금곡동 유릉으로 천장되어 순종과 계비 순정황후 윤씨와 한 능침에 함께 모여 잠들게 되었다. 그녀는 초장지에서 자신의 몸만 떠나가고 석물들은 그대로 남겨 놓았다. 옛 유릉을 그대로 지키고 있는 석물의 모습이다.

순종의 능호는 유릉(裕陵)이며 원비 순명황후 민씨, 계비 순정황후 윤씨와 동봉삼실의 합장릉으로 조성되었다. 고종과 더불어 순종도 능호를 부여받지 못해 원비 순명황후 민씨의 능호를 그대로 쓰고 있다. 유릉은 조선의 마지막 왕릉이기도 하지만 조선 왕릉 중 유일한 동봉삼실의 합장릉이다. 왕릉을 답사하다 보면 원비들뿐 아니라 계비들까지 모두 왕 곁에

조선의 마지막 왕 순종과 그의 원비 순명황후 민씨, 계비 순정황후 윤씨가 모두 한 능침에 모여 잠들어 있는 유릉의 모습이다. 순종이 능침 가운데 실에 자리해 있고 왼쪽에 계비 순정황후 윤씨, 오른쪽에 원비 순명황후 민씨가 자리하고 있다. 유릉은 조선 왕릉 최초이자 마지막 동봉삼실릉이다. 사초지가 평평한 게 넓고 길게 조성되어 있다. 정자각 뒤 쪽에서 찍은 사진이다.

함께 잠들어 있는 왕릉이 왠지 평화롭게 보여 보기에도 좋다. 그런데 그런 왕릉들이 많지 않다. 42기 중 선조의 목릉, 헌종의 경릉, 순종의 유릉뿐이다. 그 왕릉들을 보면 선조의 목릉은 왕과 원비, 계비의 능침이 각각 다른 언덕에 조성된 동원이강릉이고, 헌종의 경릉은 왕과 원비, 계비의 능침이 각각 다르지만 세 능침이 나란히 조성된 삼연릉이다. 그런데 순종의 유릉은 아예 한 능침에 원비와 계비 모두 모여 잠든 동봉삼실릉으로 조성되었다.

　왕과 두 왕비가 모두 한 능침에 모여 잠든 동봉삼실릉은 순종의 유릉이 유일하다. 그러나 유릉도 그의 부모님이 합장되어 잠들어 있는 홍릉과 마찬가지로 황제의 능으로 조성되어 있다. 그리하여 정자각 대신 일자각 침전이 자리하고 있으며, 능침 공간에 있어야 할 석물들이 명성황후 민씨와 고종이 잠든 홍릉처럼 모두 일자각 침전의 월대 아래로 참도를 사이에 두고 홍살문까지 도열해 있다. 문석인, 무석인의 모습부터 낯설다. 그리고 석양과 석호는 간데없고, 기린, 코끼리, 해태, 사자, 낙타, 말 등의 석물들이 역시 낯설게 서 있다. 석마도 문무석인 곁에 자리하지 않고 맨 뒤쪽 홍살문 쪽에 자리해 있다. 능침 공간에는 망주석, 혼유석 장명등만이 자리하고 있다. 그런데 홍릉과 다른 게 있다. 능침이 남쪽의 일자각 침전과 마주하지 않고 동쪽을 바라보고 있는 것이 특징이다. 어찌 되었거나 상처 가득 입은 채 세상을 떠난 순종이 저세상에서나마 원비 순명황후 민씨와 계비 순정황후 윤씨와 함께 편안히 잠들었으면 좋겠다. 그래도 유릉(裕陵)은 화합이 뭔지, 평화가 뭔지, 사랑이 뭔지를 보여 주고 있는 것 같다. 원비와 계비 모두 왕과 한 능침에 잠들어 있어 그렇게 보이나 보다. 그러나 순종은 한 명의 자녀도 남기지 못했다.

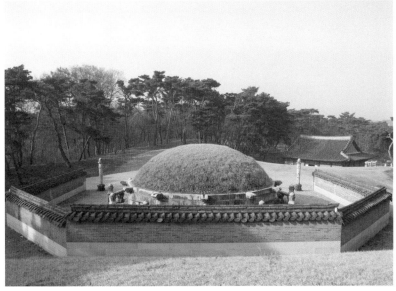

제27대 조선의 마지막 왕 순종과 그의 원비, 계비가 한 능침에 모두 잠들어 있는 동봉삼실릉의 앞
모습과 뒷모습이다. 능침과 일자각 침전이 마주하지 않고 능침이 동쪽을 바라보고 있는 게 특징
이다. 풍수지리설에 의해 그렇게 조성되었다고 한다. 유릉 역시 홍릉과 마찬가지로 황제릉으로
조성하여 기존의 조선 왕릉과 달라도 너무 다르다.

제 2 장

영원히
페비 廢妃 되다

복위되지 못한 왕비들

폐비들의 어머니!
폐비 윤씨

제9대 왕 성종의 제1계비

조선 제22대 왕 정조가 세자를 위해 창덕궁의 주합루를 본 따 만든 승화루가 봄꽃 속에 파묻혀 있다. 그야말로 꽃대궐이다. 그런데 폐비가 된 11명의 왕비들은 인생에서 이 아름다운 봄을 별로 만나보지 못하고 추운 겨울을 맞아 혹독한 추위를 견뎌내며 보내야만 하였다. 어느 날 갑자기 그녀들은 엄동설한에 가시밭길을 걷게 되었다. 다행히 그녀들 중의 7명이 조선이 문을 닫기 전 왕비로 복위되어 명예회복을 했다. 살아서 2명, 죽어서 5명이 어렵게 복위되었다. 그러나 4명은 영원히 폐비로 남게 되었다. 하지만 복위된 왕비들이나 복위되지 못한 왕비들이나 자신들이 폐비가 된 것에 대한 억울함은 쉽게 가시지 않으리라 본다. 그녀들이 인생의 봄을 꽃 대궐로 만들지 못했으니 어찌 억울하지 않으리.

조선의 왕비들 중 폐비가 되었다가 복위되지 못한 왕비들이 4명이나 있다. 그중 2명은 군부인으로 강등되었고, 나머지 1명은 빈으로 강등되었다. 그런데 폐비 윤씨(1445?~1482)만이 왕비에서 폐서인이 되어 버렸다. 그녀는 조선 제9대 왕 성종(1457~1494)의 비이며, 조선 제10대 왕 연산군(1476~1506)의 어머니다. 그녀 스스로 폐비가 될 만한 행동을 너무 많이 저질러 폐비가 될 수밖에 없었다. 그래서일까? 폐비하면 그녀가 가장 먼저 떠오르고, 폐비들의 어머니가 바로 폐비 윤씨가 아닌가 싶어진다. 그녀 외에 폐비가 되어 복위되지 못한 3명의 왕비들이 있지만 그녀들에겐 무슨 군부인, 무슨 빈이라고 부른다. 오로지 그녀에게만 폐비 딱지가 붙어 다닌다. 그녀가 왕비에서 바로 폐서인이 되었기 때문이다.

그녀는 불행하게도 조선왕조 최초로 왕비의 자리에 올라 있을 때 그야말로 두 눈 다 뜨고 살아 있을 때 폐비가 되었다. 그러니 자신의 잘잘못을 떠나 원통함을 달랠 길이 없었을 것이다. 그녀보다 먼저 3명의 왕비가 폐비가 되었지만 태조의 비 신덕왕후 강씨와 문종의 비 현덕왕후 권씨는 무덤 속에서 폐비가 되었고, 단종의 비 정순왕후 송씨는 왕비

폐비들의 어머니라 할 수 있는 폐비 윤씨의 남편 조선 제9대 왕 성종이 잠들어 있는 선릉의 능침 모습이다. 그녀의 남편 성종은 계비 정현왕후 윤씨와 동원이강릉으로 조성된 강남 빌딩 숲속 선릉에 잠들어 있다. 그녀가 폐비가 된 후 그녀와 함께 간택후궁으로 입궁했던 정현왕후 윤씨가 왕비에 올랐다.

가 아닌 왕대비의 자리에 올라 있을 때 폐비가 되었으니 그렇다.

그녀는 함안부원군 윤기견과 장흥부부인(연산군 사후 군부인으로 격하) 신씨의 4남 1녀 중 외동딸로 태어나 성종의 후궁으로 간택되어 입궁한 뒤 왕비의 자리까지 올랐다. 그녀의 본관은 함안이며, 고려 예종 때의 명장, 문하시중 윤 관의 11대 손녀가 된다. 또한 권신인 신숙주의 외당조카이기 도 하다. 그녀의 시호는 제헌(齊獻)이었으나 폐비가 되었으므로 보통 폐비 윤씨라 부른다. 그녀는 가난한 양반 집안의 딸로 태어나 빼어난 미모로 1473년(성종 4년) 성종의 후궁으로 간택되어 숙의에 봉해졌다. 그 후 1474 년(성종 5년) 성종의 원비 공혜왕후 한씨가 승하하자 삼년상을 마친 1476 년(성종 7년) 왕비로 책봉되었다. 왕비로 책봉된 그해 연산군을 낳았으나 심한 투기와 모함으로 폐비가 되어 1482년(성종 13년) 사약을 받고 세상을 떠났다.

그녀가 폐비가 된 가장 큰 원인은 남편인 성종과의 심한 갈등 때문이었 다. 그녀는 폐비가 된 후 복위되지 못 한 채 사사되었다. 그 후 아들 연산 군이 왕위에 올랐을 당시에 잠깐 제헌왕후로 왕후의 작호가 추숭되었지 만 중종반정 이후 다시 박탈되었다. 반정으로 그녀의 아들 연산군이 폐위 되었기 때문이다. 그녀는 성종보다 12세가량 많았다고 하나 그녀의 정확 한 생년은 알 수 없다.

그녀의 할아버지 윤 응은 통훈대부 교하현감이었고, 증조할아버지 윤 득룡은 조선 조정에 처음 벼슬하여 자헌대부와 호조전서를 역임했다. 고 조할아버지 윤 희는 고려조에서 정순대부 좌산기상시를 지낸 바 있다. 폐 비 윤씨의 선계는 본래 파평 윤씨였는데 6대조 윤 돈과 5대조 윤희보가 고려 조정에서 출세하여 흥위위 주부를 거쳐 함안 백으로 봉작되면서 함안 윤씨로 분가하게 되었다. 따라서 폐비 윤씨의 본관을 파평으로 전하는 문헌도 있다. 폐비 윤씨가 괜찮은 가문 출신이었지만 아버지가 일찍 세상을 뜨는 바람에 집안 형편이 어려워져 궁녀로 궁에 들어갔다고 전해져 왔는데 『조선왕조실록』에는 그녀의 먼 친척인 세조의 비 정희왕후 윤씨가 그녀를 윤 호의 딸 정현왕후 윤씨와 함께 입궁시켜 숙의의 첩지를 내린 사실이 명백히 표기되어 있다. 그런 걸 보면 그녀가 궁녀가 아닌 후궁으로 훗날 그녀의 왕비 바통을 이어받는 정현왕후 윤씨와 간택되어 궁으로 들어간 게 확실한 셈이다. 무엇보다 그녀는 왕비가 되기 전 임신을 했고, 1476년(성종 7년) 왕비에 오른 지 4개월 만에 원자(연산군)를 낳아 자신의 위치를 더욱 확고히 만들어 놓았다. 그녀가 낳은 연산군은 성종에게 맏아들이었다. 그러니 원자를 낳아 준 폐비 윤씨를 성종이 더욱 사랑할 수밖에 없었다.

그런데 그녀는 죽은 원비 공혜왕후 한씨와는 달리 질투심이 많았다. 그 질투심으로 인하여 그녀는 자신의 무덤을 스스로 파기 시작했다. 유난히 여색을 밝혔던 성종 때문에 그녀도 어쩔 수 없었다는 견해가 있기는 하나 그녀의 행동이 도를 넘었던 것도 사실이다. 야사에 의하면 성종이 그녀의 처소에 들르지 않고 후궁들의 처소만 찾자 그 후궁들을 질투한 나머지 잡아다가 죄인처럼 추궁하고, 문초를 하는 등의 행위를 하다가 성종의 눈 밖에 나기 시작했다고 한다. 안타깝게도 그녀는 생일 다음 날 폐비가 되었다. 생일에 성종은 잔치는 고사하고 옷감 정도만 선물로 보내 주고는 후궁인 정소용 침소에 들었다. 이를 알고 난 그녀가 불같은 성미에 가만히 있을 리 없었다. 마침내 성종과 함께 있는 정소용 침소에 들어가 정소용의 뺨을 때리고 난리를 치는 과정에서 성종의 용안에까지 상처를 내게 되었던 것이다. 그러니 그녀가 걸려도 크게 걸렸다. 아니나 다를까? 이 소식을 전해들은 그녀의 시어머니인 인수대비의 분노가 극에 달했고, 마침내 그녀는 폐비가 되고 말았다.

이러한 일련의 사건 등으로 폐비 윤씨는 결국 1479년(성종 10년) 왕비에서 폐위되었다. 그런데 그녀는 죽어서까지도 누구보다 많은 이야기를 만들어 주고 있다. 그녀뿐 아니라 그녀의 아들 연산군도 오늘날 문화 예술 발전에 크게 공헌하고 있다. 영화뿐만 아니라 다양한 예술 장르를 통하여 그들 모자를 심심치 않게 만나 볼 수 있다. 그들 모자 이야기가 흥미 있는 문화 콘텐츠가 되어 주고 있다. 또한 그들 모자가 흥미진진한 이야기를 남겨 놓고 떠났기에 끊임없이 스토리텔링의 소재가 되고 있다.

그녀가 폐위가 된 이후 조선의 조정에서는 자신의 행동을 뉘우치고 있는 점, 세자의 생모라는 점 등을 이유로 들어 그녀를 살려두고자 했다. 성종 역시 세자로 책봉되어 있는 연산군의 생모인 것을 감안하여 궁궐로 불러들여 살게 하려고 했다. 그리하여 성종은 폐비 윤씨가 반성하고 있는지 살펴보고 오라고 그녀의 사가로 궁녀를 보냈다. 그런데 성종의 모후인 인수대비와 성종의 후궁인 엄숙의, 정숙용 등의 사주로 인해 폐비 윤씨를 살펴보고 돌아온 궁녀가 성종에게 거짓 보고를 하였다. 그러자 이런 사실을 모르고 있던 성종은 1482년(성종 13년) 그녀에게 결국 사약을 내려 사사시키고 말았다. 그녀가 왕비에서 쫓겨난 지 3년만의 일이다. 그녀의 아들 연산군이 4살 되던 해 폐비가 되어 사가로 쫓겨난 뒤 7살 되던 해 사약(賜藥)을 받고 세상을 떠났다.

폐비 윤씨는 자신이 낳은 아들이 세자로 책봉되어 있기 때문에 언젠가 다시 성종 곁으로 돌아가리라 생각했다. 그랬기에 그녀는 그동안의 잘못을 뉘우치면서 몸가짐을 조심하며 지냈다. 그러나 그녀를 왕비에 올릴 때부터 마음에 안 들어 했던 시어머니 인수대비의 뜻대로 그녀는 생을 마감해야만 했다. 시어머니에게 잘못 보여 끝내 비극적인 최후를 맞이하게 되었다. 성종은 태어나 두 달도 못되어 아버지를 잃고 홀로 된 어머니 슬하에서 자랐다. 그러니 어머니인 인수대비의 말이라면 콩이 아닌 팥으로 메주를 쑨다 해도 들을 수밖에 없는 아들이었다. 그런데 폐비 윤씨가 그런 시어머니 눈 밖에 났으니 다시 왕비의 자리로 돌아오기는 어려운 일이었다. 그녀는 왕비의 자리에서 쫓겨나 궁궐을 나온 뒤 죽는 날까지 3년 동안 자신이 낳은 세자(연산군) 얼굴을 한 번도 못 본 채 하얀 한삼자락에 피를 토하며 죽어 가야만 했다.

그녀는 사약을 마신 뒤 죽어 가면서 자신의 피가 묻은 한삼자락을 친정어머니 장흥부부인 신씨에게 전달했다. 그러고는 세자(연산군)가 자라거든 전해 달라는 유언을 남기고 죽었다. 그녀는 세자의 어머니인 자신을 이렇게까지 죽어 가게 한 것에 대한 억울함 때문에 그랬을 것이다. 하지만 그 한삼자락에 묻은 피가 그녀가 남겨 놓고 떠난 유일한 아들 연산군의 인생을 망치게 할 것은 예상하지 못했던 모양이다. 그녀는 아무리 억울하고 분해도 세자로 책봉되어 있는 아들을 위하여 원수를 사랑까진 아니어도 이해해야만 했었다. 그런데 그녀의 모정은 거기까지는 미치지 못했다. 그녀가 아들의 앞날을 생각해야 했는데 그릇이 그만큼은 되지 못했던 모양이다.

훗날 연산군이 왕위에 오르면서 이 사건에 대해 알게 되었고, 결국 이 사건에 관련된 사람들을 처벌하면서 1504년(연산군 10년) 갑자사화가 일어났다. 그로 인하여 무덤 속에 잠들어 있던 한명회, 한치형 등이 부관참

경희대학교 부속병원 뒤뜰에서 서삼릉의 비공개 지역 안으로 1969년 10월 25일 이장된 성종의 폐비이며, 연산군의 생모인 윤씨가 잠들어 있는 회묘의 모습이다. 회묘에 눈이 소복하게 내렸다. 그녀는 아들 연산군이 왕후로 추숭했지만 연산군이 폭정으로 폐위됨에 따라 다시 조선에게 버림받고 말았다. 끝내 그녀는 폐비의 오명을 벗을 길이 없어졌다.

시를 당했고, 그 외의 사람들이 사사되거나 유배되었다. 실제 역사 속의 연산군은 왕위에 오르기 전부터 어머니의 죽음에 얽힌 사연을 알고 있었다고 전한다. 그녀의 아들 연산군이 왕이 되자 폐비가 되어 죽은 그녀였지만 그녀는 제헌왕후로 추숭되었고, 회묘라 불렀던 그녀의 묘도 회릉(懷陵)으로 격상되기에 이르렀다.

그녀가 그녀의 아들에 의해 왕비로 추숭되었지만 그녀의 아들 연산군이 1506년(연산군 12년) 중종반정으로 폐위되면서 그녀에게 올렸던 관작은 모두 빼앗겼다. 그녀가 묻힌 회릉 역시 회묘로 다시 격하되었다. 폐비 윤씨는 왕이 된 아들 덕분에 죽어서 잠시나마 왕비로 복권되었으나 일장춘몽(一場春夢)이 되고 말았다. 그렇게 된 그녀도 불쌍해 보이지만 폐왕이 된 그녀의 아들 연산군이 더 불쌍해 보인다. 덕을 쌓지 못하고 죽어 간 어

폐비 윤씨의 유일한 아들 연산군과 며느리 거창군부인 신씨의 쌍분의 모습이다. 연산군은 부덕한 어머니를 둔 탓에 폐왕이 되어 유배지에서 생을 마감했다. 그녀의 아들 내외도 폐위되어 폐왕과 폐비가 되었기에 무덤이 쌍릉이 아닌 쌍분으로 초라하게 조성되어 있다.

머니를 둔 탓에 연산군 역시 인생이 그야말로 완전히 망쳐 버렸다.

폐비 윤씨는 성종이 한눈에 반할 만큼 상당한 미모를 가지고 있었다고 한다. 조선의 왕비라고 해서 전부 미인은 아니었다. 그런데 폐비 윤씨는 절세미인이라고 불릴 만큼 조선왕조 최고의 미인 왕비 중 한 명이었다고 한다. 그런 미모를 가진 그녀가 미인박명(美人薄命)이 뭔지를 보여 준 것은 아닌지 모르겠다. 그녀는 후궁으로 간택되어 궁에 들어와 성종의 눈에 띄어 왕비에 올랐지만 결코 행복하지는 못했다. 그냥 후궁으로만 살아갔으면 좋았을지도 모른다는 생각이 든다. 그녀의 아들 연산군과 서로 모정을 나누면서 오순도순 살았더라면 오히려 좋았을 뻔했다. 그랬더라면 그녀는 폐서인이 될 이유도 없었을 것이고, 그녀의 아들 연산군은 폭군으로 폐왕이 되지도 않았을 것이다. 정도가 지나침은 미치지 못한 것과 같다는 중용(中庸)의 중요성을 이르는 말인 과유불급(過猶不及)의 의미를 그녀가 알았어야 했다. 그녀의 욕심이 화를 불렀다. 감당하기 어려울 정도의 신분 상승은 행복을 가져다주지 않음을 그녀가 보여 주었다.

　그녀는 후궁의 자리에서 왕비의 자리까지 올랐음에도 질투심이 도를 넘어섰다. 자신이 후궁이었을 때는 성종이 왕비를 찾지 않고 그녀를 찾으면 당연한 것이라 생각했을 텐데, 그녀가 왕비가 되었을 때는 성종이 그녀를 찾지 않고 후궁들을 찾아다니는 것을 도저히 용납하지 못했다. 그녀가 입장 바꿔 생각할 줄 알았으면 화를 모면했을 것이다. 무엇보다 그녀가 성종의 용안에 상처를 낸 것이 그녀를 폐비시키는 데 결정적인 원인이 되었다고 할 수 있다. 그녀의 질투는 칠거지악(七去之惡) 중 하나였다. 칠거지악은 지아비가 아내를 내쫓을 수 있는 7가지 요건을 말한다. 지아비에게 질투를 하면 그 당시 칠거지악에 걸려 내쫓기는 것은 당연한 일이었다. 그것도 왕에게 그랬으니 그녀 자신이 폐비를 자초하고 만 것이다.

　칠출지악(七出之惡)이라고도 하는 칠거지악은 오로지 여성에게만 해당되는 벌이었다. 오늘날 여성들에게 칠거지악을 그대로 적용한다면 어떤 결과가 나타날지 한편으로 궁금하다. 그 시절엔 칠거지악은 여자가 따라야 할 세 가지 도리로 어려서는 아버지를, 결혼해서는 남편을, 남편이 죽은 후에는 자식을 따라야 한다는 삼종지도(三從之道)와 함께 조선 사회의 여성들에게 가장 경계해야 할 관습 조항이었다. 그 칠거지악의 조항을 보면 다음과 같다.

　①시부모에게 순종하지 않는 것(不順舅姑)
　②자식을 낳지 못하는 것(無子)

③음탕한 것(淫行)

④질투하는 것(嫉妬)

⑤나쁜 질병이 있는 것(惡疾)

⑥수다스러운 것(口舌)

⑦도둑질하는 것(盜竊)

그러나 칠거지악에 해당되어도 돌아갈 친정이 없거나, 함께 부모의 상(喪)을 당했거나, 시집왔을 무렵에 시댁이 가난했는데 부귀하게 되었을 때는 삼불거(三不去)라 하여 아내를 내쫓을 수 없었다.

그러나 그녀에 대한 비판은 1910년 조선왕조 붕괴 이후에도 계속되었다. 그녀가 왕의 얼굴에 상처를 입힌 것에 대한 비판에 대해 그 상황에서 그럴 수 있다는 견해도 나타났다. 하지만 질투한 것에 대한 비판은 여전했다. 한편 1990년대 이후에는 그녀가 후궁들을 질투한 것이 죄악인지를 놓고 반론과, 질투할 수도 있다는 동정적인 여론이 제기되고 있다. 이는 지금은 조선 시대가 아니니 왕권만이 최고라 생각하지 않기 때문이며, 그때와 비교해 볼 때 엄청나게 여권이 신장되었으므로 반론이 제기됨은 당연한 일이다. 칠거지악은 남성을 위하여 여성을 꼼짝 못하게 만들어 놓은 폐습이라 할 수 있다. 현대사회의 여성들이 보면 이해 못 할 조항들이다.

그녀는 아버지를 일찍 여의고 4명의 오빠들 밑에서 자랐지만 당대의 권신 중의 권신인 신숙주의 외당조카로 신숙주가 그녀의 어머니와 외사촌 간이다. 그녀는 세조의 비 정희왕후 윤씨와도 먼 친척으로 그들은 방계 조상에서 갈라졌다. 그녀의 뒤를 이어 왕비가 될 정현왕후 윤씨와도 친척이다. 그 밖에도 그녀의 가문에서 중종의 제1계비인 장경왕후 윤씨,

제2계비인 문정왕후 윤씨, 인종의 후궁 숙빈 윤씨와 고려 제28대 왕인 충혜왕의 후궁 희비 윤씨 등이 배출되었다. 그녀는 이처럼 왕비를 많이 배출한 가문에서 태어났다. 그런데 그녀는 가문을 빛내지 못하고 폐비가 되어 사약을 받고 피를 토하며 죽어 갔다. 그녀의 삶이 파란만장했기에 사람들은 그녀가 세상을 뜬 지 500년이 훨씬 지난 지금도 그녀를 잊지 못하고 있다. 인수대비를 비롯하여 성종과 연산군을 떠올릴 때면 그녀가 먼저 떠오른다. 그 정도로 그녀는 요즘도 영화나 드라마 속에 자주 등장하는 왕의 여인이고, 왕의 어머니다.

그녀는 죽은 뒤 경기도 장단에 매장되었으나 장지가 불길하다는 지관의 지적이 있어 1488년(성종 19년)경 오늘날의 동대문구 회기동 경희대학교 부속병원 뒤뜰로 이장을 했다. 성종은 한때 부인이었던 그녀에게 길지를 골라 묘를 이장해 주었다. 뒤에 윤씨의 묘가 회묘(懷墓)에서 회릉(懷陵)으로, 다시 회묘로 변경되면서 서울특별시 동대문구 회기동의 지명이 유래되었다. 그러나 그녀는 현재 서삼릉의 서쪽 구석진 곳으로 옮겨져 잠들어 있다. 그곳은 비공개 지역으로 54기의 태실이 모여 있고, 44기의 왕자, 공주, 후궁들의 묘가 모여 있는 곳이다. 태실과 왕자, 공주, 후궁들의 묘역에는 곡장처럼 낮은 담이 둘러쳐져 있다. 일일이 관리하기가 어려워 한곳으로 모아 놓았다지만 공동묘지와 다름없다. 그 담 밖에는 1969년 경희대학교 부속병원 뒤뜰에서 옮겨온 회묘가 자리하고 있다. 회묘의 모습은 왕릉의 모습을 하고 있지만 바라만 보아도 많이 슬프고, 가슴 아프다. 눈이 밤새 펑펑 내리고 난 다음 날 강추위 속에 그녀를 다시 만나서 그런지 몸과 마음이 함께 냉골이 되었었다. 그녀가 잠들어 있는 회묘의 자리가 구석지고 응달이어서 더 춥게 느껴졌는지도 모른다. 그녀가 잠들어 있는 봉분을 정말 하얀 눈이 하얗게 뒤덮었다. 그 모습을 보면서 얼룩져 있을 그녀의 마음이 순백이었으면 좋겠다는 생각을 아주 많이 했다.

성종은 폐비 윤씨의 묘 앞에 '윤씨지묘(尹氏之墓)'라 쓴 비석을 세우고, 제관 2명을 보내 기일에 제사를 올리도록 하되, 묘의 이름을 영구히 고치지 못하도록 명했다. 그러나 후에 연산군이 즉위하면서 묘의 이름을 회묘에(懷墓)서 효사묘(孝思墓)로 바꿨다가 다시 회릉(懷陵)으로 격상시켰다. 이미 세상을 떠난 성종의 명이 연산군에게 통할 리 없었다. 회릉으로 격상시키면서 왕릉 형식과 동일하게 그녀의 묘를 조성했기에 어느 왕릉의 규모에도 뒤지지 않는다. 봉분도 상당히 크며, 문석인과 무석인은 오히려 다른 능들보다 훨씬 크게 만들어졌다. 생각보다 웅장한 석물들의 모습에 묘를 찾는 이들이 놀랄 만하다. 하지만 석물들의 모습은 연산군 모자를 닮았는지 한껏 심통이 나 있다. 그 모습에 슬프고 가슴이 아파 올 뿐이다.

폐비 윤씨가 잠들어 있는 회묘의 문석인과 무석인, 석마의 모습이다. 눈이 내려 하얀 망토를 두른 것 같다. 그 뒤로 후궁들의 공동묘지가 보인다. 후궁 21명, 왕자와 공주 23명이 함께 모여 잠들어 있다. 그리고 그 옆으로 폐비 윤씨를 비롯하여 역대 왕, 세자, 왕자, 공주, 옹주 등의 태실 54기가 이곳 서삼릉 비공개 지역으로 옮겨져 자리하고 있다.

현재는 폐비 윤씨의 묘를 회묘라고 부르고 있다. 그녀는 죽어 가면서 자신을 남편인 성종이 지나다니는 길목에 묻어 달라고 했지만 그녀의 소원은 이루어지지 않았다. 사약 사발과 함께 피 묻은 한삼자락을 떠올리게 하는 폐비 윤씨는 회릉이라는 능호에, 제헌이라는 묘호까지 받았지만 모두 박탈되어 다시 회묘가 되었다. 그녀는 끝내 복위되지 못한 4명의 폐비 중 최고참 폐비가 되었고, 남편인 왕에 의해 살해된 최초의 왕비가 되었다. 또한 그녀의 아들도 끝내 복위되지 못한 조선의 2명의 폐왕 중 최초의 폐왕이 되었다.

그녀의 회묘 옆으로는 후궁들의 묘와 왕자와 공주들의 묘가 옹기종기 모여 있고, 수많은 태실도 모여 있다. 봉분에 눈이 덮여 있는 날은 그나마 덜 흉하게 보인다. 비가 부슬부슬 내렸을 때와 잔디가 메말라 있는 겨울 끝자락에 찾아왔을 때는 정말 맘과 몸이 으스스하다. 그녀가 유일하게 폐서인이 되어 폐비가 되긴 했지만 태실 중 왕비의 태실은 그녀가 유일하다. 그러나 그녀는 잠들지 못하고 이리 뒤척이고, 저리 뒤척이고 있을 것만 같다. 그녀의 묘역에서는 바람 소리, 새소리가 아닌 자동차 소리만이 시끄럽게 들려온다. 그녀는 폐비가 된 게 억울해서 잠 못 들고, 그토록 사랑했던 남편이 내린 사약을 받아 사사된 게 억울해 잠 못 들고, 아들과 손자까지 폐위된 것이 너무 억울해 잠 못 들고 있을 것이다. 폐세자가 된 이황을 비롯하여 3명의 손자들까지 모두 살해되었다. 그러니 그녀의 성질에 분하고 억울한 마음이 가실 리 없어 낮이나 밤이나 울부짖고 있을지도 모르겠다. 죄를 지으면 3대가 망한다는 이치를 그녀를 통해 또다시 배우게 된다. 나 하나만 망하는 게 아니고, 아들, 손자까지 날벼락을 맞게 되니 평소 덕을 쌓으며 살아갈 일이다. 폐비 윤씨의 행실을 반면교사(反面敎師)로

삼는다면 그나마 후손들에게 그
녀가 교훈 하나는 크게 남겨 준
셈이다.

그녀의 능침 앞에 세워진 장명
등 창으로 보이는 세상은 그런대
로 괜찮다. 장명등은 불을 밝혀
묘역의 사악한 기운을 쫓는 등이
다. 그녀의 묘 앞에 세워져 있는
장명등도 역할을 다하고 있으리
라 믿는다. 그랬기 때문인지 그
녀의 묘는 응달에 있지만 묘역에
심어져 있는 소나무들이 싱그럽
기만 하다. 이제 그녀의 영혼이

회묘의 봉분 앞에 세워져 있는 장명등 창으로
내다본 세상의 모습이다. 참으로 아름답다. 하얀
눈밭에 푸른 솔밭이 자꾸 봐도 환상적이다.

나마 소나무처럼 싱그러웠으면 좋겠다는 생각이 든다. 그녀의 신분은 후
궁에서 왕비로, 왕비에서 서인으로, 서인에서 왕비로, 왕비에서 다시 서인
으로 극에서 극으로 바뀌었지만 그녀의 묘만은 왕릉의 모습을 갖추고 있
다. 비록 홍살문에, 참도, 정자각, 비각, 수복방, 수라간, 능침과 연결된 넓
고, 긴 사초지는 없지만 능침 모습은 어느 왕릉과 비교하여도 뒤떨어지지
않는 모습을 하고 있다. 그래도 그녀가 잠들어 있는 회묘는 쓸쓸하게 보
인다. 은사시나무가 장관인 한적한 길을 따라 걷다 보면 경기도 고양시
덕양구 서삼릉길 233-126 서삼릉 비공개 지역 철문 안의 회묘(懷墓)에 폐
비 윤씨가 홀로 누워 울분을 삼키며 잠들어 있는 것을 만나 볼 수 있다. 그
녀를 만나는 순간 '욕심내지 말고 착하게 살아야지' 하는 생각이 가장 먼

저 떠오른다. 그녀는 성종과의 사이에 아들 한 명을 남기고 세상을 떠났다. 그녀가 남기고 떠난 아들이 피바람을 불러일으켰던 폭군 중의 폭군 연산군이다.

남편인 성종에게 버림받아 영원히 폐비가 되어 버린 폐비 윤씨가 잠들어 있는 회묘의 모습이다. 한겨울 하얀 눈이 소복이 내렸을 때의 모습과 달리 왠지 을씨년스럽다. 그녀는 조선 제9대 왕 성종의 폐비이며, 조선 제10대 왕을 지낸 연산군의 생모다. 그녀는 남편에 의해 폐비가 되었지만 아들 연산군이 왕위에 오르면서 복위되어 능호, 시호도 받고 묘도 왕릉으로 꾸며졌다. 한동안 그녀의 능호는 회릉이었으며, 시호는 제헌왕후였다.

폐비 윤씨를 어머니로 둔 탓일까? 아들 연산군(1476~1506)은 왕의 자리에 11년 9개월이나 올라 있었지만 폐위되어 폐왕이 되고 말았다. 그는 아버지 성종과 어머니 폐비 윤씨 사이에 외아들로 1476년(성종 7년) 태어나 조선 제10대 왕으로 등극하였다. 그는 4남 2녀의 자녀를 두었지만 그 누구도 자신의 왕위를 계승하지 못했다. 그가 폐비의 아들로 자신도 폐위되어 폐왕이 되었기 때문이다. 그로 인해 그의 부인 신씨(1476~1537)도 폐비가 되었고, 그녀와의 사이에 태어난 이 황이 세자로 책봉되어 있었으나 그 아들 역시 폐세자가 되었다. 그의 실정으로 자신도 왕위에서 내쫓기고, 아들마저 폐세자가 되고 말았다.

연산군은 그의 어머니 폐비 윤씨가 폐출된 뒤 왕비로 책봉된 정현왕후 윤씨를 생모인줄 알고 자랐다. 그러나 천륜은 속일 수 없었던지 정현왕후 윤씨를 별로 따르지 않았다고 한다. 물론 정현왕후 윤씨도 폐비의 자식에게 사랑을 쏟아 주지는 못했을 것이다. 게다가 그의 어머니를 싫어했던 할머니 인수대비도 연산군에게 지나칠 만큼 혹독하게 대하였다. 인수대비에게 자신의 손으로 직접 내쫓은 며느리의 아들이 고울 리 없었을 것이다. 인수대비는 정현왕후 윤씨의 소생인 진성대군에게는 연산군과 대조적으로 대했다. 그런 할머니로 인해 연산군의 가슴에는 응어리가 자라났을 것이다.

이런 성장 배경 때문이었을까? 연산군은 순한 아이로 성장하지 못했다. 자신의 내면을 잘 드러내지 않았으며 괴팍하고 변덕스러운 성격을 가졌다. 거기에다 학문을 싫어하고 학자를 좋아하지 않았을 뿐 아니라 고집스

럽고 독단적인 성향도 있었다. 그러니 그의 할머니 인수대비뿐만 아니라 아버지 성종도 연산군을 좋아할 리 없었다. 그래도 성종은 1483년(성종 14년) 그를 세자로 책봉하였다. 연산군은 어머니가 죽은 다음 해에 8세의 나이로 세자에 책봉되었다. 연산군의 할머니 인수대비는 폐비의 아들을 세자로 책봉하면 후에 화를 부를 수 있을 것이라며 책봉을 반대하였다. 그러나 그 당시에 진성대군은 아직 태어나지도 않았고, 왕비 소생의 왕자는 연산군뿐이었으니 성종에게 다른 선택의 여지는 없었다.

폐비 문제만 빼면 조선왕조가 문을 연 후 성종 대가 조선 시대 전체를 통틀어 가장 평화로웠던 시기였다. 그것은 무엇보다도 성종의 정치력에 힘입어 조정이 안정되었기 때문이다. 그러나 그 평화의 이면에 퇴폐풍조는 생겨났다. 성종은 도학을 숭상하고 스스로 군자임을 자처하는 인물이었으나 다른 한편으로는 호기가 넘치는 경향이 있었다. 이러한 호기는 그의 가족 관계에만 봐도 알 수 있다. 그는 10명에 가까운 부인을 거느리고 30명에 가까운 자녀를 낳았다. 그러니 부인들 간에 평지풍파(平地風波)가 일어나지 않을 수 없었고, 그 속에 커다란 불씨가 자라날 수밖에 없었다. 솔직히 그 커다란 불씨는 성종이 부인을 많이 둔 게 원인이면 원인이었다. 그중 가장 큰 불씨는 바로 연산군이었다.

큰 불씨로 자라난 연산군은 아버지의 사랑을 독차지했던 폐비 윤씨의 소생이다. 하지만 아버지 성종이 다른 후궁들과 밤을 보내는 일이 잦아지자 그 후궁들을 독살할 요량으로 어머니 폐비 윤씨가 비상을 숨겨 두었다가 발각되고 말았다. 이 때문에 어머니는 빈으로 강등될 지경에 처하게 되었다. 숙의의 신분에서 최고 위치이자 국모인 중전의 자리까지 올라왔는데 다시 빈으로 강등된다는 것은 어머니에게는 사형 선고나 다름없었다. 다행히 어머니는 아버지의 배려로 강등되는 수모는 겪지 않았다.

이처럼 연산군의 어머니 폐비 윤씨는 질투심이 극에 달했다. 결국에 만백성의 어버이인 왕의 얼굴에 손톱자국까지 내는 사건을 일으키고 말았다. 국모로서 도저히 있을 수 없는 일을 저지른 것이다. 중전으로부터 얼굴에 상처를 입은 왕의 체통은 그야말로 말이 아니었다. 당시 법도로 도저히 있을 수 없는 행동으로 왕인 아버지의 분노도 컸지만 할머니인 인수대비가 가만히 있을 리 없었다. 민가에서 일어나도 안 될 사건이 왕실에서 일어났으니 어머니 스스로 폐비의 길을 자초하고 만 것이나 다름없었다.

연산군 역시 그런 어머니를 닮았는지 포악한 성품을 지니고 있었다. 전해 오는 한 일화에서 보더라도 그의 성품을 알 수 있다. 어느 날 아버지 성종이 세자였던 그를 불러 놓고 왕의 도리에 대해 가르치려 할 때였다. 아버지의 부름을 받고 온 연산군이 아버지에게 다가가려 할 때 난데없이 사슴 한 마리가 달려들어 그의 옷과 손등을 핥아댔다. 그 사슴은 아버지가 몹시 아끼던 애완동물이었다. 그런데 연산군은 사슴이 자신의 옷을 더럽힌 것에 격분한 나머지 아버지 성종이 보는 앞에서 사슴을 발길로 걷어찼다. 이 광경을 지켜보던 성종은 몹시 화를 내며 연산군을 꾸짖었다. 성종에게 꾸지람을 들었던 연산군은 성종이 죽은 뒤 왕으로 등극하자마자 가장 먼저 그 사슴을 활로 쏘아 죽였다. 그의 성격이 어떠한지 단번에 말해 주는 일화다. 연산군의 성격이 그의 어머니를 쏙 빼 닮은 게 분명하였다. 피는 절대 속일 수 없음을 연산군 모자를 보면 알 수 있다. 이 세상에서 부모에게 가장 무서운 사람은 바로 자식이다. 자식은 부모를 그대로 보고 배우기 때문이다. 누가 뭐라 해도 자식에게 큰 스승은 부모다.

또 다른 일화에서도 그의 성격을 알 수 있다. 그와 그의 스승들에 관한 이야기다. 연산군에게는 그 당시 학문과 명망이 높은 두 스승이 있었다. 성종이 친히 세자 연산군을 맡아 달라고 부탁한 허 침과 조자서다. 그 두 스승의 성격은 서로 달랐다. 조자서는 엄하고 깐깐한 것에 비해 허 침은 너그럽고 포용력이 있는 사람이었다. 연산군은 장난기가 많은 아이로 자주 수업을 비웠다. 그럴 때면 조자서는 엄하게 다루었고, 허 침은 웃으면서 부드럽게 타이르곤 하였다. 그러니 연산군은 엄한 조자서를 싫어하였다. 아니나 다를까? 연산군은 왕위에 오르자 사슴처럼 조자서도 죽였다. 너그러운 스승에게도 배울 게 있고, 엄한 스승에게도 배울 게 있는데 그걸 연산군이 깨닫지 못해 스승을 해치는 크나큰 과오를 저지르고 말았다.

이 두 가지 일화만 보더라도 그가 집요하고 끈질기며 자신의 잘잘못을 돌아보기는커녕 자신을 질책하고 위협하는 존재는 용서하지 않는 성격이라는 것을 알 수 있다. 이런 성격은 그가 왕이 된 뒤에도 두 번의 무시무시한 사화를 거치는 동안 더욱 적나라하게 표출되었다. 부모님으로부터 좋은 성격은 물려받지 못하고 안 좋은 성격만 골라 물려받은 연산군이 안 되어 보일 뿐이다.

연산군은 8세에 세자로 책봉되었다가 19세에 왕으로 등극하였다. 그는 성년의 나이인 20세는 안 되었지만 섭정을 받지는 않았다. 그가 왕으로 오를 때가 12월이었기에 며칠만 지나면 성년이 되기 때문이었을 것이다. 1494년(연산군 즉위년) 연산군이 왕위를 이어받아 무오사화를 겪기 전까지는 그래도 폭군의 모습은 아니었다.

무오사화는 1498년(연산군 4년) 무오년에 일어난 사화로 사림파의 거두 김종직에 대한 개인적 원한이 컸던 유자광, 이극돈의 상소로 시작되었다. 이 사건은 연산군에게 가뜩이나 눈엣가시처럼 여기고 있던 사림 세력을 제거할 절호의 기회였다. 연산군은 자신에게 학문을 강요하는 학자와 문인들을 싫어하여 그 사림들을 평소에도 귀찮게 여겼다. 그리하여 이미 죽은 사림파의 거두인 김종직은 무덤을 파서 시체의 목을 베는 부관참시를 하였고, 김일손 등은 능지처참을 하였고, 그 밖의 수많은 사림 세력들이 귀양을 가기에 이르렀다. 연산군은 인간으로서 잔인함의 한계가 어디까지인지를 보여 주었다. 연산군의 행동을 보면서 가화만사성(家和萬事成)의 중요성을 다시금 깨닫게 된다. 연산군의 아버지 성종과 어머니 폐비 윤씨가 누구보다 책임이 크다고 본다.

가화만사성(家和萬事成)이 왜 중요한지를 깨닫게 해 준 성종이 잠들어 있는 강남의 선릉을 능침 공간 앞에서 바라본 모습과 곡장 뒤에서 바라본 모습이다. 강남 고층빌딩들이 숲을 이루고 있다.

　연산군은 무오사화를 통해 집요한 간언으로 자신과 대립했던 사림 세력을 축출하는 한편 일부 훈신 세력까지 제거하게 되었고, 그로 인하여 왕권을 강화하는 계기가 되었다. 그 이후 연산군은 급속도로 조정을 독점하게 되었다. 조정을 장악한 연산군은 매일같이 향연을 베풀고 기생을 궁궐로 불러들였으며 심지어는 여염집 아낙을 겁탈하거나 자신의 친족과 상간하는 등 패륜적인 행동을 끊임없이 자행하였다. 이때 궁중으로 들어 온 기생들을 흥청이라고 했는데 여기서 마음껏 떠들고 논다는 '흥청거리 다'라는 말이 생겨난 것이라고 한다.

그뿐만이 아니었다. 『연산군일기』 63권 연산 12년 9월 2일 기사를 보면 "도성 사방 백리를 한계로 모두 금표를 세웠다. 그 안을 자신의 사냥터로 삼고 여기에 들어가는 자는 당장 베어 조리를 돌렸다. 수백 리를 한없는 풀밭으로 만들어 금수를 기르는 마당으로 삼았다"라고 기록되어 있는 것만 봐도 연산군의 행실이 어땠는지 증명이 되고도 남는다. 연산군의 이 같은 사치 행각은 결국 국고를 거덜 내고 말았다. 하지만 누가 감히 연산군에게 직언을 하겠는가? 조금만 잘못 보여도 그대로 목이 달아날 것임을 삼척동자도 다 알고 있었을 테니 어디 무서워 입이나 벙긋할 수 있었겠는가. 연산군은 사냥을 위해 도성 사방 백리뿐 아니라 궁궐 주변의 민가까지 철거하고, 사치와 향락으로 탕진한 국고를 메우려고 세금을 거듭 징수하는 등 계속되는 폭정으로 민심마저 잃었다. 그래도 충신들은 있었다. 조정 대신들은 연산군에게 연회를 줄이고 국고를 아낄 것을 간청하였다. 그런데 이때 정권을 장악하려던 임사홍은 폐비 윤씨 사건을 연산군에게 밀고하게 된다. 불난 데 기름을 붓고 만 것이다. 예나 지금이나 간신들이 문제를 일으키게 되어있다. 아니나 다를까? 연산군은 자신의 생모가 폐비되었다는 것은 알고 있었으나 그 내막은 자세히 알지 못했는데 간신 중의 간신이었던 임사홍의 밀고로 그 내막을 자세히 알게 되었다. 그러자마자 연산군은 관련자들을 모두 잡아다가 죽이는 등 대살생을 자행하였다. 이것이 1504년(연산군 10년) 일어난 갑자사화다. 한 명의 간신을 충신 여러

연산군에 의해 세워졌던 금표비의 모습이다. 연산군은 도성 사방 백리를 한계로 모두 금표를 세웠다. 그러고는 그 안을 자신의 놀이터로 삼았다.

명이 이길 수 없는 노릇이었다.

어느 시대나 곡학아세(曲學阿世)하는 파렴치한 신하들이 있게 마련인가 보다. 사실 연산군은 나라를 혼란에 빠뜨리게 한 임사홍 같은 간신을 처형했어야 하였다. 가뜩이나 흥청거리고 있는 왕에게 정국이 혼란에 빠질 것을 알면서도 고자질을 한 임사홍을 그 자리에서 처형했어야 맞는다. 아랫사람을 잘 만나야 한다는 말이 이래서 나온 모양이다. 선왕인 성종이 자신의 사후 100년간 폐비에 대한 일을 거론치 말라고 유언까지 했는데 임사홍은 아랑곳하지 않았다. 어명을 어긴 신하이니 임사홍을 죽였어야 했다. 그런 연산군이었어야 왕위를 끝까지 지켜 낼 수 있었을 것이다. 그러나 연산군은 그런 왕이 못되었다. 임사홍은 효령대군의 사위로, 한 며느리는 예종의 딸을 맞아들였고, 또 한 며느리는 성종의 딸을 맞아들였다. 이처럼 그가 왕실과 밀접한 관계를 맺고 있어서 연산군의 힘으로 그를 멀리하기가 어려웠을지도 모른다. 하지만 고자질의 명수 임사홍은 중종반정 때 그의 아버지와 함께 처형되고 말았다.

갑자사화는 겉으로 보기에는 연산군의 생모 폐비 윤씨에 대한 연산군의 복수극으로 비치지만 임사홍 일파가 연산군과 정권을 장악하려는 의도에서 벌인 고의적인 살생극이었다. 임사홍으로 인하여 나라가 혼란에 빠지게 되었다. 연산군의 앞날을 망치는데 일등공신 역할을 임사홍이 한 셈이다. 그가 연산군의 측근으로 연산군의 화를 잠재워 주었어야 하는데 도리어 북돋아 주었으니 누가 봐도 큰 죄인임에 틀림없다. 그 당시 연산군에게는 그의 마음을 따뜻하게 다독거려 줄 조언자가 필요하였다. 그런데 그의 주변에는 간신들만 우글거렸으니 이래저래 연산군은 복이 없었다. 하긴 따뜻한 어머니가 연산군 곁에 있었더라면 그 정도로 망가지지는 않았을 것이다. "신은 모든 곳에 있을 수 없기에 어머니를 만들었다"는 어느 작가의 말이 연산군을 정리하다 보니 명언 중의 명언이란 생각이 또다시 든다. 이 세상에 어머니는 자식의 화를 잠재울 수 있는 유일한 분일지도 모른다. 그러나 연산군에게 그런 어머니는 안 계셨다.

갑자사화로 인해 희생된 사람들은 사림 세력뿐만 아니라 연산군의 부당한 공신전 몰수 행위를 비판하며 향락적인 궁중생활에 제동을 걸었던 대신들도 있었다. 그 대신들이 진정 연산군을 아끼는 충신들인데 연산군은 그것을 알지 못하였다. 그는 대신들뿐만 아니라 병석에 잠들어 있는 인수대비를 머리로 들이받아 절명케 하였다. 할머니를 죽게 만든 손자 연산군이었다. 그리고 자신의 어머니를 폐출하는 데 가담한 성종의 후궁들인 귀인 엄씨, 귀인 정씨 등과 그 자손들, 그리고 내시와 궁녀들까지 모조리 죽였다. 사실 선왕의 후궁 자손들은 몰라도 선왕의 후궁을 죽이는 것은 법으로도 금지되어 있었지만 아랑곳하지 않았다. 그 당시 연산군에게 법은 무용지물이었다. 그런데 무슨 일일까? 대비(정현왕후 윤씨)에게는 해를 가하지 않았다. 아무리 생각해 봐도 참으로 이상한 일이다. 그 덕분에 그녀의 아들 진성대군이 연산군의 뒤를 이어 왕위에 오를 수 있었다. 정현왕후 윤씨는 그의 어머니와 함께 후궁으로 간택되어 입궁한 분으로 왕비에 올라 왕의 아들까지 낳았다. 이리 보나, 저리 보나, 정현왕후 윤씨가 복이 많은 왕의 여인임에 틀림없다. 연산군이 자신의 왕위를 넘볼 수도 있을 성종의 적자 진성대군을 해치지 않은 것은 그녀에게 가장 큰 복이다.

폭군으로 전락한 연산군은 폭정을 계속하면서도 그의 생모 폐비 윤씨의 넋을 위로하고자 폐서인된 그녀를 왕비로 추숭하고, 그녀의 묘를 왕릉 형식으로 다시 조성하도록 하였다. 능호는 회릉, 묘호는 제헌왕후로 명명하였다. 연산군이 죽은 어머니의 한을 어느 정도 풀어 준 셈이었다. 아마 자신도 폐비의 아들이라는 게 부끄러웠을 것이다. 죄인의 아들이 왕위에 올라있다는 생각에 어머니를 얼른 복위시키고 싶었을지도 모른다. 그래야 왕으로서 체면도 설 것이기 때문이다. 그러나 소용없는 일이 되고 말았다. 그의 폭정으로 그가 쫓겨나면서 그의 어머니에게 내려졌던 작호도 모두 삭탈당했으니 하는 말이다. 그동안 그렇게 많은 사람들을 죽였으니 그 원혼들이 가만히 있지 않았을 것이다.

연산군은 즉위 초부터 군왕의 임무를 거부하기 시작하였다. 막상 모든 권력을 손아귀에 쥐게 되자 문신들의 직간이 귀찮다는 이유로 경연과 사간원, 홍문관 등을 없애버렸다. 그리고 정언 등의 언관도 혁파 또는 감원하였으며 기타 모든 상소와 상언, 격고 등 여론과 관련되는 제도들은 남김없이 철폐하였다. 그야말로 불통의 정치를 펼쳐 나갔다. 훗날 자신에게 어떤 화가 미칠지 짐작조차 못하고 나아가 그는 성균관, 원각사 등을 주색장으로 만들고, 불교 선동의 본산인 흥천사를 마구간으로 바꾸었다. 흥천사는 태조 이성계가 그의 계비 신덕왕후 강씨의 능인 정릉(貞陵)을 수호하는 원찰로 1397년(태조 6년) 그녀가 죽은 이듬해에 창건한 절이다. 흥천사는 지금의 중구 정동 태평로 서울특별시의회 자리에 있었으며, 그곳에서 국가적 행사가 자주 열렸고, 건물도 170여 칸이나 되는 대가람이었다. 현재 흥천사는 성북구로 옮겨 간 정릉 곁에 복원되어 옛 추억을 더듬게 해 주고 있다.

연산군의 폭정이 계속되자 민심은 소란스러워지기 시작하여 전국 각지에서 반정을 도모하는 무리가 늘어났다. 그래도 연산군은 아랑곳하지 않았다. 오히려 민간 국문투서사건이 발생하자 훈민정음의 사용을 금지하고 광적인 폭정을 계속 일삼았다. 마침내 1506년(연산군 12년) 음력 9월 박원종 등이 군사를 일으켜 연산군을 폐하고 진성대군을 왕으로 옹립하는 사태가 벌어졌다.

그 결과 폭정을 일삼던 연산군은 반정세력에 의해 미처 방어할 틈도 없이 폐출되고 말았다. 박원종 등은 연산군을 왕자의 신분으로 강등시켜 그와 함께 폐위된 부인 신씨와 강화의 교동도에 유배시켰다. 그런데 연산군이 유배생활 2개월 뒤 31세밖에 안 된 젊은 나이로 생을 마감하였다. 연산군은 성격으로 보아 자신이 유배된 것에 대해 화를 참지 못해 금방 죽었을 것이다. 사약을 내린 것도 아닌데 죽어 갔으니 하는 말이다. 연산군은 단종에 이어 유배지에서 생을 마감한 조선왕조 두 번째 왕이 되었다. 앞날은 아무도 알 수 없는 노릇이다. 연산군 역시 왕위에 오른 지도 10년이 넘었는데 감히 자신을 폐위시키는 무리가 나타날 줄 예상도 못했을 것이

연산군이 폐왕이 되어 유배된 뒤 2개월 남짓 살다 죽은 집터로 추정되는 곳에 '연산군잠저지(燕山君潛邸址)'란 표석과 표지판이 세워져 있는 모습이다. 그 집터 아래로 우물도 남아 있다.

다. 죄를 지으면 반드시 벌을 받는다는 사실을 연산군이 증명해 준 셈이다. 착한 끝은 복이 찾아오지만 악한 끝은 연산군만 봐도 알 수 있듯이 벌만 기다리고 있을 뿐이다.

반정을 주동한 박원종은 월산대군(1454~1488)의 부인 박씨(1455~1506) 남동생이다. 그의 누이는 추존 왕 덕종(1438~1457)과 인수대비(1437~1504)의 큰며느리이자 성종의 형수다. 연산군에게는 큰어머니가 된다. 박원종이 연산군 폐위에 앞장섰던 것은 그녀의 누이 월산대군부인 때문이다. 월산대군부인 박씨는 월산대군을 잃고 자녀도 없이 홀로 살고 있었다. 그녀는 어머니를 일찍 여윈 여동생의 딸을 양녀로 삼아 돌봐 주었다. 그녀가 돌보아 준 여동생의 딸은 훗날 중종의 제1계비가 된다. 인종의 어머니 장경왕후 윤씨가 월산대군부인이 키워 준 그녀의 조카다.

월산대군부인 박씨는 운이 참 없다. 추존 왕 덕종의 큰며느리였으면서 그녀의 아랫동서인 공혜왕후 한씨에게 왕비의 자리를 넘겨주어야만 하였다. 조선 야사를 보면 그녀의 아쉬움을 읽을 수 있다. 시조부인 세조의 뒤를 이은 예종이 몸이 약하여 왕위에 오른 지 얼마 되지 않아 병석에 누우니 대신들 사이에 대통을 이을 왕손에 대한 의견이 분분하였다. 물론 예종에게도 아들이 있었지만 너무 어렸기 때문에 누가 왕위를 잇게 될지 아무도 예측하지 못하였다. 예종은 세조의 둘째 아들이었으나 추존 왕 덕종이 일찍 죽어 왕위에 오를 수 있었다. 그 당시 순위로는 추존 왕 덕종의 아들들이 우선이었지만 그 아들들이 나이가 어려서 동생인 예종이 대신 왕위에 오른 것이다. 그런데 이번에는 예종의 아들이 너무 어려서 왕위를 계승하기 어렵게 되었다. 그리하여 추존 왕 덕종의 아들들이 물망에 오르고 있었다. 추존 왕 덕종의 장남이 월산대군이고, 차남이 자산군이었다. 그러니 장남인 월산대군과 그의 부인 박씨는 기대에 부풀어 있었을 것은 물론이었다. 동생인 자산군보다는 형인 월산대군이 왕위를 물려받는 것이 어쩌면 당연한 것으로 받아들였을 것이기 때문이다.

하지만 궐내 사정은 그렇지 않았다. 그랬기에 대신들이 모여 잠들어 있는 예종을 알현하였다. 대신들은 "전하, 부디 종사를 이을 분을 하루속히 정하셔야 합니다"라고 간곡히 여쭈었다. 그러나 예종의 입은 열리지 않았다. 그때 세조의 비 정희황후 윤씨가 들어왔다. 정희왕후 윤씨는 "전하께서 이미 제게 하명하시기를 자산군에게 보위를 물리겠다고 하셨소. 선왕이 말씀하셨던 바와 같이 우리 왕실은 그대로 따르기로 하였소. 그러니 대신들은 그렇게 아시고 준비하도록 하시오"라는 말을 하였다.

그리하여 월산대군 부부는 왕과 왕비의 자리에 오를 수 없는 신세가 되고 말았다. 자산군에게 왕위가 돌아갔기 때문이다. 사실 추존 왕 덕종의 차남인 자산군은 총명하기로 치자면 형인 월산대군을 능가하고도 남았다. 그랬기에 어려서부터 할아버지인 세조는 물론 할머니인 정희황후 윤씨도 자산군을 누구보다 총애하였다. 이처럼 자산군은 일찍이 할아버지, 할머니께 점수를 잘 따 놓았기에 형인 월산대군을 제치고 왕위에 오를 수 있었다. 한편에서는 월산대군이 병약하여 왕위가 동생인 성종에게 넘어갔다는 설도 있지만 월산대군은 1454년(단종 2년) 태어나 1488년(성종 19년) 사망하였다. 동생인 성종이 왕위에 오른 지 19년 되던 해까지 살다가 35세를 일기로 사망한 것으로 보아 병약했던 것 같지는 않았다. 월산대군이나 그의 부인 박씨나 운이 없었다.

일이 이렇게 되었으니 서운한 것은 월산대군도 대군이지만 그의 부인 박씨가 더 서운했을 것이다. 물론 왕실의 어른들이 자신의 지아비보다 시동생을 더욱 총애하고 있었다는 것을 모르는 바 아니었지만 그래도 끝까지 희망을 버리지 못했을 테니 그렇다. 그러나 그녀는 서운함을 대신하여 경운궁(덕수궁)을 얻는 것으로 그나마 위안을 삼고 살수 밖에 없었다. 월산대군부부에게 미안함의 보상인지 경운궁이 선물로 주어졌다. 동생이 거처하는 경복궁보다야 규모가 훨씬 작았지만 그런대로 대접은 받은 셈이다.

덕수궁의 석조전 뜰에 가을의 상징인 황국들이 피어 있는 모습이다. 이 건물은 영국인이 설계한 3 층 석조 건물로 1900년(광무 4년) 고종 때 착공하여 1910년(융희 3년) 순종 때 완공하였다. 이 석조전 이 있는 넓은 덕수궁 터에 월산대군의 사저가 있었다. 월산대군과 그의 부인 박씨는 경복궁의 주 인이 되지 못한 대신 덕수궁자리에 있었던 추존 왕 덕종의 사저를 선물로 받아 이곳에서 살았다.

현재의 덕수궁은 세조의 큰아들 추존 왕 덕종의 집이었다. 그런데 그가 죽고 그의 부인 소혜왕후 한씨가 월산대군과 성종을 데리고 살다가 궁궐 로 들어가면서 월산대군에게 물려준 집이었다. 월산대군의 동생 성종이 왕이 되면서 그의 어머니가 궁궐로 따라 들어가게 되었기 때문이다. 월산 대군부인 박씨는 처음에는 대궐에 들어가 성종 내외를 볼 때마다 느껴지 는 쓸쓸한 마음을 지울 수 없었을 것이다. 하지만 그녀는 지아비인 월산 대군을 모시며 경운궁에서 여염집 아낙처럼 살아갈 수밖에 없었다. 성종 또한 자신의 형의 자리를 빼앗은 것만 같아 마음이 편치 않았는지 수시로 월산대군을 대궐로 불러들여 잔치도 열고 시문도 나누며 형제애를 돈독 히 하였다. 이런 성종의 정성으로 월산대군이나 그의 부인 박씨는 불편한 마음을 없애고 대궐의 일이 있을 때마다 들어가 정성으로 도와주었다. 그런데 어느 날 월산대군이 시름시름 앓더니 갑작스럽게 세상을 떠나고 말았다.

그 당시 연산군의 할머니 인수대비는 투기가 심한 왕비 윤씨와의 사이가 극도로 좋지 않아 심기가 불편하였다. 이에 큰며느리인 박씨를 자주 불러 의논하기도 하였다. 월산대군부인 박씨는 중간에서 좋은 말로 고부간의 화해를 도모했으나 결국 윤씨는 폐비가 된 후 죽음을 맞이하고 말았다. 그 후 성종에 이어 폐비 윤씨의 아들인 연산군이 왕위에 올랐다. 연산군은 왕위에 올라 우연히 자신의 생모 폐비 윤씨 이야기를 듣고는 분함을 참지 못하였다. 급기야 폐비 논의에 찬성한 이들을 일일이 찾아내 모두 죽이는 한편 이미 죽은 사람들을 부관참시를 하는 등 칼바람을 일으켰다.

이처럼 연산군은 점점 성격이 괴팍해지고 더욱 난폭해졌다. 이런 연산군을 보며 제일 안타까워한 사람은 그의 큰어머니인 월산대군부인 박씨였다. 어려서 친어머니도 없이 자란 연산군을 볼 때마다 그녀는 다정하게 대해 주었기 때문이다. 그런 큰어머니 박씨를 연산군은 대궐로 불러들였다. 그러고는 "큰어머니! 아무래도 세자를 큰어머니께서 돌봐 주셔야겠습니다. 지금은 아무도 믿을 수 없어요. 제가 믿는 사람은 큰어머니뿐입니다." 이 같은 연산군의 말에 그녀는 기꺼이 세자의 보육을 맡았다. 그날부터 세자를 보육하기 위하여 궐 안에 기거하였다. 세자는 그녀의 손에서 무럭무럭 자랐다. 월산대군부인 박씨는 슬하에 자녀가 없었다. 그녀가 자식을 낳지 못해 월산대군에게 왕위가 찾아오지 않은 것일지도 모른다. 예종이 세상을 뜨기 전 그녀가 아들을 낳아 놓았으면 왕위를 이어받았을지 모를 일이다.

어쨌거나 자식이 없었던 월산대군부인 박씨는 세자를 정성을 다해 돌보았다. 월산대군은 그녀와의 사이에는 자녀가 없었지만 소실에게 유일한 아들을 얻었다. 그가 바로 월산대군의 독자 덕풍군이다. 덕풍군의 아들 중 2남인 계림군은 성종의 서장자인 계성군에게 양자로 갔다가 그만 역모에 휘둘려 목숨을 잃었다. 명종 때 윤 임 일파와 함께 윤원형 일파에게 희생되었다.

그러나 저러나 자녀를 낳지 못했던 월산대군부인 박씨에게 죽음을 몰고 온 사건이 발생하였다. 소설 같은 이야기가 궁궐에서 실제 일어났다. 그녀는 세자를 침소에 재우고 자신의 방으로 돌아와 고단하여 자리에 잠들어 깜박 잠이 들었다. 그 후 갑자기 가슴이 답답해진 그녀가 몸을 뒤척이다가 잠에서 깼는데 뭔가 무거운 것이 자신을 누르고 있는 것이었다. 그녀는 소스라치게 놀라 눈을 떠 보니 웬 남정네가 술 냄새를 풍기며 자신을 덮치고 있는 것이 아닌가! 힘을 다해 밀쳐 보았지만 도저히 힘으로는 당할 수 없었다. 누구냐며 그녀는 간신히 소리를 질렀는데 아! 이를 어쩌랴. 조카인 연산군이었다.

월산대군부인 박씨는 연산군의 행실을 익히 들어 알고 있었지만 이런 일이 일어날 줄은 상상도 못하였을 것이다. 그녀의 방에 어둠이 걷히고, 새 아침이 밝아 왔지만 그녀에게 새 아침은 아무런 의미가 없었다. 더 이상 그녀에게 태양은 다시 뜨지 않았다. 그녀는 정신없이 궐 밖을 헤매다가 발길이 자신도 모르게 월산대군의 묘지로 향하였다. 그러고는 그녀의 남편인 월산대군에게 "내 어찌 이 몸으로 더 살기를 바랄꼬! 서방님, 부디 이 못난 부인을 용서하소서."라며 울부짖었다고 기록은 전한다.

연산군의 큰아버지인 월산대군의 사당 모습이다. 사당 왼쪽으로 나 있는 도로를 건너 좀 거슬러 올라가면 월산대군과 그의 부인 박씨의 묘가 있다. 월산대군은 추존 왕 덕종의 장남이며 성종의 형으로 연산군에겐 큰아버지가 된다.

마침내 월산대군부인 박씨는 그녀의 지아비 묘지를 다녀온 며칠 뒤 싸늘한 주검으로 발견되었다. 그녀는 자결을 하고 말았다. 이 하나만으로도 연산군은 용서받을 수 없는 폐왕이 되기에 충분하였다. 연산군은 제정신이 아니었던 게 분명하였다. 30세가 넘은 그것도 유부녀였던 장녹수와 놀아난 것만 보아도 그렇고, 사대부 집 후실들과 놀아난 것을 보아도 그렇고, 거기에 큰어머니까지 겁탈했으니 정신이상자와 다름없었다. 나이 차이가 20세가 더 나는 그것도 큰어머니를 겁탈한 것은 어느 누구도 그를 변호할 수 있는 일이 아니었다. 연산군은 죽어서도 용서받을 수 없는 일을 저지르고 말았다. 그 당시 연산군의 나이는 31세였고, 월산대군부인 박씨의 나이는 52세였다. 『조선왕조실록』은 당시 이 사건을 두고 월산대군부인 박씨가 연산군의 아이를 잉태하여 자결하였다고 기록하고 있다. 생각할수록 월산대군부인 박씨의 인생이 애처롭기 짝이 없다.

연산군의 큰아버지 월산대군의 묘 전경이다. 묘역 앞에는 임사홍이 쓴 신도비가 세워져 있는 비각이 자리하고 있고, 그 위로 웅장한 월산대군 묘가 자리하고 있다. 월산대군 묘 뒤에는 월산대군 부인 박씨의 묘가 겁에 질려 그런지 아니면 죄책감 때문인지 잔뜩 움츠린 듯 숨어 있다. 앞에서는 그녀의 묘가 보이지 않는다. 그 모습이 왠지 가슴을 울린다. 월산대군 부부의 묘 양옆에 세워져 있는 문석인은 내 키(164cm)가 그의 팔꿈치에 닿을 정도로 대단히 크다.

원래 역사의 기록은 승자들의 몫이니 승자 편에 치우쳐 쓸 수밖에 없었을 것이다. 『연산군일기』를 쓸 때 연산군을 몰아낸 승자! 중종이 집권할 당시였으니 하는 말이다. 『연산군일기』가 중종 대에 써졌으니 거기에 기록된 연산군의 비행을 모두 믿기는 어렵다. 그것도 반정으로 왕위에 오른 정권이니 더 그렇다. 하지만 연산군은 자신이 저지른 비행이 너무나 많아 자신에 대한 내용을 두고 변명할 처지도 못되어 보인다. 그렇다고 반정세력들이 써 내려간 『연산군일기』를 모두 믿기는 어렵다. 왕을 몰아내고 왕위 찬탈을 했으니 그 사건을 정당화시키기 위해 연산군의 비행을 부풀렸는지도 모르기 때문이다. 그래도 사관들이 없었던 사건들을 터무니없이 지어 기록하지는 않았을 것으로 믿어 본다.

월산대군부인 박씨의 동생인 박원종은 그의 누이 사건이 일어난 뒤 성희안과 군사를 일으켜 연산군을 몰아내기에 이르렀다. 월사대군부인 박씨는 추존 왕 덕종의 장남인 월산대군 부인이자, 성종의 형수이며, 연산군의 큰어머니로 박원종의 누나였다. 또한 중종의 계비 장경왕후 윤씨의 이모이기도 하였다. 그녀의 본관은 순천이다. 그녀는 어머니를 잃은 연산군을 어릴 때부터 길렀고, 연산군의 아들 세자 이 황도 길렀는데 연산군에 의해 그녀의 인생은 의미 없게 되어 버렸다.

그녀는 궁궐에 출입하며 승평부대부인으로 봉작되었으나 연산군과의 불미스러운 사건이 있은 후 자결로 인생을 마감하였다. 어찌 되었거나 그녀의 자결로 인하여 박원종이 중종반정에 적극 가담하는 계기를 제공하였다. 연산군 때문에 그녀는 죽었고, 연산군은 그녀의 일로 그녀의 남동생인 박원종에 의해 폐왕이 되어 유배지인 강화 교동도에서 죽었다.

연산군은 반정세력에 의해 폐위가 된 후 현재 연세대학교 자리에 있었던 연희궁에서 하룻밤 자고 유배지로 떠났다. 그런데 유배생활 2개월 되었을 때 건강했던 연산군이 갑자기 사망을 하였다. 1506년(중종 원년) 음력 9월 2일에 유배되어 두 달 뒤인 음력 11월 8일에 죽었으니 두 달 전까지 멀쩡하게 잘 살던 연산군이 죽음에 따라 그의 죽음에 의구심을 갖게 하였다. 독살당한 것이 아니냐는 의구심이 생길만 하였다. 『조선왕조실록』에는 그의 죽음을 '역질(천연두)로 인해 죽었다(因疫疾而死)'라고 했는데 음력 11월에 역질로 죽었다는 것도 의구심을 갖게 한다. 이 또한 연산군의 비화 중 하나다.

연산군은 죽은 뒤 유배지인 강화의 교동도에 초라하게 묻혔다. 그런데 그가 죽은 지 7년이 지난 1512년(중종 7년) 그의 부인 폐비 신씨가 중종에게 탄원해 지금의 자리로 옮겼다. 폐비 신씨는 세종의 4남인 임영대군의 외손녀이니 외할아버지의 땅에라도 비록 폐왕이 되었지만 남편을 이장하고 싶었던 것이다. 남편에 대한 그녀의 애틋한 사랑이 가슴을 뭉클하게 한다.

그렇게 방탕한 생활을 하던 연산군은 죽을 때 한마디를 남긴 것으로 『조선왕조실록』에 기록돼 있다. '죽음에 임해 다른 말은 없었고, 단지 폐비 신씨가 보고 싶다(欲見愼氏)'였다는 것이다. 궁중에 들어온 기생들과 흥청(興靑)거리며 신나게 놀다 이렇게 쓸쓸히 죽으니 망청(亡靑)이 되고, 결국 그의 삶은 흥청망청(興靑亡靑)이 되어 버린 것이다.

연산군은 단종에 이어 두 번째로 폐위된 왕이 되었다. 왕도 잘못하면 쫓겨날 수 있음을 연산군이 확실하게 보여 주었다. 그는 '패륜적 행위를 일삼은 폭군'으로 역사에 기록되었다. 역사가 아무리 승자의 기록이라 하지만 패자인 연산군은 여러 정황으로 미루어 보아 영락없는 폭군이었다. 연산군은 죽어서도 잠을 이룰 수 없는 왕 중의 한 명으로 대표 급이다. 자신의 성질에 못 이겨 그의 어머니 폐비 윤씨와 더불어 울분을 토하느라 잠을 이루지 못할 것이다. 혹시, 죽어서 개과천선(改過遷善)하여 조용히 참회하고 있는 것은 아닌지 모르겠다.

연산군 묘역에서 나누어 주는 연산군 묘 관람 자료에는 연산군의 눈물이 배어 있는 듯한 시(詩) 두 편이 실려 있다. 어머니를 생각하는 시와 자식을 떠나보낸 아비의 마음을 그려낸 시다. 연산군은 폐비 신씨와 숙의 윤씨 등 후궁, 숙의 사이에 많은 자녀를 낳았으나 어린 나이로 요절한 왕자들이 안타깝게도 많았다고 전해진다. 연산군의 어머니에 대한 그리움과 자식에 대한 안타까움이 느껴지는 시이다. 연산군의 재위 기간 동안 이야기는 『조선왕조실록』이 아닌 『연산군일기』에 63권 46책으로 정리되어 남겨 놓았다. 중종반정에 의해 폐왕이 되었기 때문이다. 1509년(중종 4년) 연산군을 몰아낸 반정세력에 의해 『연산군일기』가 완성되었다. 그러니 잘한 것 보다는 잘못한 것 위주로 정리가 되어 있을 확률이 높다. 『연산군일기』에 실린 두 편의 시를 소개해 본다. 어머니를 생각하며 지은 시를 먼저 소개하고, 이어 자식을 생각하며 지은 시를 소개한다.

昨趨思廟拜慈親(작추사묘배자친)

어제 효사묘에 나아가 어머님을 뵙고

尊酹難收淚滿茵(존작난수루만균)

술잔 올리며 눈물로 자리를 흠뻑 적셨네.

懇追精衷難紀極(간추정회난기극)

간절한 정회는 그 끝이 없건만

英靈應有顧誠眞(영령응유고성진)

영령도 응당 이 정성을 돌보시리.

　　　　　　　　　　　　　-연산군일기 중 연산군 8년 9월 5일-

宗社幽靈不念誠(종사유령불염성)

종묘사직 영혼이 나의 지성을 생각지 않아

如何忍頑我傷情(여하인완아상정)

어찌 이다지도 내 마음이 상하는지

連年四子離如夢(연년사자이여몽)

해마다 네 아들이 꿈같이 떠나가니

哀淚千行便濯纓(애루천행변탁영)

슬픈 눈물 줄줄 흘러 갓끈을 적시네.

-연산군일기 중 연산군 10년 1월 27일-

연산군은 타고난 감수성이 좋아 수백 편의 시를 남겼는데 반정 후 모두 불태워 없어지고 「연산군일기」에 130여 편만 남아 있다. 그는 시를 잘 지었을 뿐 아니라 붓글씨도 잘 썼다. 폭군으로만 알려진 연산군의 숨은 얼굴이다. 그의 아들 4명 모두 반정 세력에 의해 부모와 다른 유배지로 유배되었다가 연산군이 폐위되어 쫓겨난 달에 바로 죽임을 당하였다. 그 당시 폐세자가 된 이 황의 나이가 10세였으니 다른 아들들은 10세도 안 된 나이였다. 그들은 숙부인 중종이 내린 사약을 받고 왜 죽어야 하는지 모르고 세상을 떠났을 것이다. 참으로 가슴 아픈 일이다. 그래도 연산군에게 아들들에 대한 부정은 남아 있었나 보다. 부정(父情)을 담은 시를 구구절절 쓴 것을 보면 연산군이 그렇게 심성이 나쁜 사람 같지는 않아 보인다. 그가 그렇게 된 원인은 누구보다 그의 어머니 때문이다. 물론 그의 아버지 성종도 책임이 있다. 부모로서 자식에게 어떤 행동을 보여 주면서 살아가야 하는지를 몰랐던 그들이었다. 성종이나, 폐비 윤씨나 부모가 자식의 거울이 됨을 몰랐던 모양이다.

연산군은 패륜이 어떤 결과를 가져다주는지 예측조차 하지 못했나 보다. 그는 그의 부인 폐비 신씨의 삶도, 3명의 후궁들 삶도, 그들 사이에 태어난 4남 2녀 자녀들의 삶도 완전히 망쳐 놓았다. 그의 부인 폐비 신씨 역

연산군 묘역에 가을이 내려와 앉았다. 맨 아래가 연산군의 사위 구문경과 딸 휘순공주의 묘이고, 중앙에 태종의 후궁 의정궁주의 묘. 그리고 맨 위가 연산군과 폐비 신씨 묘이다. 단풍이 이렇게 아름답게 물드는 왕족 묘는 보기 드물다.

시 조선왕조 비운의 왕비 중 한 명이다. 연산군은 폐위되어 시호도 없고, 능호도, 묘호도 받지 못하였다. 그는 왕위에 올라 보지도 않은 추존 왕의 신주까지도 모셔져 있는 종묘에 12년 가깝게 왕위에 올라 있었던 그의 신주는 자리하지도 못하였다. 이래저래 불쌍하게 된 연산군이다. 그는 죽어서까지도 후손들 가슴만 아프게 하고 있다.

연산군의 묘는 폐비 신씨와 쌍분으로 왕릉이 아닌 왕자의 묘로 조성되었다. 서울특별시 도봉구 방학동 산 77번지에 위치한 '연산군지묘(燕山君之墓)'라고 씌어 있는 비석 뒤에 연산군이 누워 있다. 연산군 역시 그의 어머니 폐비 윤씨처럼 성질에 못 이겨 잠 못 들고 있을 것 같다. 그래도 그의 곁을 폐비 신씨가 지켜 주고 있으니 얼마나 고마운 일인가.

시어머니에 이어 폐비 2代가 된 폐비
거창군부인 신씨

제10대 왕 연산군의 비

창덕궁의 인정문(仁政門) 모습이다. 조선의 제10대 왕 연산군은 창덕궁에서 태어나, 창덕궁에서 즉위를 하고, 창덕궁에서 폐왕이 되어 유배를 떠났다. 연산군만큼 창덕궁과 인연이 깊은 왕은 없을 듯하다. 연산군의 아버지인 성종이 창덕궁의 대조전((大造殿)에서 승하하여 연산군은 창덕궁의 정문인 인정문에서 즉위하였다. 왕의 즉위식은 전임 왕이 승하한 궁궐의 법전 정문에서 하게 되어 있기 때문이다. 창덕궁에서 일생을 보낸 왕이 바로 연산군이다. 연산군의 부인 신씨도 창덕궁과 인연이 깊은 것은 마찬가지일 것이다. 하지만 연산군이 폐왕이 되어 창덕궁에서 쫓겨나면서 그녀도 폐비가 되어 함께 쫓겨나 유배길에 오를 수밖에 없었다.

죽어서도 남편 곁을 찾은 폐비
신씨(1476~1537)는 거창부원군
신승선과 중모현주 이씨의 3남
2녀 중 장녀로 성종 7년에 태어
나 제10대 왕으로 등극한 연산군
(1476~1506)의 비가 되었다. 그녀
는 2남 1녀의 자녀를 낳았다. 그
녀의 아들 이 황이 세자로 책봉
되어 있었으나 남편인 연산군이
폐왕이 되는 바람에 모든 희망이
사라져 버렸다. 그녀의 본관은
거창이다.

연산군 부인 폐비 신씨의 묘 앞에는 무슨 왕후
능이 아닌 '거창신씨지묘(居昌愼氏之墓)'라 새겨
져있는 비석이 서 있다. 비석의 글씨가 500년 가
까이 풍상에 씻기고 씻기어 알아보기조차 어렵
다. 비각도 선물 받지 못한 비석이 너무나 초라
하다. 그녀는 10년 넘게 왕비의 자리에 올라 있
었지만 시호도, 능호도 받지 못했다. 연산군이
폐왕이 되면서 함께 폐비가 되었기 때문이다.

그녀는 1506년 연산군이 재위
11년 9개월 만에 왕위에서 쫓겨
남으로서 함께 폐위되어 폐비의
신세가 되고 말았다. 그리하여 그녀는 시호도, 묘호도, 능호도 받지 못했
다. 그녀를 거창군부인 신씨, 아니면 폐비 신씨라고 부른다.

그녀의 외할아버지가 임영대군으로 세종과 소헌왕후 심씨 사이에 4남
으로 태어난 왕자다. 임영대군의 딸로 태어난 그녀의 어머니는 세종의 손
녀로 그녀의 시아버지인 성종과는 5촌 간이다. 그러니 그녀와 성종은 6촌
간이 되고, 연산군과는 7촌 간이 된다. 그녀가 외가 쪽 조카하고 결혼을
한 셈이다. 한편 연산군의 이복동생인 중종은 시댁 쪽으로 도련님이 되고,
친정 쪽으로 조카사위가 된다. 중종의 원비 단경왕후 신씨가 그녀의 친정

조카딸이기 때문이다. 고려 시대에만 근친혼을 한 것이 아니었다. 조선 시대에도 왕족들끼리 근친혼을 하는 경우가 꽤 많았다.

그녀가 낳은 휘순공주와 사위 구문경도 전혀 남이 아니다. 그녀의 어머니 중모현주와 구문경의 어머니 길안현주는 세종의 손녀로 4촌 자매간이다. 중모현주는 세종의 4남인 임영대군의 딸이고, 길안현주는 세종의 8남인 영응대군의 외동딸이다. 그러니 폐비가 된 연산군의 비 폐비 신씨와 사위 구문경은 6촌 간이 된다. 그런데 폐비 신씨의 딸 휘순공주가 구문경과 결혼을 했다. 7촌 아저씨한테 휘순공주가 시집을 간 것이다. 그리고 보니 그녀의 지아비 연산군은 7촌 아주머니에게 장가를 갔고, 그녀의 딸은 7촌 아저씨한테 시집을 간 셈이다. 이를 두고 그 아비에 그 딸이라고 해야 맞으려나 모르겠다. 참고로 휘순공주의 시어머니인 길안현주와 단종의 비 정순왕후 송씨는 고종 4촌 간이 된다. 길안현주는 단종 비 정순왕후 송씨의 고모와 영응대군 사이에서 태어난 외동딸이기 때문이다.

폐왕이 된 연산군의 부인 폐비 신씨가 능도 아니고, 원도 아닌 그냥 묘에 연산군과 나란히 잠들어 있는 모습이다. 두 봉분 앞 중앙에 향로석이 다소곳이 놓여 있다.

조카뻘 연산군과 혼인을 한 폐비 신씨가 연산군과 잠들어 있는 곳에 그녀의 딸 휘순공주 부부도 잠들어 있다. 휘순공주도 아버지 연산군이 폐위되면서 공주 작위를 잃었다. 그녀의 시아버지 구수영은 연산군이 폐위되자 그의 아들 구문경과 휘순공주를 강제로 이혼시켰다가 많은 비난을 받자 재결합시켰다. 휘순공주의 어머니 폐비 신씨에게 휘순공주의 시아버지는 5촌 당숙이 된다. 조카딸의 딸을 며느리로 들인 구수영이다. 그런데도 휘순공주를 내치려 했다.

　연산군 묘역에는 맨 위 쪽으로 연산군 부부의 묘가 있고, 맨 아래 쪽으로 휘순공주부부의 묘가 각각 쌍분의 형태로 조성되어 있다. 그리고 그 중간에 의정궁주 조씨(?~1454)의 묘가 홀로 있다. 의정궁주 조씨는 조선 제3대 왕 태종의 후궁이다. 원경왕후 민씨가 세상을 뜬 후, 그의 아들 조선 제4대 왕 세종이 아버지 태종을 위하여 후궁으로 1422년(세종 4년) 모셨던 분이다. 그러나 그녀가 입궁한 지 오래지 않아 태종이 승하하는 바람에 그녀는 어린 나이에 과부가 되었다. 태종에게 다른 후궁들도 많고, 원경왕후 민씨가 태종보다 겨우 2년 먼저 승하했는데 나이 어린 후궁을 왜 또 들였는지 모르겠다. 그 결과 한 여인의 일생만 외롭고 쓸쓸하게 만든 결과를 낳았다. 세종의 지나친 효성이었다고 여겨진다. 태종의 얼굴도 보지 못했던 그녀가 32년을 홀로 살다가 1454년(단종 2년) 죽자 이곳에 장사를 지냈다. 그러고 보니 이 묘역의 최초의 입주자는 의정궁주 조씨였다. 젊은 서모 조씨가 자손도 없이 세상을 떠나자 세종의 뜻을 받든 임영대군이 이곳에 장사지내고 봉제사를 받들었다. 궁주(宮主)란 고려, 조선 초 후궁에 대한 칭호다. 궁주, 옹주로 불리던 칭호를 세종 대부터 빈, 귀인 등으로 바꾸어 불렀다.

조선 제3대 왕 태종의 후궁 의정궁주 묘의 앞과 옆의 모습이다. 그녀는 태종의 후궁으로 책봉되었지만 태종을 만나기도 전 태종이 승하하여 태종의 얼굴도 못 본 채 32년 동안 청상과부로 살다가 세상을 떠났다. 궁주는 고려, 조선 초의 후궁 칭호다.

휘순공주는 남편인 구문경과의 사이에 아들 한 명을 낳았다. 그 아들의 이름이 구 엄인데, 그가 외할아버지인 연산군과 외할머니인 폐비 신씨의 제사를 지내 주었다. 연산군이 왕위에서 쫓겨나면서 중종에 의해 그녀의 아들들 모두 살해당했기 때문이다. 폐비 신씨의 묘는 연산군의 묘와 쌍분으로 조성되어 있다. 폐비 신씨 역시 연산군과 마찬가지로 죽어서도 잠을 이루지 못하고 있을 것이다. 그녀는 시어머니인 폐비 윤씨에 이어 조선왕조가 문을 연 이래 살아서 폐비가 된 후 복위를 하지 못한 두 번째 왕비다. 솔직히 말해 그녀는 시어머니인 폐비 윤씨보다 몇 배로 억울한 왕비라고 할 수 있다. 그녀에게 잘못이 있어서 폐위된 게 아니기 때문이다.

그녀가 폐위된 것도 억울한데 그녀의 맏아들인 세자 이 황과 그 아래로 몇 살 안 된 창녕대군 등이 1506년(중종 원년) 음력 9월 24일, 연산군이 폐위된 지 22일 만에 사약을 받고 사사되었다. 새싹들이 자라지도 못하고 살해되었다. 그들은 열매는커녕 꽃봉오리가 고개 내밀고 기지개를 펴기

폐비 신씨와 폐왕 연산군의 묘를 지키고 있는 문석인들의 모습이다. 왕릉이 아니니 무석인이 설치되어 있지 않은 것은 당연하나 문석인이 왜 양쪽에 2쌍씩 서 있는지 모르겠다. 그러나저러나 문석인들의 표정이 하나같이 시큰둥한 게 영 못마땅한 표정을 짓고 있다.

도 전에 아버지 연산군 때문에 안타깝게 사사되고 말았다. 그나마 연산군이 자신 때문인지는 알았던 모양이다. 그 자식들을 떠나보내는 아비의 애절한 마음을 시로 남겨 놓은 것을 보면 그렇다. 연산군에게도 자식을 생각하는 따뜻한 마음이 있었음을 알 수 있다.

어린 아들들마저 너무나 일찍 떠나보낸 폐비 신씨는 1488년(성종 19년) 13세의 나이로 왕세자의 자리에 있던 연산군과 가례를 치르고 입궁한 후, 1494년(성종 25년) 연산군 즉위와 함께 왕비로 책봉되었다. 그러나 1506년 (연산군 12년) 연산군이 폐출당하면서 그녀도 폐출되어 유배를 떠나야만 했다. 신분도 왕비에서 군부인으로 강등되었다. 그녀가 폐비가 되어 군부인으로 강등되었지만 중종은 그녀에게 빈의 예를 따르도록 했다고 한다. 그녀는 연산군이 죽고 난 뒤 31년가량을 더 살다가 62세에 한 많은 세상을 떠났다. 한이 많으면 오래 산다는 말을 그녀도 증명해 주었다.

폐비 신씨가 연산군을 따라 유배길에 올랐던 교동도는 강화도에서 배를 타고 또다시 들어가야 닿을 수 있는 섬이다. 폐비 신씨와 연산군이 유배생활을 했던 곳으로 추정되는 집터에 '연산군잠저지(燕山君潛邸址)'라는 표석이 서 있다. 그곳에서 내려다본 교동도 앞 바다의 모습은 평화롭기만 하다. 지척에 북한 땅이 마주 보인다. 요즘은 그곳까지 다리가 놓여 있어 쉽게 출입할 수 있게 되었다.

　　그녀는 연산군과 함께 강화도에서 배를 타고 또다시 들어가야 하는 교동도로 유배를 떠났다. 그런데 유배생활 2개월 되었을 때 건강했던 연산군이 갑자기 역질로 사망했다. 사망 후 연산군은 유배지인 강화의 교동도 부근당 주위에 초라하게 묻혔다. 그 후 폐비 신씨가 중종에게 연산군의 묘를 이장해 줄 것을 청하여 1513년(중종 8년) 현재의 자리로 옮기게 되었다. 연산군이 죽은 지 7년 되는 해였다. 아무리 미운 짓을 했더라도 부부로 맺어진 인연이란 이런 것이 아닌가 싶어진다. 그녀는 남편의 묘를 유배지 교동도에서 육지로 이장한 뒤 휘순공주 부부보다 더 살다가 1537년(중종 32년)에 연산군 곁에 나란히 잠들었다.

　　그녀는 연산군 같은 남편을 만나 왕비에 오르긴 했지만 비운의 왕비가 되고 말았다. 그녀는 폐비가 되어 아들들과 남편을 먼저 떠나보낸 뒤 홀로 남아 기나긴 세월 허망하게 살다가 하나 남은 딸마저 앞세우고 죽어 연산군 묘 옆에 안장되었다. 그녀의 비석도 연산군과 마찬가지로 비각 안이 아닌 무덤 앞에 세워져 있다.

그녀의 비석 명도 무슨 왕후가 아닌 '거창신씨지묘(居昌愼氏之墓)'다. 그녀는 남편을 잘못 만나 12년 가깝게 왕비의 자리에 있었지만 남편의 폭정으로 인해 왕비의 자리에서 쫓겨났다. 하지만 그녀는 한없이 미웠을 남편의 곁을 찾아와 나란히 잠들어 있다. 그녀의 인생 또한 참으로 애달프다. 그나마 그녀가 폐비 윤씨처럼 폐서인되지 않고 군부인으로 강등된 것만 해도 다행한 일일지도 모른다.

폐비 신씨와 그녀의 남편 연산군이 나란히 잠들어 있는 연산군묘역의 곡장 뒤에서 내려다본 모습이다. 연산군 묘역도 아파트 숲에 가려 안산과 조산이 보이지 않는다. 아파트 숲이 안산과 조산을 대신하고 있다. 그래도 이곳이 또 한 명의 조선의 폐왕인 광해군 묘역보다 훨씬 낫게 조성되었다. 비록 무석인은 없지만 문석인 2쌍이 묘역을 지키고 있으니 하는 말이다. 연산군 묘역의 특징은 5기의 봉분들 모습이 아래서 보면 동그란데 위에서 보면 올챙이 꼬리처럼 길다.

폐비 신씨는 반정으로 폐위된 조선왕조 첫 번째 왕비가 되었다. 그녀는 그녀의 남편이 폐왕이 되고, 그녀가 폐비가 된 것이 억울한 것보다 어린 아들들이 비참하게 죽어간 게 너무나 가슴 아파 죽어서도 도저히 잠을 이룰 수 없을 것 같다. 그녀의 남편이 폐위되는 바람에 그녀는 물론, 자녀들 모두 폐세자, 폐대군, 폐공주가 되었다. 그녀는 왕비에 올라 왕이 될 왕자를 낳았지만 왕의 어머니가 되는 꿈은 이루지 못했다. 그녀가 낳은 아들이 황은 1497년(연산군 3년) 12월에 출생하여 세자로 책봉된 뒤 정세명(丁世明)의 딸과 혼례를 앞두고 있었으나 중종반정으로 연산군이 폐위되면서 세자 이 황과 그의 빈도 폐세자, 폐빈이 되었다. 그 후 세자 이 황은 친동생 창녕대군 이 성과 이복동생 양평군 이 인, 이돈수 등과 함께 사사되었다. 또한 세자빈으로 간택되었던 정세명의 딸은 어떻게 살아갔는지 기록은 남아 있지 않다. 보나마나 그녀 역시 홀로 살아가다가 죽어 갔을 것이다.

폐비 신씨는 연산군과 능호도 받지 못한 채 왕릉이 아닌 묘에 잠들어

있다. 그러나 잠을 청하기는 어려울 것 같다. 그런 그들의 모습이 안쓰러운 듯 서울특별시 보호수 1호인 은행나무가 그들을 하루도 빠짐없이 올려다보고 있다. 그 은행나무는 수령이 830년이 넘는다. 연산군 묘역의 가족들보다 훨씬 일찍 그곳에 터를 잡은 은행나무다. 그 은행나무조차 슬프게 보인다. 그녀는 서울특별시 도봉구 방학동 산 77번지에 위치한 연산군 묘역에 연산군과 나란히 잠들어 있다. 그녀의 남편 연산군이 폐왕이 되는 바람에 그녀뿐 아니라 2남 1녀의 인생도 내리막길로 곤두박질쳤다.

연산군 묘역 아래에 살고 있는 약 830년 된 서울특별시 보호수 1호인 은행나무 사이로 연산군 묘역이 올려다 보인다. 연산군 묘가 조성된 이후 그들을 밤낮으로 지켜봐 주었을 은행나무다. 그 은행나무가 욕심을 다 털어 내고 만추를 즐기고 있다.

폐비 신씨의 아들 이 황(1497~1506)은 할머니로 폐비 윤씨를, 아버지로 연산군을 둔 게 죄가 되어 살해되었다. 폐비 신씨와 연산군과의 사이에서 2남 1녀 중 장남으로 1497년(연산군 3년) 태어나 1503년(연산군 9년) 7세 때 왕세자가 되었지만 1506년(중종 즉위년) 10세에 살해되었다. 그는 폐세자가 되어 목숨마저 잃었다. 다행히 폐세자 이 황은 혼례를 치르지 않아 부인과의 사이에 자녀가 없었다.

그러나 폐세자 이 황에게는 왕세자빈으로 간택되어 혼례를 기다리고 있는 규수가 있었다. 그 규수는 정세명의 딸로 1506년 2월 왕세자빈으로 간택되었다. 그런데 간택된 지 7개월만인 9월에 중종반정이 일어나 왕세자 이 황과 함께 폐위되었다. 그녀의 아버지 정세명은 딸이 왕세자 이 황과 혼례도 올리지 않았지만 혼인한 것과 다름없다하여 중종반정 때 살해되었다. 이 무슨 또 기막힌 일이란 말인가? 하지만 정세명의 딸은 왕세자이 황이 유배를 떠나면서 사가로 나간 뒤 기록이 남아 있지 않다. 그녀의 행방을 알 수 없다. 행방이 알려지면 죽을 수도 있었을 것이다. 왕세자 이 황과 왕세자빈으로 책봉된 정씨는 얼굴을 딱 두 번 보았다는데 부부로 운명을 함께해야만 했다. 왕세자 이 황을 만난 그녀의 인생 또한 기구하기 짝이 없다. 폐세자 이 황과 혼례를 치러 자녀가 있었어도 큰일 날 뻔했다. 자녀들 모두 해를 입었을 것이기 때문이다.

아버지 연산군에게는 왕세자로 책봉되었다가 폐세자가 된 장남 이 황 외에 차남으로 창녕대군(1501~1506)이 있었으며, 딸로는 휘순공주(1496~1508)가 있었다. 그리고 3명의 후궁 사이에서 태어난 아들이 2명,

딸이 1명 더 있었다. 하지만 그들 모두의 지위가 박탈되었으며 딸들만 겨우 살아남았고, 왕자들은 모두 목숨을 잃었다. 그 당시 중종반정을 일으킨 반정 세력들은 폐세자가 된 이 황의 아버지 연산군을 폐위시켜 강화도로 귀양 보냈으며, 왕세자 이 황도 왕세자의 지위를 박탈시켜 귀양을 보냈다. 그의 친동생인 창녕대군과 이복동생인 양평군 등의 다른 왕자들 역시 먼 곳으로 귀양 보낸 후 얼마 되지 않아 사사시켰다.

그런데 그들의 슬픈 이야기가 전해 오는 곳이 있다. 연산군의 아들들이 어린 나이에 귀양을 가서 고향을 그리워하면서 피리를 불었다는 전설이 숨어 있는 강원도 정선읍 덕우리 마을에 그들의 이야기가 전해 온다. 이 마을 건너편엔 피리를 부는 산이라는 뜻을 가진 취적봉(吹笛峰)이 있다. 이 취적봉(吹笛峰)은 해발 728.2m로, 폐세자가 된 연산군의 장남인 이 황과 어린 형제들이 이곳 버드내(유천리)로 유배되어 피리를 불며 고향 생각을 달래다가 중종이 내린 사약을 받고 죽었다는 전설을 가지고 있다. 이곳은 연산군 아들들의 슬픈 전설이 숨어 있는 곳으로 연산군의 4명의 아들이 이곳에 유배되면서 이 산의 이름이 붙여졌다고 전한다.

이곳에서 연산군의 맏아들인 세자 이 황을 비롯한 그의 어린 동생들은 감자로 목숨을 연명하고 피리를 불며 마음을 달래다가 결국 사약을 받고 짧은 생을 마감해야만 했다는 것이다. 마을 건너편 석벽이 덕우 8경 중 하나로 그들이 피리를 불었다던 취적대이고, 그 뒷산이 바로 취적봉이다. 한편 이곳에서 전해오는 이야기와는 달리 연산군의 아들들이 모두 이곳에서 죽은 것은 아니라는 설도 있다. 이덕일의 『조선선비 살해사건』에 의하면 연산군의 4명의 아들 중 세자였던 이 황만 이곳으로 유배를 왔었고, 창녕대군은 충청도 제천에, 숙빈 이씨의 소생인 양평군 등은 황해도 수안

등으로 유배되어 그곳에서 각각 사약을 받고 죽었다고 전한다. 그들은 왜 죽어야하는지도 모르고 그냥 죽어 갔을 것은 물론이다. 그렇게 짧은 생을 마감한 폐세자 이 황과 그의 동생들은 시신도 거두지 않아 지금 어디에 묻혀 잠을 자고 있는지 흔적조차 찾아낼 길이 없다.

다행인지 불행인지 중종반정 세력들이 연산군의 아들들과 달리 딸들은 죽이지 않았다. 그리하여 폐비 신씨의 소생인 휘순공주와 후궁 소생인 옹주는 살아남았다. 그 당시 연산군의 딸들은 이미 결혼하여서 시댁에 살고 있었기 때문에 죽음을 면했던 것으로 보인다.

따지고 보면 폐세자 이 황의 아버지 연산군이 폭군이 된 것은 그의 할

폐세자 이 황을 낳은 조선 제10대 왕 연산군 묘역의 가을 모습이다. 이곳에 폐세자 이 황의 묘는 없다. 그는 시신도 거두지 못해 묘조차 남아 있지 않다. 그러나 그의 누나 휘순공주는 아버지와 어머니가 나란히 잠든 연산군 묘역 맨 아래쪽에 매형 구문경과 나란히 잠들어 있다. 부모님과 한 묘역에 잠들어 있는 누나가 몹시 부러울 폐세자 이 황이다.

머니 때문이다. 그의 할머니는 조선 제9대 왕인 할아버지 성종의 얼굴에 손톱자국을 낸 폐비 윤씨다. 그의 할머니는 칠거지악에 걸려 성종의 계 비에서 폐비가 되어 서인으로 강등되었다. 폐비 윤씨는 후궁으로 간택되 어 입궁한 뒤 원비 공혜왕후 한씨가 죽어 왕비로 책봉되었다. 그때 임신 한 몸이었다. 숙의에서 왕비가 된 할머니는 3개월 후 할아버지 성종의 적 자로 아버지 연산군을 낳으셨다. 그러니 하루아침에 신데렐라가 된 기분 이셨을 것이다. 그런데 그 기분을 끝까지 이어가지 못하고 폐비가 되어 할아버지가 내린 사약을 받고 한삼자락에 피를 토해 놓고 세상을 떠났다. 할머니는 조선왕조 최초로 남편이 내린 사약을 받고 세상을 떠난 비운의 왕비다. 그다음으로는 장희빈이 남편이 내린 사약을 받아 마시고 세상을 떠났다. 왕의 여인으로 이보다 비참한 상황이 어디 또 있으랴.

그 후 할머니의 그 한삼자락의 피가 아버지 연산군을 폭군으로 만드는 데 일조했다. 예상했던 것처럼 아버지는 폐왕이 되어 강화도 교동으로 유 배를 갔다가 그곳에서 두 달 만에 역질에 걸려 죽음을 맞이했다. 아버지 는 끝내 왕으로 복위되지도 못했다. 그리하여 조선의 27명의 왕들 중 광 해군과 더불어 폐왕에 이름을 올릴 수밖에 없어졌다. 폐왕이 된 연산군의 아들 이 황 역시 광해군의 아들 이 지와 함께 조선의 4명의 폐세자들 속에 이름을 올릴 수밖에 없었다. 그는 제1대 왕 태조의 막내아들 의안대군과 제3대 왕 태종의 장남 양녕대군, 광해군의 아들 이 지와 더불어 복위되지 못한 4명의 폐세자들 중 한 명이 되었다. 그런데 폐세자들 중 연산군 아들 이 황과 광해군 아들 이 지의 무덤만 남아 있지 않다. 그들의 아버지인 연 산군과 광해군이 폐왕이 되었기 때문에 그랬는지는 모르나 그래도 한때 세자였는데 무덤 정도는 조성해 주었어도 되지 않았을까 싶다.

폐대군 창녕대군(1501~1506)은 조선 제10대 왕 연산군과 폐비 신씨 사이에 차남으로 태어났다. 그는 아버지인 연산군이 폐왕이 되면서 함께 폐위되어 폐대군이 되었다. 폐세자가 된 이 황의 친동생이 그다. 아버지와 함께 폐위된 어머니 폐비 신씨는 2남 1녀를 낳았다. 맨 위로 딸인 휘순공주(1495~?)를 낳았고, 이어 연산군의 왕위를 이을 장남 이 황(1497~1506)을 낳았으며, 차남으로 그를 낳았다. 그의 이름은 이 성이다.

그런데 창녕대군은 중종반정으로 그의 아버지인 연산군이 폐왕이 되어 쫓겨나면서 그도 폐대군이 된 뒤 친형인 이 황과 이복동생 양평군 이인, 이돈수 등과 함께 사사되었다. 창녕대군 등이 사사되기 전 『조선왕조실록』 중종 1년(1506 병인년) 9월 24일(경자) 3번째 기사에 '연산군 아들들(폐세자 이 황, 창녕대군 이 성, 양평군 이 인, 이돈수)을 사사하다'라는 제목으로 다음과 같은 내용이 실려 있어 옮겨 본다.

영의정 유 순·좌의정 김수동·우의정 박원종·청천 부원군유순정·무령 부원군유자광·능천 부원군구수영 및 여러 재추(宰樞) 1품 이상이 빈청에 모여, 의논하여 아뢰기를,

"폐세자 이 황(李 顗)·창녕 대군 이 성(李 誠)·양평군 이 인(李仁) 및 이돈수(李敦壽) 등을 오래 두어서는 안 되니, 모름지기 일찍 처단하소서. 또 연산군의 폐비 신씨가 지금 정청궁(貞淸宮)에 있는데 선왕의 후궁과 함께 거처하는 것은 옳지 않으니, 동대문 밖 광평대군(廣平大君) 집에 옮겨 안치하는 것이 어떠합니까?"

하니, 전교하기를,

"황 등은 나이가 모두 어리고 연약하니, 차마 처단하지 못하겠다. 폐비는 스스로 허물이 없는데, 문밖으로 내쳐 보내기가 정의상 몹시 가련하니, 성안에 옮겨 안치한다고 무슨 안 될 일이 있겠는가?"

하였다.

정승들이 다시 아뢰기를,

"황 등의 일을 전하께서 측은한 마음으로 차마 결단하지 못하고 계시지만 그 형세가 오래 보존되지 못할 것이니, 혹 뜻밖의 일이 있어서 재앙이 죄 없는 이에게까지 미치면 참으로 작은 일이 아닙니다.

지금 비록 인심이 이미 정하여졌으나, 원대한 염려를 하지 않으면 안 되니 모름지기 대의(大義)로써 결단하여 뭇사람의 마음에 응답하소서. 폐비는 신승선의 집을 수리해서 옮겨 두는 것이 어떠합니까?"

하니, 전교하기를,

"폐비는 그렇게 하고, 황 등은 나이 연약하고 형세가 고단하니, 비록 있은들 무슨 방해가 되겠는가?"

하였다. 정승들이 다시 아뢰기를,

"이는 국가의 큰일이니, 차마 못하는 마음으로써 대체(大體)에 누가 있게 하여서는 안 됩니다. 모름지기 대의로써 결단하여야 합니다. 이는 신 등의 뜻일 뿐만 아니라 곧 일국 신민의 뜻입니다. 신 등이 전하께서 차마 못하시는 것을 알지 못하는 것이 아니라, 여러 사람의 뜻이 이와 같으므로 마지못하여 감히 품달합니다."

하니, 전교하기를,

"황 등의 일은 차마 처단하지 못하겠으나, 정승이 종사에 관계되는 일이라 하므로 과감히 좇겠다."

하였다. 명하여 황, 성, 인, 돈수를 아울러 사사(賜死)하였다.

원문 :領議政柳洵, 左議政金壽童, 右議政朴元宗, 菁川府院君 柳順汀, 武靈府院君 柳子光, 陵川府院君 具壽永及諸宰樞一品以上, 會賓廳議啓曰: "廢世子 頭, 昌寧大君 誠, 陽平君 仁及敦壽等, 不宜久存, 須早處斷. 且燕山君廢妃愼氏, 今在貞淸宮, 不可與先王後宮同處, 移置東大門外廣平大君家何如?" 傳曰: "頭等, 年皆幼弱, 不忍處斷. 廢妃則自無愆咎, 門外黜送, 情甚可憐, 移置城內, 有何不可?" 政丞等更啓曰: "頭等事, 殿下以惻隱之心, 不忍斷之, 然其勢不可久存. 脫有意外之事, 禍及無罪, 則誠非細故. 今雖人心已定, 不可不遠慮, 須斷以大義, 以答群心. 廢妃則於愼承善家, 修理移置何如?" 傳曰: "廢妃則然矣, 頭等年弱, 勢孤, 雖在何妨?" 政丞等更啓曰: "此國家大事, 不可以不忍之心, 有累大體, 須當以大義斷之. 非特臣等之意, 乃一國臣民之意也. 臣等非不知殿下之不忍, 衆意如此, 故不得已敢達." 傳曰: "頭等事, 不忍處斷, 政丞以爲事關宗社, 故敢從之." 命頭, 誠, 仁, 敦壽竝賜死.

『태백산사고본』 1책 1권 20장 B면

『영인본』 14책 80면

『분류』 *왕실-종친(宗親) / *왕실-비빈(妃嬪) / *왕실-사급(賜給) /

*사법-행형(行刑)

중종의 애타고 안타까워하는 마음을 헤아릴 수 있는 기사다. 반정으로 연산군이 폐위되어 내쫓기면서 중종이 왕위에 올랐다. 반정세력에 의해 왕위에 오른 중종은 어떨 결에 왕이 되긴 했지만 마음이 편치는 않았을 것이다. 이복형인 연산군이야 워낙 지은 죄가 크니 벌을 받아 마땅하지만 폐비가 된 연산군의 부인 신씨나 연산군의 어린 자녀들에게까지 벌을 준다는 것에 대해서는 측은지심이 들 수밖에 없었을 것이다. 연산군 부인 신씨에게 중종은 시동생이고, 연산군의 자녀들에겐 삼촌이었으니 어찌 망설임이 없었겠는가. 그러나 끝내 국가의 큰일이라며 대의로서 결단을 내리라는 신하들의 말에 중종은 더 이상 반대를 못하고, 종사에 관계되는 일이라니 따르겠다는 전교를 내리고 말았다.

아버지 연산군이 왕위를 더 이상 지킬 수 없게 원인을 제공한 창녕대군의 할머니 폐비 윤씨의 한겨울 회묘 모습이다. 왕릉의 모습을 하고 있지만 소용없는 일이다. 그가 어린 나이에 왜 죽어야 하는지도 모르고 살해되었으니 그 책임을 누가 져야 하나 모르겠다. 일차적으로 할머니인 폐비 윤씨가 져야 할 것은 물론이고, 그다음으로 아버지인 연산군이 모두 져야 할 것이다. 그냥 할머니가 되고, 아버지가 되는 게 아니다.

그리하여 중종의 명에 의해 창녕대군도 사사되었다. 그때 나이가 겨우 6세였다. 친형인 폐세자 이 황이 10세였으니 이복동생인 양평군과 이돈수는 더 어렸을 게 아닌가. 그야말로 그들은 궁궐에서 쫓겨나면서부터 두려움에 계속 울부짖다 생을 마감했을 것이다. 아버지를 연산군으로 둔 죄로 너무도 어린 나이에 사약을 받아 생을 마감한 이들의 인생을 그 누가 보상해 주겠는가. 창녕대군은 물론 세자였던 친형 이 황과 이복동생의 묘는 남아 있지도 않다. 흔적도 남기지 못한 채 모두 이슬처럼 사라져 버렸다.

폐공주! 휘순공주

폐비 신씨에게 외동딸이 있었다. 연산군과의 사이에 맏딸로 태어난 휘순공주(1495~?)다. 그녀 역시 동생들과 마찬가지로 작위를 박탈당해 폐공주가 되었다. 그녀의 이름은 이수억이다. 그녀는 1503년(연산군 7년) 9세의 나이에 구수영의 넷째 아들 구문경과 혼인하였고, 이에 따라 구문경은 능양위로 임명되었다. 그녀의 시아버지 구수영은 세종의 8남인 영응대군의 사위였다. 한참 뛰어놀아도 모자랄 나이인 9세에 혼인을 했다니 생각할수록 이해하기 어렵다. 지금으로 보면 초등학교 2학년이 아닌가 말이다.

연산군은 휘순공주가 혼인을 앞두고 있을 때 출가할 집을 지어 주도록 하였으며, 이후에도 휘순공주의 집 근처에 있는 시전과 도량형·물가 등에 관한 일을 관장하는 평시서(平市署) 터를 공주에게 주고 그를 옮기도록 한 바 있다. 휘순 공주에 대한 연산군의 계속된 특혜는 연이어 논란거리가 되었다. 갑자사화 때 죽음을 당한 임희재의 처 구순복은 구문경의 누이였는데, 본래 남편의 죄에 연좌되어 노비가 되기로 하였던 것을 휘순공주의 뜻을 보아 특별히 놓아주기도 하였다. 이런 기사가 1504년(연산군 10년 8월 20일) 『연산군일기』에 자세히 기록되어 있다.

그녀의 시아버지 구수영은 휘순공주와 아들을 혼인시킨 뒤 아첨과 간사로 연산군에게 사랑을 받았다. 그는 미녀를 사방으로 구하여 바치니, 연산군이 매혹되어 구수영을 팔도도관찰사(八道都觀察使)로 삼기에 이르렀다. 그런데 구수영은 연산군에게 받은 사랑은 저버리고 1506년 중종반정에 가담하여 공을 세워 공신이 되었다. 줄을 요리조리 참 잘 선다고 해야 맞을라나 모르겠다.

반정으로 연산군이 폐위되어 쫓겨나면서 왕으로 추대된 중종은 휘순공주와 구문경의 직첩을 거두고 폐하여 서인으로 만들었다. 휘순공주는 하루아침에 공주에서 서인이 되고 말았다. 또한 연산군 재위 시 공주에게 지급하였던 물건 및 집과 재산 등도 국가에 귀속시키도록 하였다. 그런데 휘순공주의 집은 중종반정을 선두 지휘한 일등공신 박원종에게 넘어갔고, 재산 또한 박원종과 유순정, 성희안이 나누어 가졌다. 그녀의 시련은 거기서 끝나지 않았다. 중종반정에 가담하여 공을 세웠던 시아버지 구수영에 의해 그녀는 남편 구문경에게 이혼당하고 말았다. 당시 사헌부에서는 구수영이 연산군의 총애를 받은 바 있으며 자신에게 화가 미칠까 두려워 구문경으로 하여금 절혼하게 했다며 비판하였으나 받아들여지지 않았다. 그 후 1508년(중종 3년) 정광필은 경연에서 조종조(祖宗朝)에서는 부부된 자가 비록 난신자녀(亂臣子女)에 들었다 할지라도 차마 이별시키지 못했다고 하며, 휘순공주의 이혼이 잘못된 것이라 주장하였다.

유 순 또한 출가한 딸은 그 친부 쪽의 죄에 연좌시키지 않는 뜻이 매우 분명하고, 당시 이혼이 변란을 만나 부득이하게 이루어졌던 것이니 휘순공주부부를 다시 합하도록 할 것을 요청하였다. 이에 중종은 유 순 등의 의견에 따라 휘순공주 부부를 다시 합하도록 하였으며, 반정 당시 가사를 모두 몰수하였으므로 빈 집을 사급하여 주거나 그 값을 계산하여 면포를 주도록 하였다. 그리하여 이혼당한 지 2년 만에 휘순공주는 구문경과 재결합하였다.

그녀는 연산군 같은 아버지를 두어 결혼 생활마저 풍비박산 나는 지경을 겪어야만 했다. 그래도 그녀는 죽어서 아버지가 잠들어 있는 연산군묘역의 맨 아래쪽에 그녀의 남편 구문경보다 먼저 잠들었다. 남편인 구문경보다 먼저 세상을 떠났기 때문이다.

폐공주 휘순공주가 연산군 묘역 아래에 남편 구문경과 나란히 잠들어 있는 모습이다. 휘순공주와 구문경 묘 앞에는 비석과 혼유석, 장명등, 망주석, 문석인 등이 각각 2기씩 세워져 있고, 향로석 1기가 가운데 세워져 있다.

휘순공주의 비석에는 그녀가 폐공주가 되었기에 공주란 글씨는 없고, '전주이씨지묘((全州李氏之墓)'라고만 한자로 씌어 있다. 공주의 작위를 잃고 서인이 되어 살다가 죽었기 때문이다. 그녀의 남편 구문경의 묘 앞에 세워져 있는 비석에도 '능성구공지묘(綾城具公之墓)'라고 씌어 있다. 그 역시 그에게 내려졌던 능양위란 작위가 박탈되었기 때문이다. 휘순공주는 구문경과의 사이에 1남의 자녀만 남겼다. 그가 연산군 부부에게 제사까지 지내 준 연산군의 외손자 구 엄이다.

그런데 안타깝게도 휘순공주는 아들 구 엄을 낳다가 그만 젊은 나이로 죽었다. 그녀의 어머니 폐비 신씨가 하나 남은 딸마저 먼저 보내고 얼마나 슬펐을지는 상상이 안 된다. 딸까지 자신보다 먼저 죽었으니 그 심정 말하면 무엇하랴. 휘순공주가 죽자 그녀의 어머니는 시댁의 만류에도 불구하고 기어이 아버지가 잠들어 있는 연산군의 묘 아래에 묻었다. 나중에 사위 구문경도 장모인 어머니보다 일찍 죽어 이곳에 나란히 묻어 주었다. 그 후 그녀의 어머니 폐비 신씨는 태어나자마자 어머니를 잃은 외손자 구 엄을 키우면서 일생을 보내다가 세상을 떠났다. 휘순공주가 유일하게 남기고 죽은 구 엄 또한 비운의 공주의 아들이다.

휘순공주의 어머니 폐비 신씨는 남편과 자녀 모두를 앞세우고 자신을 고모로 둔 죄로 폐비가 된 중종의 원비 단경왕후 신씨와 20여 년을 함께 살다가 세상을 떠났다고 한다. 두 폐비가 함께 의지하며 살아간 것을 불행 중 다행이라 해야 맞으려나 모르겠다. 고모인 연산군부인이 폐비가 되면서 조카인 중종의 부인 단경왕후 신씨가 왕비에 올랐지만 고모와 조카 사이인 게 화가 되어 왕비가 된 지 7일 만에 폐비가 될 수밖에 없었다. 거창신씨 가문에 두 왕비가 난 게 아니라 두 폐비가 나고 말았다. 그리하여 두 폐비는 함께 의지하며 살다가 먼저 휘순공주의 어머니 폐비 신씨가 62세가 되던 1537년(중종 32년) 6월 노환으로 한 많은 세상을 떠났다. 그리고는 엄청나게 속만 썩이다 일찍 세상을 뜬 아버지 연산군 곁으로 가 나란히 잠들었다. 그 결과 휘순공주는 어머니 거창군부인 신씨와 아버지 연산군의 발치에 잠들게 되었다.

유배생활 중 화병으로 목숨을 잃은 폐비 문성군부인 류씨

제15대 왕 광해군의 비

전체 14만여 평의 창덕궁은 전각이 4만 5천 평, 후원이 9만 5천 평에 달한다. 그 넓은 후원에 자리한 한반도의 모양을 닮은 반도지의 모습이다. 그곳에 세워져 있는 부채꼴 모양의 관람정의 봄 풍경이 너무 아름답다. 임진왜란 때 모두 잿더미가 되었던 궁궐을 광해군 때 모두 복원하였다. 복원한 뒤 광해군이 폐비 문성군부인 류씨와 함께 창덕궁의 후원을 거닐었는지 궁금해진다. 재위 기간이 15년 1개월이나 되었으니 폐왕이 되고 폐비가 되기 전 창덕궁의 아름다운 후원을 함께 거닐었으리라.

폐비 류씨(1598~1623)는 남편인 광해군이 왕위에서 쫓겨나면서 연산군 부인 폐비 신씨와 마찬가지로 날벼락 맞은 왕비다. 그녀는 문양부원군 류자신과 봉원부부인 정씨의 3남 3녀 중 막내딸로 선조 31년에 태어나 제15대 왕 광해군(1575~1641)의 비가 되었다. 그녀의 자녀로는 왕이 될 아들 이 지(1598~1623)만을 낳았다. 그 아들이 세자로 책봉되었다. 그러나 그녀의 남편 광해군이 재위 기간 15년 1개월 만에 폐위되어 그녀도 폐비가 되었고, 그녀의 아들도 폐세자가 되었다. 그녀는 폐비가 된 후 남편 광해군보다 먼저 유배지에서 죽음을 맞이했다. 그녀의 본관은 문화이다.

그녀는 남편인 광해군이 이복동생 정원군의 아들 능양군에게 왕위를 빼앗겨 함께 폐위되었다. 평소 광해군으로 인해 자신의 동생 능창군이 강화 교동도에 유배되어 그곳에서 자결한 것에 대해 불만이 있었던 능양군이 반정을 주도한 것이다. 그 결과 광해군은 폐왕이 되었고, 그녀는 폐비가 되었다. 그랬기에 그녀에겐 시호도, 묘호도, 능호도 내려지지 않았다. 그녀를 문성군부인 류씨, 아니면 폐비 류씨라고 부른다. 그녀는 광해군이 즉위하자 세자빈에서 왕비로 책봉되었다. 왕비의 자리에 올라 무려 15년이 넘게 조선의 국모로 있었다. 하지만 남편이 왕위에서 쫓겨나면서 그녀 역시 왕비의 자리를 내놓아야만 했다.

그녀를 폐비가 되게 한 남편 광해군은 그녀의 시아버지 선조에게 유일한 적자 영창대군을 선물해 준 시어머니 인목왕후 김씨에 의해 폐위되었다. 그녀의 시어머니는 시아버지인 선조의 계비가 되어 시아버지가 그렇게 기다리던 적자와 적녀를 낳았다. 그러나 그녀의 남편 광해군에게는 서모인 인목왕후 김씨가 불편한 존재였다. 그녀의 아버지 류자신에게도 마찬가지였다. 무엇보다 세자 자리를 빼앗길까 봐 그랬을 것이다. 아니나 다를까? 남편 광해군은 시아버지 선조가 죽은 지 얼마 안 되어 8세밖에 안 된 이복동생 영창대군을 강화도로 유배시킨 뒤 이듬해 살해당하게 만들었다. 그러고도 그 영창대군을 낳은 인목왕후 김씨를 정명공주와 함께 5년 동안이나 덕수궁 석어당에 가둔 채 꼼짝 못하게 하였다. 이 사건이 남편 광해군이 왕위에서 내쫓기게 된 가장 큰 원인이 되었다. 그래도 인목왕후 김씨가 아버지의 부인으로 어머니나 마찬가지인데 그런 엄청난 불효를 했으니 반정에 대응할 평계를 찾기 어려웠을 것이다.

결국 광해군은 인목왕후 김씨를 폐비로 만든 뒤 유폐시킨 바로 그곳! 석어당 앞에서 무릎을 꿇고 왕위에서 쫓겨나고 말았다. 그런데 그곳이 어디인가? 시아버지인 선조의 뒤를 이어 남편 광해군이 1608년(선조 41년) 즉위한 곳이 아닌가. 남편은 자신이 즉위한 곳에서 폐위되고 말았다. 덕수궁과 남편 광해군은 보통 인연이 아니다. 참으로 기막힌 인연이 아닐 수 없다. 그 당시에는 현재의 덕수궁을 정릉행궁이라 불렀다. 마침 비어 있던 그곳을 조선 제14대 왕 선조가 1593년(선조 26년)부터 행궁으로 사용하기 시작하였다. 1592년(선조 25년) 임진왜란 때 왕궁이 모두 불타 버렸기 때문이다. 그 뒤 그곳에서 시아버지인 선조가 세상을 떠났고, 그 시아버지의 뒤를 이어 광해군이 즉위를 하였다. 광해군은 행궁의 이름도 1611년(광해군 3년) 경운궁이라 지었다. 그리고 광해군 자신도 그곳을 7년 동안 왕궁으로 사용하다가 1615년(광해군 7년) 자신이 복원한 창덕궁으로 옮겨 갔다. 그런데 무슨 일인지? 그때 인목왕후 김씨는 경운궁에 그대로 거처케 하였다.

그러고는 1618년(광해군 10년) 인목왕후 김씨를 그곳에 유폐시기에 이르렀다. 유폐시키면서 그녀의 존호까지 폐하고 경운궁을 서궁이라 낮추어 부르게 했다. 그 후 1623년(광해군 15년) 유폐된 지 5년이 지나 인조반정으로 딸 정명공주와 함께 인목왕후 김씨는 복위되었다.

한편 광해군은 대비에 오른 그녀 앞에 무릎을 꿇었고, 폐왕이 되어 강화의 교동도로 유배를 떠났다. 광해군이 폐위되고 광해군의 뒤를 이어 인조가 이곳 광해군이 즉위했던 즉조당에서 즉위하였다. 그 뒤 경운궁은 왕이 거처를 창덕궁으로 옮겨 간 후 270년 동안은 별궁으로만 사용되었다. 그러다가 조선말 고종이 순종에게 왕위를 넘겨주고 이곳에 살다가 함녕전에서 죽음을 맞이했으니 경운궁 역시 조선왕조의 아픈 역사가 곳곳에 배어 있는 궁궐이다.

인조반정에 의해 폐위된 남편 광해군을 따라 폐비가 된 그녀는 1623년(인조 즉위년) 음력 3월 12일, 폐세자가 된 그녀의 아들 이 지와 폐빈이 된 그녀의 며느리 박씨와 함께 왕족들의 단골 유배지인 강화도로 유배를 떠났다. 인조반정의 주도 세력은 그녀의 남편 광해군의 죄상을 '폐모살제(廢母殺弟)', 즉 어머니를 유폐하고 동생을 죽였다는 점에 맞추었다. 그 누가 생각해 봐도 남편 광해군은 큰 죄인임은 틀림없었다. 그녀는 하루아침에 죄인의 아내가 되어 궁궐에서 쫓겨났다. 그리하여 남편 광해군과 아들부부와 강화도에 각각 위리안치(圍籬安置)되었다.

그런데 그녀의 유일한 아들, 폐세자 이 지와 폐빈 박씨는 유배생활 중 강화도 바깥쪽과 내통을 하려다가 발각되고 말았다. 그 당시 그녀의 아들 내외의 나이는 20대 중반이었다. 이 사건으로 인하여 선조의 계비이자, 영창대군의 생모인 인목왕후 김씨는 이들을 죽이려 했다. 어떡하든 이들을 죽이려고 벼르고 있었을 그녀였으니 기회가 왔다 싶었을 것이다. 이 소식을 전해 들은 폐세자 이 지는 스스로 목숨을 끊었고, 폐빈 박씨도 자결하고 말았다. 폐빈 박씨는 세자가 가시울타리를 빠져나갈 때 나무 위에 있었다고 하는데 아마 망을 보고 있었던 것 같다. 하지만 남편인 폐세자 이 지가 탈출에 실패하여 다시 안으로 들어오는 것을 본 박씨는 놀라서 그만 나무에서 떨어졌고, 폐세자 이 지가 목숨을 끊은 뒤 폐빈도 스스로 목숨 을 끊었다고 한다. 이 같은 비극이 어디 또 있겠는가.

이렇게 장성한 아들과 며느리를 잃은 광해군부인 폐비 류씨는 아들 내 외가 세상을 뜬 다음 해 목숨을 잃었다. 그녀는 광해군의 중립정책을 이해 할 수 없는 처사라면서 재위 시절 광해군에게 대명 사대주의를 주청하기

조선 제15대 왕 '광해군 묘' 표지판이 15년 1 개월 동안 왕위에 올라 있던 광해군을 남편 으로 둔 폐비 류씨가 광해군과 나란히 잠들 어 있는 묘를 친절히 안내하고 있다. 표지판 은 눈부신 석양빛을 받고 있는데 철 울타리 안에 갇혀 잠들어 있는 광해군 부부의 묘에 는 햇살이 좀처럼 찾아들기 어렵게 생겼다.

도 했다. 또한 반정 당시 광해군이 폐위되자, 궁궐 후원에 숨어 인조반 정이 종묘사직을 위한 것이 아니라 몇몇 인사들의 부귀영화를 위한 것 이라고 비판했다. 그 만큼 그녀는 나 름대로의 성리학적 사상을 기반으 로 한 가치관이 뚜렷한 여인이었다. 그녀는 왕비에 올라 다음 왕위를 이 어갈 왕자까지 낳은 왕비였다. 그런 데 그녀에게 상상치도 않은 일이 벌 어져 그녀가 왕의 어머니가 되는 일 은 있을 수 없는 일이 되고 말았다.

그녀는 유배생활이 시작되면서 얻은 화병으로 유배생활 7개월 만인 1623년(인조 즉위년) 음력 10월 8일 비극적인 생을 마감하게 되었다. 그녀의 아들 내외가 자결을 한 지 4개월 만에 그녀도 세상을 떠났다. 15년 1개월이나 국모의 자리에 올라 있던 그

녀가 하룻밤 사이에 남편과 함께 죄인이 되어 유배지로 떠나게 되었으니 기가 막힐 노릇이었을 것이다. 그녀가 화병이 걸린 것은 당연한 일이다. 그녀에게는 폐세자가 된 이 자밖에 자녀가 없었다. 그런데 폐비가 되어 유배를 와 있는 것도 억울한데 아들 내외 마저 그렇게 비참하게 죽어 갔으니 그녀가 더 살아가야 할 의미가 없었는지도 모른다. 그녀와 달리 광해군은 그녀보다 18년이나 더 유배생활을 하다가 그녀의 곁에 와 잠들었다. 그녀의 남편 광해군은 참으로 모진 삶을 살다가 세상을 떠났다. 왕위에서 쫓겨나 갖은 수모를 겪으며 19년이 넘는 유배생활을 했으니 하는 말이다.

그녀의 남편 광해군은 그녀와 아들 내외와 함께 강화도로 유배를 갔지만 그곳에서 부인인 폐비 류씨와 아들 내외를 잃고 유배지를 옮겨 다니다가 최종 유배지 제주도로 향해야만 했다. 강화도에서 아들 내외와 아내마저 잃고 뱃길 따라 하염없는 유배길에 올랐을 그녀의 남편 광해군의 마음은 어땠을까? 그가 유배지를 제주로 옮기면서 배 안에서 쓴 시가 유일하게 남아 있다. 강화도에 유배되었던 수많은 왕족들은 감시가 심해 유배지에서 글을 쓸 수조차 없었다. 유배길에 올라 광해군이 자신의 심정을 써 내려간 시를 소개해 본다.

風吹飛雨過城頭 (풍취비우과성두)

궂은 비바람이 성 머리에 불고

瘴氣薰陰百尺樓 (장기훈음백척루)

습하고 역한 공기는 백척루에 가득 찬데

滄海怒濤來薄暮 (창해노도래박막)

창해 거친 파도가 땅거미를 뒤덮고

碧山愁色帶淸秋 (벽산수색대청추)

시퍼런 산 근심어린 기운은 맑은 가을을 둘러싸네

歸心厭見王孫草 (귀심염견왕손초)

돌아가고 싶은 마음에 왕손의 풀을 바라보고

客夢頻驚帝子洲 (객몽빈경제자주)

떠돌이의 꿈에는 왕도가 아른 거린다

故國存亡消息斷 (고국존망소식단)

고국 존망 소식은 들을 수도 없는데

烟波江上臥孤舟 (연파강상와고주)

안개 자욱한 강위 외딴 배 누웠구나

*王孫草(왕손초) : 중국 한나라 회남왕이 왕손은 돌아오지 않는
데, 풀만 무성하다고 한 데서 유래.

폐비 류씨와 광해군을 수호하고 있는 문석인의 모습이다. 눈을 감은 채 체념한 표정으로 서 있다. 문석인이 19년이 넘는 유배 생활을 견뎌낸 그녀의 남편 광해군을 닮은 모양이다. 머리가 떨어져나간 망주석 옆에 석마도 대동하지 못한 채 침통한 모습으로 서 있는 문석인은 바라볼수록 애잔하다. 그 문석인 눈에서 금세 억울함의 눈물이 주르륵 쏟아져 내릴 것만 같다.

폐비 류씨의 묘는 광해군의 소원대로 그녀의 시어머니인 공빈 김씨의 묘와 가까운 곳에 자리 잡고 있다. 그녀는 남편 광해군과 나란히 쌍분으로 조성된 묘에 잠들어 있다. 아마 그녀는 억울하고, 분해서 잠들지 못하고 있을 것이다. 그녀 말고도 조선의 왕의 여인들 중 잠 못 이루고 있을 왕의 여인들이 너무나 많아 보인다. 왕비의 자리에 올라 행복했던 왕비는 과연 몇 명이나 될지 또다시 궁금해진다. 아무나 왕비가 되지 못하기에 그만큼 그 자리가 힘든 자리인 모양이다. 왕비의 일생은 왕의 일생에 따라 희비가 엇갈리게 마련이었다. 아무리 잘난 왕비라 해도 남편인 왕을 잘 만나야 왕비의 일생이 편안했다. 죽어서까지도 그 영향은 미친다.

광해군 부인 류씨 묘 앞에는 '문성군부인류씨지묘(文成郡夫人柳氏之墓)'라 새겨져 있는 비석이 서 있다. 그녀의 묘 앞에 서 있는 새까맣게 변해버린 비석이 그녀의 가슴속을 보는 듯하다.

그녀의 남편 광해군은 유언으로 어머니인 공빈 김씨의 발치에 묻어 달라고 했다. 그러나 계곡을 사이에 두고 그의 시어머니 공빈 김씨의 성묘 건너 편 산기슭에 잠들었다. 폐비 류씨가 남편 광해군과 함께 시어머니 공빈 김씨의 묘를 멀찍이서 올려다보며 잠들어 있다. 사실 폐비 류씨는 공빈 김씨의 얼굴도 모른다. 그녀의 남편이 어려서 죽었기 때문이다. 시어머니인 공빈 김씨는 광해군과 임해군의 생모로, 왕자를 기다리던 시아버지 선조에게 2명의 아들을 연달아 안겨 주어 사랑을 받았던 선조의 제1후궁이었다. 거기에 광해군이 선조의 뒤를 이어 왕위에 올랐으니 그녀의 시어머니는 행복한 왕의 여인 중 한 명이라 할 수 있다. 아마 광해군이 왕위에서 쫓겨나지만 않았다면 왕을 낳은 후궁들의 신주를 모셔 놓은 칠궁에 그녀의 시어머니 신주도 모셔져 있었을 것이다. 안타깝게 시어머니 대신 시어머니와 동서지간이었던 인빈 김씨의 신주가 칠궁에 모셔져 있다.

어쩌면 그녀의 남편 광해군이 후궁이었던 자신의 어머니를 왕후로까지 추존하였으니 후궁들의 사당인 칠궁이 아닌 왕과 왕비의 사당인 종묘의 선조 곁에 신주를 모셨을 수도 있겠다 싶다. 선조의 계비 인목왕후 김씨를 폐비시켜 덕수궁에 유폐시킨 것도 그러기 위함이었기 때문이다. 하지만 광해군의 꿈은 이루어지지 않았다. 인조반정으로 광해군의 어머니 공빈 김씨와 인조의 할머니 인빈 김씨의 희비가 교차되어 버렸다. 인빈 김씨의 손자 능양군이 광해군을 몰아내고 왕으로 추대되었기 때문이다. 인빈 김씨는 왕이 된 능양군의 할머니로 추존 왕 원종의 어머니다. 인빈 김씨는 손자 덕분에 아들이 왕으로 추존되어 아들은 왕릉에, 자신은 원에 잠들어 있다. 그녀의 시어머니 공빈 김씨만 허망하게 되어 버렸다. 잠시 잠깐 공빈이 아닌 공성왕후가 되었고, 성묘가 아닌 성릉이 되었을 뿐이다. 아마도 그녀의 시어머니 복은 거기까지였나 보다. 그리고 폐비 류씨의 복도 거기까지였나 보다.

그녀는 폐왕이 된 그녀의 남편 광해군과 광해군묘역에 나란히 묻혀 있다. 그녀의 남편 광해군은 그의 부인 류씨에게 많이도 미안해할 것 같다.

폐비 류씨와 광해군이 나란히 잠들어 있는 광해군 묘역의 장명등 모습이다. 그 장명등 앞으로는 낭떠러지다. 사초지에 잔디는커녕 토사마저 무너져 내리고 있다. 장명등 창으로 내다보이는 길이 더없이 쓸쓸해 보인다. 마치 그 길을 통해 누군가 찾아오기를 기다리고 있는 것만 같다.

부인뿐 아니라 그의 아들, 며느리 등에게도 미안할 것이다. 그들은 모두 폐위되어 비운의 왕비, 비운의 왕세자, 비운의 왕세자빈이 되어 비참한 최후를 맞이해야만 했다. 그녀가 미워할 수밖에 없는 광해군은 왕위에서 쫓겨나 유배지를 이리저리 옮겨 다니면서도 유배생활에 잘 적응했다. 그러니 죽어서도 아픔은 다 잊고 잠을 쿨쿨 자고 있을 것으로 보인다. 그녀는 시어머니 발치에 남편 광해군과 나란히 누워 있지만 영원히 잠들지 못할 왕의 여인 중 한 명이라 생각된다.

그녀의 묘는 광해군과 함께 쌍분으로 조성되어 있지만 햇빛도 제대로 들지 않는 곳이다. 거기에 경사마저 심해 잘못하다가는 낭떠러지로 굴러 떨어질 수도 있다. 누가 봐도 묘 자리로 적합하지 않다는 생각이 들 것이다. 건너편 양지바른 산에 잠들어 있는 시어머니의 묘 자리와는 상대가 안 되는 지리다. 광해군에게 목숨을 빼앗긴 광해군의 친형이자 그녀의 시아주버니인 임해군과 그녀의 동서인 임해군부인묘도 광해군 묘역에서 얼마 떨어지지 않은 곳에 위치해 있다. 그녀가 잠들어 있는 광해군 묘역은 그녀의 시어머니가 잠들어 있는 성묘의 아래쪽에 자리해 있고, 임해군부부의 묘역은 성묘의 위쪽에 자리해 있다.

광해군의 생모이자 그녀의 시어머니인 공빈 김씨가 잠들어 있는 성묘의 전경과 후경이다. 광해군의 소원대로 그녀와 광해군이 공빈 김씨 발치에 잠들어 있다. 그녀의 시어머니가 잠들어 있는 성묘 앞에는 고려의 개국공신 조 맹의 묘가 오른쪽 사진에서 보듯이 자리하고 있다. 풍양 조씨의 시조이기도 한 조 맹의 묘역에 공빈 김씨의 묘역을 조성했다. 남의 묘역을 가로챈 것부터가 잘못이었다.

폐비 류씨와 그녀의 남편 광해군이 곡장 안에 나란히 잠들어 있다. 그러나 왕릉과는 비교조차 안 되는 무덤의 모습을 하고 있다. 두 무덤 앞에는 혼유석, 향로석, 비석, 장명등이 각각 설치되어 있고, 망주석 1쌍, 문석인 1쌍이 배치되어 있을 뿐이다. 봉분을 보호하는 호석조차 없다. 병풍석이나 난간석, 석양, 석호, 무석인, 석마 등도 당연히 없다. 사초지도 조성되어 있지 않아 초라한 느낌이 많이 든다. 햇빛이라도 찾아와 그녀의 아픈 마음을 어루만져 주어야 할 텐데 여간해서 햇빛이 찾아들 것 같지가 않다. 그녀는 경기도 남양주시 진건면 송릉리 산 59번지 어머니가 그리워 그 발치에 잠들기를 원했던 남편 광해군과 나란히 잠들어 있다. 그녀의 자녀로는 세자로 책봉되었다가 갑자기 폐세자가 되어 유배지에서 자결한 아들 이 지뿐이다.

폐비 류씨가 남편 광해군과 나란히 잠들어있는 묘의 모습이다. 남편의 실정으로 남편은 폐왕이 되었고, 그녀는 폐비가 되어 왕릉도 아니고, 원도 아닌 묘에 초라하게 잠들어있다. 국모로서 내전을 통치했던 그녀가 갑자기 폐비가 되었으니 그녀의 인생이 무상할 뿐이다. 그녀가 유배지에서 화병으로 세상을 뜰만 했다. 장마가 광해군 묘역을 할퀴고 간 뒤라 그런지 묘역이 형편없다 폐비 류씨의 하나밖에 없는 아들 이 지(1598~1623)도 폐세자가 되어 세상을 떠났다. 그는 아버지를 광해군으로 둔 게 이유면 이유랄까? 아버지가 폐왕이 되면서 폐세자가 되었다. 그는 광해군과 폐비 류씨 사이에 외아들로 1598년(선조 31년) 태어나 세자로 책봉되었다. 그리고 1610년(광해군 2년) 13세 되던 해 밀양 박씨인 박자흥의 딸과 혼인한 뒤 세자가 되었다. 그러나 연산군의 아들들처럼 그도 아버지를 잘못 둔 죄로 폐세자가 되어 왕세자빈과 함께 죽음을 맞이하였다. 그와 왕세자빈 사이에 자녀는 없었다. 그는 갑자기 왕의 아들이 아닌 죄인의 아들이 되고 말았다.

이 지는 광해군이 1623년(광해군 15년) 인조반정으로 왕위에서 폐위되면서 함께 폐위되어 폐세자가 되었다. 아버지 광해군의 실정으로 그는 아무 잘못을 안 했어도 왕세자의 자리에서 물러나야만 했다. 그리고 1623년 음력 3월 12일 폐왕이 된 아버지와 폐비가 된 어머니, 그리고 폐빈이 된 그의 아내 박씨와 함께 강화의 교동도로 유배되었다. 부모님은 강화부의 동문 쪽에, 폐세자 부부는 서문 쪽에 각각 위리안치 되었다. 유배 장소에 온통 탱자나무 가시울타리가 둘러쳐져 있어 외부와 접촉할 수도 없었다.

그러던 어느 날 폐세자 이 지 부부는 담 밑에 구멍을 뚫어 바깥으로 빠져나가려다 들켜 잡혔다. 그때 잡힌 폐세자 이 지의 손에는 은 덩어리와 쌀밥, 그리고 황해도 감사에게 보내는 편지가 있었다. 이 내용의 편지가 무엇인지는 알 수 없었지만 자신을 옹호하고 있던 평안감사와 모의하여 반정 세력을 다시 축출하려는 시도였을 것으로 보인다.

그는 광해군의 아들로 태어나 폐세자가 된 지 3개월 좀 넘은 1623년(인조 즉위년) 음력 6월 25일, 그곳을 빠져나가려다 붙잡히고 말았다. 기회를 기다리기라도 했듯 선조의 계비 인목왕후 김씨와 반정 세력들은 그를 죽이기로 결정을 내렸다. 이 사실을 전해들은 폐세자 이 지는 스스로 목숨을 끊고 말았다. 폐빈 박씨도 이 사건으로 스스로 목숨을 끊었다. 이같이 비참하게 죽어간 아들 내외의 소식을 전해 들은 문성군부인 류씨도 그 해 음력 10월 8일, 화병으로 죽었다. 이런 가족들의 비극을 광해군은 어찌 받아들였을지 궁금할 뿐이다. 그러나 광해군은 묵묵히 유배지를 몇 번에 걸쳐 옮겨 다니다가 제주도에서 생을 마감하였다. 67세의 나이로 1641년(인조 19년) 죽음과 함께 파란만장한 19년의 유배생활에 종지부를 찍었다. 아마도 그는 죽지 못해 살았을 것이다.

그런 아버지 광해군의 업보로 아들인 이 지의 인생이 엉망진창으로 흐트러져 도저히 맞출 수 없는 퍼즐 판이 되어 버렸다. 그의 아버지 광해군은 선조의 유일한 적자로 선조 39년에 태어난 나이 어린 영창대군(1606년~1614년)을 강화도로 유배시킨 것도 모자라 1614년(광해군 6년)에 처참하게 살해당하도록 내버려 두었다. 영창대군을 방에 가둔 채 불을 마구 때어 열기에 타죽게 만들었다. 그때 영창대군의 나이 겨우 9세였다. 그뿐만이 아니었다. 할아버지 선조의 계비로 대비에 오른 영창대군을 낳은 할머니 인목왕후 김씨도 5년여 동안 정명공주와 함께 덕수궁에 유폐시켰다. 그러니 어찌 아버지의 삶이 무사할 수 있었겠는가. 아버지의 이복동생인 영창대군을 그렇게까지 죽이지 않아도 될 일이었다. 영창대군은 왕인 아버지보다 무려 31세나 어렸고, 세자인 이 지보다도 8세나 어렸다. 아들인 이 지보다 어린 그런 동생을 그렇게 잔인하게 살해당하도록 놓아두었으니 하늘도 무심하지 않았을 것이다. 자녀를 낳아 키우는 사람은 뭐가 달라도 달라야함을 아버지 광해군은 미처 깨닫지 못했던 모양이다. 부모의 자리가 얼마나 조심스러운 자리인지 생각조차 안 했나 보다. 하물며 한 나라의 군주가 백성들에게 무엇을 가르쳐 주려고 그것도 형제를 그렇게 잔인하게 죽어 가도록 했는지 모르겠다.

광해군의 아들로 태어난 이 지는 폐세자가 되어 26세의 젊은 나이로 꿈도 펼쳐보지 못한 채 폐빈 박씨와 함께 비참한 모습으로 세상을 떠났다. 다행히 그들 부부는 소생을 남겨 놓지 않고 죽었다. 자녀가 있었으면 그 자녀들도 그냥 놔두지 않았을 것이기 때문이다. 폐세자 이 지에게 동복이든, 이복이든 형제가 없는 것도 다행한 일이었다. 있어보았자 목숨을 지켜 낼 방법이 없었을 것이다.

그는 왕의 아들로 태어나 왕세자로 책봉되었지만 폐세자가 되어 스스로 목숨마저 끊어야하는 비운의 왕세자가 되었다. 그가 죽자 그를 양주 수락산(水落山) 옥류동(玉流洞)에 장사지냈다는 내용이 『연려실기술』 제19권, 폐주 광해군 고사본 말에 기술되어 있다. 현재의 그곳 주소는 경기도 남양주시 수락산 별내면 청학리 옥류골인데 안타깝게도 1990년경에 그의 묘가 파헤쳐져 화장되었다고 한다. 폐사자 이 지가 묻혀있던 묘 자리만 빈 터로 덩그마니 남아 있을 뿐이다. 비록 폐세자가 되었지만 광해군의 유일한 아들이니만큼 그의 부모님이 잠들어 있는 광해군 묘 부근으로 옮겨 묻어 주지 그랬나 싶다. 폐세자 이 지는 무덤도 없어졌으니 역사에서 점점 더 희미해지게 되었다.

폐세자들 중 연산군의 아들 이 황과 광해군의 아들 이 지만 묘가 남아 있지 않다. 다른 폐세자들의 묘는 잘 조성되어 관리되고 있다. 그 외에 왕위에 오르지 못하고 요절한 조선의 왕세자들은 원에 잘 모셔져 있다. 6명

의 요절한 왕세자들 중 3명은 왕으로 추존되어 왕릉에 모셔져 있다. 폐세
자가 된 연산군의 아들 이 황과 광해군의 아들 이 지만이 그야말로 찬밥
신세가 되어 죽어서도 대접을 못 받고 있다. 무덤조차 남아 있지 않으니
더 안 되어 보인다. 그들은 아버지가 폐왕이 되어 더 이상 왕의 아들은 아
니다. 그래도 왕자인 군의 아들로 무덤 정도는 조성해 주었어야 하지 않
았을까 싶다. 폐세자 이 지의 부모님은 아버지 광해군의 소원대로 할머니
인 공빈 김씨(선조의 제1후궁)의 성묘와 가까이에 묻혀 있다. 경기도 남양
주시 진건면 송능리 산 59번지에 쌍분으로 조성되어 있다.

폐세자 이 지의 인생을 망쳐 버린 아버지 광해군이 어머니 폐비 류씨와 나란히 장명등 뒤에 잠들
어 있는 모습이다. 폐비 류씨와 광해군의 장남으로 태어나 왕세자로 책봉되었던 이 지는 폐세자
가 되어 왕세자빈과 함께 목숨을 끊어야만 했다. 이 지 또한 살해된 연산군의 아들 이 황처럼 아
버지를 잘못 두어 자결할 수밖에 없었다. 이 지도 이 황처럼 현재 묘조차 남아 있지 않다.

조선의 왕세자들 중 원래 폐세자가 된 왕세자는 4명이 아니라 5명이었다. 그중 사도세자 혼자만이 복위되어 폐세자의 딱지를 떼게 되었다. 복위되지 못한 4명의 폐세자들 중 태조의 막내아들 의안대군과 태종의 장남 양녕대군은 그들의 아버지가 왕위를 잘 지켰기 때문에 죽어서나마 대접을 받고 있다. 그러고 보니 폐왕의 왕세자들만 대접을 못 받고 있다. 아버지가 폐왕이 되었는데 그 누가 그들을 보호해 주려 했겠는가.

폐세자들 묘 중 양녕대군의 묘가 가장 으리으리하다. 그것도 서울에서 넓은 자리를 차지하고 있다. 그를 모시는 사당까지 별도로 갖춰 놓고 있다. 폐세자가 되면서 그의 왕세자자리를 넘겨받은 동생 세종 덕분일 것이다. 양녕대군만 친동생에게 왕세자의 배턴이 넘어갔다. 그랬기에 그나마 목숨도 부지할 수 있었고, 묘 자리도 좋은 곳에 차지할 수 있었을 것이다. 나머지 3명의 폐세자는 친형제에게 왕세자의 배턴이 넘어가지 못하였다. 그래도 의안대군은 건국 왕 태조의 아들이고, 아버지가 살아 있었을 때 살해되어 묘라도 번듯하게 선물 받을 수 있었을 것이다. 태조가 살아 있었기에 이복형 방원도 어쩌지 못하였을 것이다.

폐왕 연산군과 광해군의 아들들만 죽어서도 불쌍한 신세가 되었다. 그들의 아버지가 왕에서 폐위되어 서인이 아닌 군으로 강등되었는데도 그 누구도 그들의 무덤을 조성해 주지 않았다. 하긴 그들의 아버지들도 연산군은 11년 9개월, 광해군은 15년 1개월이나 왕위에 올라 있었지만 초라한 묘를 겨우 선물 받았으니 말하면 무엇 하랴. 이 지의 아버지 광해군의 묘는 연산군 묘에 비해 자리도 안 좋고 석물들도 형편없다. 망주석의 머리도 떨어져 나갔는가 하면 두 개의 장명등과 두 쌍의 문석인이 세워져 있는 연산군의 묘역과 달리 문석인도 한 쌍만 세워져 있다. 그것들의 크기도 아주 작다. 이 지의 아버지, 어머니가 잠들어 있는 광해군 묘역에는 이 것저것 못 갖춘 게 너무나 많다. 이래저래 폐세자 이 지는 죽어서도 화가 안 풀릴 것만 같다. 다행히 이 지 이후로 조선왕조가 문을 닫을 때까지 더 이상 왕세자가 폐세자가 되는 일은 없었다. 이 지가 조선의 마지막 폐세 자다.

무덤조차 남지 않은 폐세자 이 지의 꿈을 송두리째 앗아가게 만 든 아버지 광해군은 그의 어머니 폐비 류씨와 함께 나란히 잠들어 있다. 그의 아버지 묘는 햇빛도 오랫동안 놀러 올 것 같지 않은 산기슭 구석진 곳에 자리해 있 다. 그래도 두 차례의 사화를 일 으켜 100여 명을 살해하며 폭군 정치를 이어 나갔던 연산군과 달 리 광해군은 친인척을 죽음에 이 르게 했지만 요즘 다시 재조명을 받고 있다. 실용주의와 중립외교 를 펼쳤던 그에 대한 평가가 엇 갈린다.

폐세자 이 지의 부모가 잠든 광해군 묘역으로 내려가는 길에서 바라본 광해군 묘역의 모습이 다. 묘역이 옹색해 뒷걸음질 치다가는 낭떠러지 로 떨어질 것만 같다. 장마가 끝난 뒤 찾아가 그 런지 사초지가 무너져 내려 여기저기 망으로 덮 어 놓았다. 이래저래 심란하게 만들어 준다.

궁녀에서 왕비까지 초고속 승차陞差한 폐비
장희빈(희빈 장씨)

제19대 왕 숙종의 계비

창덕궁의 후원 입구 오른쪽에는 왕세자의 생활 공간이었던 성정각(成正覺)이 자리해 있고, 서고와 도서실로 사용되었던 칠분서(七分序) 및 육각정 삼삼와(三三窩), 그리고 승화루(承華樓)가 자리해 있다. 중앙에는 정조가 의빈 성씨와의 사이에 태어난 문효세자를 위해 건립한 세자궁 중희당(重熙堂)이 있었는데 그곳이 현재는 후원으로 통하는 길이 되어 버렸다. 봄을 맞은 칠분서와 복도로 연결되어 있는 육각정 삼삼와의 전각이 눈이 부시도록 아름답다. 뜰에 핀 황매화가 아름다움을 보태 준다. 이곳과 아주 가까운 곳에 폐비가 된 뒤 후궁으로 강등된 장희빈(희빈 장씨)이 사약을 받기 전까지 거처했던 취선당이 있었다고 한다. 창덕궁의 낙선재에서 창경궁 쪽으로 폐비 장희빈(희빈 장씨)과 함께한 취선당이 있었다는데 그 흔적은 보이지 않는다.

후궁들 중 유일하게 폐비 경력을 가지고 있는 빈이 있다. 그 이름도 유명한 장희빈(1659~1701)다. 그녀는 우리에게 폐비 장씨가 아닌 장희빈으로 알려져 있다. 왕비의 자리에서 쫓겨났으니 그녀는 폐비가 된 것이다. 그런데 그녀를 누구도 폐비라 부르지 않는다. 그냥 장희빈이라 부른다. 하지만 그녀는 왕비에 올랐다가 폐비가 되었으니 폐비 장희빈이라 불러도 틀린 말은 아닐 듯싶다. 그녀는 운이 좋게도 폐비가 되면서 폐서인 되지 않고 후궁의 신분은 유지하게 되었다. 숙종은 그녀를 왕비의 자리에서 강등시켜 후궁의 신분은 유지하게 하였다. 그리하여 폐비 장씨가 아닌 희빈 장씨라 그녀를 부르게 되었다.

그녀는 아버지 장 경과 어머니 윤씨 사이에서 2남 2녀 중 막내딸로 태어나 조선 제19대 왕 숙종(1661~1720)의 후궁이 되었다. 그녀의 본관은 인동으로 인동 장씨 22대손이다. 이름은 옥정이다. 그녀는 아버지 장 경보다 역관 장 현의 종질녀로 우리에게 더 알려져 있다. 그녀의 아버지가 일찍 세상을 뜨는 바람에 당숙인 장 현의 손에 자랐기 때문이다. 그녀의 집안은 중인 집안으로 역관 출신이 많다. 할아버지 장응인 이후로 무려 인동 장씨 집안에서 20여 명의 역관이 나왔다. 그중 역과에 수석으로 합격한 사람이 7명이나 나올 정도로 실력이 출중했다. 그녀의 외할아버지 윤성립도 역관 출신으로, 친가와 외가가 모두 역관집안이다. 역관은 조선 시대 번역, 통역 등 외국어와 관련된 업무를 담당한 관리로 중인의 대표적인 기술관이었다.

장희빈은 역관 집안에서 태어나 궁녀에서 왕비까지 올라 숙종과의 사이에 왕자 둘을 낳았다. 그중 한 왕자는 조기 사망하였고, 한 왕자는 조선 제20대 왕이 되었다. 그녀가 낳은 아들이 경종(1688~1724)이다. 장희빈

이미 세상을 떠났지만 장희빈이 왕비에 오르면서 영의정으로 추증된 장희빈의 아버지 장 경을 기리는 신도비의 모습이다. 조선 후기 신도비 중 최고의 가치를 자랑하는 장희빈의 아버지 장 경의 신도비는 높이가 무려 4m나 된다. 이 신도비에 남인의 영수 민 암이 쓴 제문이 새겨져 있다. 신도비 위로 장희빈의 가족들 묘가 즐비하게 자리해 있다.

은 궁녀로 입궁하여 후궁에 올랐다가 왕비까지 올랐던 여인이다. 하지만 1689년(숙종 15년) 숙종의 제1계비인 인현왕후 민씨를 쫓아내고 왕비에 올랐으나 1694년(숙종 20년) 왕비에 오른 지 5년여 만에 폐비가 되었다. 하지만 성종의 계비였던 폐비 윤씨처럼 서인으로 강등되지 않고, 빈의 신분을 유지하게 되었다. 그녀는 숙종보다 두 살이나 많았다.

폐비가 된 장희빈이 그토록 사랑했던 숙종의 명릉 전경이다. 숙종은 여러 여인들 중 마음고생을 가장 많이 시킨 제1계비 인현왕후 민씨와 명릉의 정자각 뒤쪽에 잠들어 있다. 숙종의 능침 왼쪽 위로는 제2계비 인원왕후 김씨가 잠들어 있다. 장희빈은 숙종과 같은 능역이긴 해도 명릉과는 좀 떨어진 곳에 잠들어 있다.

조선왕조 역사상 후궁이 왕비가 된 경우는 여럿 있었지만 궁녀가 왕비까지 오른 경우는 장희빈이 처음이자 마지막이다. 그녀가 왕의 첫아들을 낳았기에 초고속으로 승차(陞差)를 거듭할 수 있었다. 궁녀에서 후궁이 되었을 때 수많은 궁녀들이 그녀를 엄청 부러워했을 것이다. 그런데 후궁에서 왕비까지 되었으니 궁녀들의 꿈과 희망이 장희빈을 보면서 부풀어 오를 대로 올랐을 것이다.

하지만 그녀에게 찾아온 부귀영화는 몇 년 못 가 물거품이 되고 말았다. 갑자기 신분이 상승된 게 화를 불렀는지도 모른다. 왕비의 자리는 아무나 오르는 게 아님을 장희빈이 확실하게 일깨워 주었다. 숙종은 교활하기 짝이 없었던 장희빈을 끝으로 아예 후궁이 왕비에 오를 수 없도록 국법을 만들어 버렸다. 숙종이 장희빈에게 질려도 보통 질린 게 아닌 모양이다. "송충이는 솔잎을 먹어야 하고, 누에는 뽕잎을 먹어야 한다"는 말의 의미를 되새기게 해 준 장희빈이다. 그래도 장희빈은 궁녀들과 후궁들의 멘토가 되었을 것이다. 비록 사약을 받고 죽었지만 왕의 여인이 되어 왕의 아들까지 낳았던 그녀를 어찌 부러워하지 않았겠는가. 아마 대부분의 궁녀들은 죽어도 좋으니 하루라도 왕의 여인으로 왕에게 승은을 입고 싶었을지도 모른다.

장희빈이 일개 궁녀에서 왕비까지 오를 수 있었던 것은 조선 제16대 왕 인조(1595~1649)의 계비 장렬왕후 조씨(1624~1688)의 4촌 동생 조사석과 종친인 동평군의 힘이 크게 작용했다. 동평군은 인조의 손자로 인조의 서장자 숭선군의 아들이다. 숭선군은 악행으로 명성 높았던 인조의 후궁인 조귀인 사이에 태어난 아들이다. 장렬왕후 조씨와 인조의 합방을 막기 위해 온갖 이간질을 해대던 조귀인의 아들이 숭선군이며, 손자가 동평군이다. 조귀인은 효종이 왕위에 오르면서 폐귀인이 되어 사사되었다. 사실 장렬왕후 조씨와 조귀인이 원수지간이었지만 장렬왕후 조씨의 조카가 조귀인의 아들 숭선군과 혼례를 올려 동평군의 어머니가 되었다. 장렬왕후 조씨로서는 동평군이 원수의 손자지만 한편으로는 친정조카딸의 아들이었다. 그런 동평군이 장희빈을 궁중에 연결시켜 주었다. 그로 인해 장희빈은 조사석을 통하여 남인의 지지를 이끌어낼 수 있었고, 동평군에게는 종친의 힘을 빌릴 수 있었다. 누구보다도 장희빈에게 힘이 되었던 사람은 조사석이다. 그는 장희빈의 어머니 윤씨와 한때 내연 관계였기에 그녀의 어머니 윤씨의 힘이 조사석에게 미쳤을 것이다. 그러니 조사석의 4촌 누나인 장렬왕후 조씨가 장희빈을 나 몰라라 할 리 없었다. 장희빈이 어머니의 끼를 물려받긴 받았나 보다.

왕비까지 되었던 장희빈의 부모님 묘소 전경이다. 그녀의 가족묘 위쪽으로 그녀의 부모님 묘가 자리하고 있다. 왼쪽에 그녀의 어머니 윤씨, 중앙에 아버지 장 경, 오른쪽에 아버지의 전처 고씨가 나란히 잠들어 있다. 또한 그곳에 그녀의 증조부, 조부, 오빠, 당숙 등등도 잠들어 있다. 원래 그녀의 생가가 있었던 서울 은평구 불광동에 가족묘가 있었는데 30년 전쯤에 이곳 경기도 고양시 고봉산 자락으로 모두 이장하였다. 그동안 알려져 있지 않다가 몇 년 전 TV드라마 〈장옥정, 사랑에 살다〉로 인해 알려지기 시작하였다.

　　누구보다 인조의 계비 장렬왕후 조씨가 궁녀 신분이었던 장희빈을 왕비가 되는 데 가교 역할을 해 준 일등 공신임에는 틀림없다. 장희빈은 장렬왕후 조씨의 시종으로 있다가 숙종의 눈에 들어 후궁이 되었다. 장희빈은 키가 크고 아름다웠다고 전해진다. 그녀는 1686년(숙종 12년) 왕이 평상시 거처하는 전각을 관장하고, 명주와 모시를 길쌈하여 바치는 종4품인 숙원이 되었다가 1688년(숙종 14년)에는 왕비의 예를 돕고 의논하는 정2품인 소의로 승격되었으며, 이 때 왕자 윤(昀)을 낳아 숙종의 사랑을 독차지하게 되었다. 숙종에게 그때까지 아들이 없었으니 그럴 수밖에 없었을 것이다.

숙종은 왕자 윤이 태어나자마자 장차 세자가 될 원자로 책봉하려 했다. 그런데 서인에서 갈라진 노론과 소론 대신들이 숙종의 제1계비 인현왕후 민씨의 나이가 아직 많지 않다는 이유로 "아니 되옵니다."를 부르짖으며 반대 상소를 올려 후일을 기다리자고 했다. 하지만 한시가 급했던 숙종은 1689년(숙종 15년) 정월에 태어난 지 두 달여밖에 안 된 장희빈의 소생인 윤을 원자로 정하고, 장 소의를 왕비를 도와 부인의 예를 논하는 정1품의 빈으로 승격시켰다. 그녀는 아들을 생산한 덕분에 내명부 최고의 품계를 받았다.

궁녀의 자리에서 왕비의 자리까지 초고속 승차(陞差)를 한 장희빈의 신주가 모셔져 있는 칠궁의 대빈궁 모습이다. 칠궁에 자리한 다른 사당과 달리 대빈궁은 문의 장식도 크고 화려할 뿐 아니라 각진 다른 사당의 기둥과 달리 유일하게 둥글다. 칠궁에서 장희빈만이 왕비의 경력을 가지고 있기 때문일 것이다. 칠궁은 7개의 사당이 모여 있는 종묘 다음으로 큰 사당으로 청와대 경내에 있어 청와대 관람신청을 한 뒤 답사를 할 수 있다. 칠궁에는 장희빈의 사당인 대빈궁을 비롯하여 인빈 김씨의 저경궁, 수빈 박씨의 경우궁, 영빈 이씨의 선희궁, 숙빈 최씨의 육상궁, 정빈 이씨의 연호궁, 순헌황귀비 엄씨의 덕안궁 등이 자리하고 있다.

한편 숙종은 장희빈을 빈으로 승격시킨 다음 왕자도 낳지 못하고, 자신의 사랑도 받지 못하고 있던 제1계비 인현왕후 민씨를 폐위시켰다. 그리고 장희빈을 왕비로 책봉하기에 이르렀다. 이처럼 숙종은 장희빈에게 푹 빠져 헤어나지를 못했다. 숙종에게 서인 측에서 장희빈의 왕비 책봉을 반대하는 상소를 올렸으나 상소를 올린 오두인, 박태보 등만 오히려 참혹한 형벌을 받고 파직되었다. 이후 장희빈은 숙종의 뜻대로 왕비의 자리에 올랐고, 제1계비였던 인현왕후 민씨는 폐비가 되어 사가로 내쫓겼다. 그 후 조정은 서인이 아닌 남인에 의해 완전히 장악되었다.

그런데 숙종은 장희빈을 왕비에 올린 뒤 5년이 지나면서 인현왕후 민씨를 폐비시킨 것을 후회하기 시작했다. 그때 마침 1694년(숙종 20년) 소론의 김춘택, 한중혁 등이 이를 눈치 채고 폐비 복위 운동을 전개했다. 이에 남인의 영수 민 암 등이 이 문제를 기회로 조정에 남아 있던 서인 세력을 모두 제거하려고 김춘택을 비롯한 수십 명의 서인을 감옥에 가두는 일대 옥사를 일으켰다. 김춘택(1670~1717)은 숙종의 장인 김만기의 손자이며, 호조판서 김진구의 아들이었다. 김만기는 이미 세상을 떠난 숙종의 원비 인경왕후 김씨의 아버지로 서포 김만중의 형이다. 김춘택은 서인과 노론의 중심 가문에 속하며 1689년(숙종 15년) 기사환국 이후 남인이 정권을 잡았을 때 여러 번 투옥되다가 유배되었고, 1694년(숙종 20년) 재물을 써서 궁중과 내통하여 폐비가 된 제1계비 인현왕후 민씨를 복위시키려다 체포되어 심문을 받았으나 갑술환국으로 남인이 축출되면서 풀려났다.

숙종은 인현왕후 민씨를 폐위시킨 것을 후회하고 있던 터라 서인들을 옥사로 다스리던 민 암을 파직시킨 후 사사시켰으며, 서인에서 갈라진 소론 측의 사람들을 등용했다. 그리고 중전에 올라 있는 장희빈을 폐비시킨 다음 빈으로 강등시켰다. 그리고 인현왕후 민씨를 복원시켜 왕비에 앉혔다. 이 사건이 1694년(숙종 20년)에 일어난 갑술환국이다. 이 사건 이후 숙종은 서인의 거두 송시열, 김수항 등을 복작시켰고, 남인을 대거 정계에서 몰아냈다. 소론이 들어서고, 남인이 물러날 때 장희빈의 오빠 장희재의 죄를 물어 신하들이 그를 죽여야 한다고 주장했으나 훗날 세자에게 화가 미칠 것을 염려한 나머지 장희재를 용서했다.

장희빈은 인현왕후 민씨를 왕비에서 몰아낸 후 약 5년 동안이나 국모의 자리를 지켰지만 폐비가 되어 왕비 자리에서 쫓겨나고 말았다. 그래도 그녀는 세자의 어머니인 관계로 폐서인이 되지 않고 빈의 첩지는 유지하게 되었다. 간악하기 짝이 없었던 그녀는 운 좋게도 숙종의 후궁 신분은 갖게 되었다. 그리하여 그녀를 폐비 장씨가 아닌 희빈 장씨라 부르게 된 것이다. 장희빈이 왕비의 자리에서 쫓겨나면서 인현왕후 민씨는 백성들의 소원대로 복위되어 다시 조선의 국모가 되었다. 그러나 그녀는 끝내 소생 없이 복위된 지 7년 만인 1701년(숙종 27년) 병으로 승하했다. 그런데 폐비가 된 장희빈과 무슨 악연인지 인현왕후 민씨가 세상을 뜬 지 얼마 안 되어 그녀도 세상을 떠났다. 장희빈이 그녀의 거처인 취선당 서쪽에 신당을 차려 놓고 인현왕후 민씨가 죽기를 기원하고, 자신이 중전으로 복위되기를 기도한 일이 발각되어 사약을 받았기 때문이다. 숙종은 장희빈의 간악한 행동을 보고받고 그에 관련된 장희빈과 그녀의 오빠 장희재를 사사하고, 궁인과 무녀 등은 사형에 처했다. 이 사건이 '무고의 옥'이다. 악행의 끝이 어떤 모습인지를 장희빈이 몸소 보여 주었다. 장희빈의 악행이 들통만 나지 않았으면 그녀가 다시 왕비로 복위되었을지도 모른다. 아들이 세자였기 때문에 희망은 있었다. 그렇게 되었다면 조선의 왕비 역사도

장희빈이 폐비가 될지 모르고 악행의 도우미 역할을 한 오빠 장희재와 올케가 합장되어 잠들어 있는 묘 모습이다. 그런데 이 묘에는 장희재의 시신은 없다고 한다. 사사되고 시신조차 수습이 되지 않았던 모양이다. 비석에도 '遷魂合墳'이라고 써져있다. 봄을 맞아 산천초목이 푸르러만 가고 있는데 장희재의 무덤에는 그대로 겨울이다. 아직도 벌을 받고 있는 모양이다.

달라졌을 것이다. 그러나 왕비는 장희빈 같은 성품을 가진 사람이 되어서는 아니됨을 장희빈이 각인시켜 주면서 자신의 인생에 종지부를 찍었다.

하늘 역시 무심하지 않았다. 장희빈은 아버지가 일찍 세상을 뜨면서 가정형편이 어려워져 당숙인 장 현의 손에 자라다가 궁녀가 되어 궁궐생활을 시작하였다. 그런데 그녀는 궁녀에서 후궁, 다시 후궁에서 왕비까지 그야말로 초고속 승차(陞差)를 거듭하였다. 그러나 겸손은커녕 악행에 악행만 거듭하여 왕비까지 되었지만 빈으로 강등되고 말았다. 그럼에도 반성은커녕 또 다시 악행을 저질러 결국 목숨을 내놓게 되었다. 그 결과 그녀는 수많은 풍문과 일화를 남긴 채 남편 숙종이 내린 독약인 사약(賜藥)을 받고 1701년(숙종 27년) 43세를 일기로 생을 마감했다. 그녀는 그렇게 미워했던 인현왕후 민씨와 같은 해에 세상을 떠났다. 인현왕후 민씨가 장희빈 보다 나이는 8살이나 아래였다. 장희빈을 무지 사랑했던 숙종은 그녀의 처사에 분개한 나머지 장희빈 이후로는 빈이 후비로 승격하는 일을 국법으로 금지해 버리기까지 했다. 그래도 그녀는 폐서인되지 않아 그녀 자신으로 볼 때 천만다행이 아닐 수 없다. 이 또한 조선 제20대 왕 경종을 아들로 둔 덕분일 것이다.

왕을 낳은 왕의 여인 장희빈(희빈 장씨)이 잠들어있는 대빈묘의 한겨울 모습이다. 서오릉의 서편 골짜기에 자리하고 있는 대빈묘는 그렇게 양지바른 곳은 아니다. 그렇기에 겨울에는 눈이 쌓여 있을 때가 많다.

대부분 영화나 드라마에서 장희빈이 죽어 갈 때의 모습을 다음과 같이 표현한다. "장희빈은 자신이 신분상승할 수 있게 디딤돌이 되어준 그녀의 아들 경종이 지켜보는 가운데 피를 토하며 죽어 간다. 그 과정에 그녀는 사약 사발을 몇 번이나 내던지며 죽어 가기를 거부한다. 그러다 다시 사약 사발을 받아 놓고 마지막으로 세자가 보고 싶다며 숙종에게 애원을 한다. 숙종은 처음에는 단호히 거절을 하나 한때 총애했던 여인이고, 세자의 어미라 그랬는지 그녀의 부탁을 들어주고 만다. 그런데 장희빈은 아들 경종을 보자마자 달려들어 그의 하초를 잡아당겨 불구를 만들어 놓고야 만다. 그때 곁에 서 있던 환관들이 겨우 세자에게서 장희빈을 떼어 놓지만 충격을 받은 경종은 그 자리에 쓰러져 정신을 잃는다." 사실 이 일설이 장희빈의 간악함을 극적으로 묘사하였기 때문에 가장 흥미를 자아낸다. 어쩌면 이 일설이 남의 말 좋아하는 호사가들이 부풀려 지어낸 이야기일지도 모르지만 어쨌거나 아들 경종은 어머니 장희빈의 악행과 죽음으로 인하여 큰 충격을 받았을 것은 분명하다.

장희빈의 성격으로 보아 이 일설이 맞을 것 같다. 어쩌면 그녀가 숙종에 대한 증오로 세자인 아들과 함께 죽으려 했을지도 모른다. 그렇지 않으면 아들을 불구로 만들어 정국을 대혼란에 빠트려 숙종을 골탕 먹이려 했을지도 모를 일이다. 숙종은 장희빈 외에 왕비들을 3명이나 들였지만 3명의 왕비 모두 한 명의 아들도 낳지 못했다. 숙종의 아들로는 그녀가 낳은 경종 말고는 무수리 출신인 숙빈 최씨 소생 연잉군(1694~1776)과 태어난 지 얼마 안 된 명빈 박씨(?~1703) 소생 연령군(1699~1719)밖에 없었다. 그러니 그녀가 숙종이 후사문제로 골치 좀 썩어 보라고 세자인 아들에게 해를 가했을 수도 있다. 연잉군은 무수리 출신 소생이고, 연령군은 3세로 아직 어렸으니 왕위 계승 문제로 정국이 대혼란에 빠지기를 그녀가 바랐는지도 모른다.

아무튼 지금까지 알고 있었던 이 일설이 맞는지 경종은 자녀를 한 명도 낳지 못하고 시름시름 앓다가 왕위에 오른 지 4년 만에 세상을 뜨고 말았다. 이 일설대로라면 그녀의 돌발적인 행동을 예상하지 못한 경종은 그자리에 졸도를 할 수밖에 없었을 것이고, 그 충격으로 병이 들어 자녀를한 명도 낳지 못한 게 사실일 것이다. 경종 말고도 조선 왕들 중에 제6대왕 단종, 제12대왕 인종, 그리고 조선왕조 마지막 왕 제27대 왕 순종 등이자녀를 한 명도 낳지 못했다. 어머니를 잘 두어 왕위에 올라 성군이 된 왕들도 있지만 경종처럼 어머니를 잘 못 두어 왕위에 올랐어도 행복하지 않았던 왕들도 있다. 어머니의 역할이 얼마나 중요한지 조선왕조만 잘 들여다보아도 충분히 알 수 있다. 어머니는 인생의 교과서이며 지침서다. 어떤어머니를 만나느냐에 따라 자녀의 앞날이 좌우된다. 무엇보다 덕이 있는어머니를 만나야 자녀들이 그 덕에 그나마 큰 어려움을 겪지 않고 살아갈수 있다. 어머니가 자녀들의 미래까지 영향을 끼침을 장희빈을 통해서도쉽게 알 수 있다. 자녀들의 행복을 위해 어머니의 희생은 필요조건이라생각한다. 어머니의 희생 없이 자녀들이 성공하기는 어렵다.

그러나 한편에서는 위의 일설과 달리 장희빈이 아들의 안위를 생각하여 숙종이 내린 사약을 순순히 받아먹고 죽어 갔다고도 전한다. 아마 그녀가 성종의 폐비이자, 연산군의 어머니인 폐비 윤씨 이야기를 알고 있었다면 세자로 책봉되어 다음 보위를 이어갈 아들 경종을 위해 그럴 수도있었을 것 같다. 자칫 잘못하다가는 그녀의 아들 경종이 연산군 신세가되지 말라는 법이 없기 때문이다. 그런데 장희빈은 누가 뭐라 해도 악독

한 왕의 여인으로 그려져야만 장희빈다운 것 같고, 그래야 조선 역사까지도 더 흥미롭게 여겨지니 왜인지 모르겠다. 조선의 왕비들 중 기억에 남는 왕비는 당연 악비다. 선한 왕비는 별로 궁금하지 않다. 스토리텔링으로서도 악비가 최고다. 장희빈이 사극의 주인공으로 자주 등장하는 이유가 바로 이 때문일 것이다.

어찌 되었거나 장희빈은 악행을 저지른 것은 확실하다. 그런데도 그녀가 폐서인되지 않고 후궁 신분을 유지한 것은 그녀가 두고두고 남편 숙종에게 고마워해야 할 일이다. 숙종이 그녀를 사랑하긴 엄청 사랑했던 모양이다. 숙종은 그녀가 죽자 경기도 광주시 오포면 문형리에 장사를 지내 주었다. 그런데 그곳이 개발되는 바람에 1969년 6월에 그녀의 묘는 숙종이 잠들어 있는 서오릉 능역 안으로 옮겨졌다. 그녀의 묘비에는 ‘유명조선국옥산부대빈장씨지묘(有明朝鮮國玉山府大嬪張氏之墓)’라고 한자로 쓰여 있다. 묘를 지키는 문석인은 그녀의 심정을 표현하듯 시무룩한 모습으로 서 있다. 어느 왕릉이든 문석인이나 무석인의 표정을 보면 그 왕릉의 주인을 닮은 것처럼 느껴진다. 이상하게 그들

폐비가 되어 후궁 신분으로 살게 되었지만 끝내 사사된 장희빈의 묘를 향로석 앞에서 바라본 모습이다. 이 묘는 ‘유명조선국옥산부대빈장씨지묘(有明朝鮮國玉山府大嬪張氏之墓)’라고 봉분 바로 앞에 세워져 있는 비석이 알려 주고 있다. 바로 장희빈의 신상명세서다.

이 왕릉의 주인 마음을 대신 표출하고 있는 것처럼 여겨진다.

현재 그녀의 묘는 그녀가 사랑을 독차지하고 싶어 했던 숙종이 잠들어 있는 명릉과 같은 능역 안에 자리하고 있다. 왕을 낳은 후궁들의 무덤은 원제를 따라 조성했는데 장희빈은 죄인의 몸으로 죽었기에 왕을 낳아 왕의 어머니가 되었으면서도 원호를 받지 못했다. 그랬기에 일반 후궁의 묘제를 따라 묘가 만들어졌다. 그녀는 한때 지아비였던 숙종으로부터 사약을 받고 죽어 갔지만 그 숙종과 가까이 잠들게 되었다. 그녀는 그것 또한 행운이다. 후궁으로서 왕과 가까이 잠들어 있는 경우가 그녀 외에는 없다. 정말 숙종과 그녀 사이에는 떼려야 뗄 수 없는 인력(引力)이 작용하는 것은 분명하다.

서오릉에는 숙종의 여인들이 4명이나 입주해 잠들어 있다. 원비 인경왕후 김씨가 제일 먼저 익릉에 입주했고, 그다음으로 숙종의 제1계비 인현왕후 민씨가 명릉에 입주했다. 그 뒤 숙종이 입주하여 제1계비인 인현왕후 민씨와 쌍릉으로 나란히 잠들게 되었다. 그다음으로 숙종의 제2계비 인원왕후 김씨가 명릉 왼쪽의 언덕에 입주했고, 마지막으로 장희빈이 숙종과 멀리 떨어져 있다가 숙종 곁으로 이장되었다. 장희빈의 묘는 같은 능역 안이긴 해도 숙종이 잠들어 있는 명릉과는 좀 떨어져 있는 곳에 자리하고 있다. 조선 제8대 왕 예종과 예종의 계비 안순왕후 한씨가 잠들어 있는 창릉과 조선 제21대 왕 영조를 아직도 기다리느라 잠들지 못하고 있을 영조의 원비 정성왕후 서씨의 홍릉 가는 길모퉁이에 그녀의 무덤이 초라하게 자리하고 있다.

장희빈의 묘가 구석진 곳에 자리하고 있지만 그곳을 찾는 사람들이 어느 왕릉보다 많다. 삼삼오오 사람들이 그녀의 묘 주변에 앉아 이야기를 나누는 모습을 흔히 볼 수 있다. 그녀는 사람들의 발길을 붙잡는 파란만장한 삶을 살다 떠난 왕의 여인이다. 그녀 곁을 그냥 지나칠 수 없도록 그녀가 누구든 붙들고 이야기를 건네 온다. 그녀는 누구보다 문화 예술인들에게 수많은 소재를 제공해 주고 있다. 물론 나에게도 그렇다. 그녀는 왕의 여인으로 문학, 뮤지컬, 영화, 오페라, TV드라마 등에 스토리텔링 소재가 되어 문화 예술 발전에 크게 이바지하고 있다. 그녀가 욕심이 지나쳐 비극적으로 인생을 마무리했지만 후세들에게 인생의 교훈을 던져 주고 있는 것도 사실이다.

그러나 그녀는 아직도 자신이 사약을 받고 죽어 간 게 억울한 모양이다. 그녀의 머리맡에 놓인 커다란 바위를 뚫고 나온 소나무와 떡갈나무가 하늘을 향해 두 팔을 힘차게 벌리고 있다. 그 모습이 그녀의 모습인 양 가슴을 아프게 한다. 그녀의 기를 누르기 위하여 큰 바위를 머리맡에 갖다 놓았다는 말이 있는데 바위도 들어 올릴 만큼 그녀의 분노는 지금까지도 현재진행 형인가 보다. 이제 그만 자신을 내려놓고 편안히 잠들었으면 좋겠다. 가만히 생각해 보면 그녀가 누린 게 많다. 그런데도 여태 화를 삭이지 못하고 있다면 말이 안 된다. 이 세상에 복을 누리기는커녕 고생만

폐비 장희빈의 분노를 잠재우기 위해 머리맡에 큰 바위를 놓았다는 말이 있다. 그 말이 진짜인지 그 바위를 뚫고 소나무와 떡갈나무가 솟아나와 하늘을 향해 두 팔을 뻗고 있다.

하다가 세상을 뜨는 사람이 얼마나 많은지를 그녀가 깊이 생각해 보아야 한다. 장희빈은 누가 봐도 행운이 따랐던 왕의 여인이었다. 솔직히 그녀로 인해 억울한 사람은 많았어도 그녀가 억울할 일은 없다.

장희빈은 큰 욕심을 갖지 말고 궁녀가 되어 입궁했을 때의 마음을 간직하고 살아갔어야 했다. 그녀가 입궁할 무렵의 순수했던 마음을 가지고 살아갔더라면 그녀의 최후가 그렇게 비참히 끝나지는 않았을 것이다. 조선 전기만 해도 후궁을 뽑을 때도 간택을 통하여 뽑았다. 그리하여 왕비와 후궁 사이의 신분 차이가 거의 없었다. 그런데 장희빈은 간택이 아닌 궁녀로 들어와 후궁이 되었으니 하늘을 날아오르는 기쁨을 느꼈을 것이다. 그녀는 궁녀에서 후궁이 되었을 때의 마음만을 간직하고 더 이상의 욕심은 부리지 말았어야 했다. 가정형편이 어려워 궁녀로 들어왔던 때를 잊지 말고 생활했어야 했다. 그러나 그녀는 그때는 까마득히 잊고 왕비의 자리까지 넘보았다. 끝내 그녀는 왕비가 되었고, 그 후엔 하늘도 무서워하지 않았다. 그 결과 희극으로 이끌어가던 그녀의 인생이 비극으로 마무리되고 말았다.

장희빈이 왕비의 자리까지는 넘보지 말았어야 했다. 그러나 그녀는 왕비가 되어 참으로 분에 넘치는 삶을 살다 떠난 왕의 여인 중 한 명이 되었다. 나무들이 그녀의 기가 세어 머리맡에 놓여 있는 바위까지 뚫고 나왔으리라 믿고 싶지 않다. 이제 그녀는 숙종이 찾지 않는다고 억울해할 일이 결코 아니다. 숙종이 영조의 어머니 숙빈 최씨를 하루도 거르지 않고 찾아간들 뭐라고 잔소리할 일이 아니다. 죄인의 몸으로 사사된 그녀가 숙종과 한 울타리 안에 잠들게 된 것만으로 만족해야 할 일이다. 억울해도 오르지 못할 왕비까지 올라보았으니 모든 걸 다 내려놓아야 두 다리 뻗고 편히 잠들 수 있지 않을까 싶다.

그녀는 조선의 후궁들 중 어느 후궁이 왕과 같은 능역에 잠들었나를 돌아보고 또 돌아보아야 한다. 그녀 말고 아무도 없기 때문이다. 더는 욕심 부리지 말고, 더는 화내지 말고, 바람 소리, 새소리에 귀 기울이며 차분히 잠들어 있길 바라고 싶다. 그래야만 따뜻한 햇살도 그녀 곁에 내려와 그녀의 차가운 마음을 따뜻하게 보듬어 줄 것이다. 아울러 그녀가 잠든 숲에서 지저귀는 새소리도 슬프게 들리지 않을 것이고, 물소리, 바람 소리도 싱그럽게 들려올 것이다.

장희빈의 삶을 한참동안 들여다보노라니 불현듯 나옹선사가 쓴 시 한 편이 떠오른다. 장희빈이 이 시를 읊으며 욕심을 버리고 화를 누그러뜨렸으면 좋겠다는 생각 간절하다.

> 청산은 나를 보고 말없이 살라하고
> 창공은 나를 보고 티없이 살라하네
> 탐욕도 벗어놓고 성냄도 벗어놓고
> 물같이 바람같이 살다가 가라하네

위의 시를 쓴 고려 말기의 승려 나옹선사(1320~1376)의 사리를 모셔 놓은 종모양의 부도 모습이다. 나옹선사가 양주 회암사에서 밀양 영원사로 가던 중 여주 신륵사에서 세상을 떠나 신륵사 북쪽 언덕에 그의 부도를 세웠다. 나옹선사는 고려 제31대 왕 공민왕의 왕사였다. 석종과 석등, 석종 비 모두 보물로 지정되어 있다.

유일하게 궁녀의 몸으로 왕비까지 되었던 장희빈은 그토록 사랑했던
남편 숙종이 잠들어 있는 경기도 고양시 덕양구 서오릉로 334-92에 위치
한 서오릉 능역 안에 잠들어 있다. 서오릉의 동편 명릉에 인현왕후 민씨
와 나란히 잠들어 있는 숙종과 좀 떨어진 서편에 홀로 잠들어 있다. 그녀
는 숙종과의 사이에 장남으로 조선 제20대 왕 경종과 차남으로 성수를 낳
았으나 차남 성수는 조기 사망하여 한 명의 아들 경종만 남겨 놓고 세상
을 떠났다.

폐비 장희빈의 대빈묘 앞모습과 뒷모습이다. 왕을 낳아 왕의 어머니까지 되었지만 그녀의 묘는
석물도 간소하고 봉분도 작다. 곡장도 아담하다. 장희빈의 묘는 원래 숙종과 멀리 떨어진 경기도
광주시 오포면에 있다가 그곳이 개발되는 바람에 초장지에서 숙종이 잠들어 있는 서오릉 능역으
로 이장되었다.

🌿 숙종의 첫아들 경종을 낳다

장희빈을 왕비로 승격시키는 데 일등공신 역할을 한 사람은 다름 아닌 그녀의 아들 경종(1688~1724)이다. 경종은 숙종이 그렇게 기다리던 첫아들로 1688년 음력 10월 28일에 태어났다. 그는 숙종과 장희빈 사이에서 2남 중 장남으로 숙종 14년에 태어나 숙종에게 크나큰 기쁨을 안겨 주었다. 그 후 태어난 지 두 달여 만인 1689년(숙종 15년) 음력 1월 11일 숙종에 의해 원자로 정해졌고, 1690년(숙종 16년) 3세에 세자로 책봉된 후 1720년 조선 제20대 왕으로 등극하였다. 그는 단의왕후 심씨(1686~1718)와 선의왕후 어씨(1705~1730) 등 2명의 왕비만 두었는데 부덕한 어머니를 둔 탓인지 두 왕비 사이에서 자녀를 한 명도 얻지 못하였다.

경종은 당쟁의 소용돌이 속에 아버지가 내린 사약을 받고 죽어 가는 어머니의 모습을 지켜 본 비운의 왕이다. 경종은 남인세력의 힘이 극도로 약해지고, 조정이 서인 일색이 되면서 서인에서 분리된 노론과 소론이 더욱 날카롭게 대립할 무렵 왕이 되었다. 그의 등극은 그의 어머니 장희빈을 죽음으로 몰고 간 노론에 대한 정치적 박해를 예고하고 있었다.

경종이 태어나 세자로 책봉됨으로서 장희빈이 빈으로 승격할 수 있었다. 그의 어머니 장희빈은 궁녀 출신이지만 세자를 낳은 위세가 당당하였다. 숙종의 제1계비인 인현왕후 민씨를 모함하여 왕비의 자리에서 몰아내고 그 자리까지 자신이 올랐던 왕의 여인이다. 중인 집안 출신으로 궁녀가 되어 입궁한 뒤 후궁에 오른 것만 해도 영광이었을 텐데 그녀는 거기에 만족하지 않았다. 장희빈은 2명의 왕비가 낳지 못한 아들을 낳음으로서 궁녀에서 왕비까지 초고속으로 신분 상승을 이끌어 갔다. 궁녀 출신이 왕비에 오른 경우는 그의 어머니 장희빈이 처음이었다.

그러나 그의 어머니 장희빈은 왕비의 자리를 끝까지 지켜내지 못했다. 자신의 모함으로 1689년(숙종 15년)부터 1694년(숙종 20년)까지 폐비가 되어 사가로 쫓겨났던 숙종의 제1계비 인현왕후 민씨가 복위되어 다시 왕비의 자리로 돌아왔기 때문이다. 장희빈이 연산군의 어머니처럼 폐서인이 되지 않은 게 생각할수록 천만다행이었다. 어찌 되었거나 그녀는 5년 가까이 국모의 자리에 올라 있었다. 그녀는 자신의 신분상승에 고마워할 줄 모르고 기고만장하여 끝내 인생을 망치고 말았다. 그녀의 욕심은 하늘 높은 줄 몰랐고, 왕비를 내쫓는 교활함까지 있었으니 사약을 받은 게 어쩌면 당연한 일이었는지도 모른다. 그녀는 자신의 아들 경종이 장차 왕위에 오를 세자였으니 몸을 아주 낮추고 더 이상의 욕심은 버려야 했다. 무엇보다 어렸을 때 힘들게 살았던 시절을 생각하며 매일매일 고마운 마음으로 살아갔어야 했다. 그런데 원래 그 자리가 자신의 자리였던 것처럼 날뛰다가 비참한 최후를 맞이하고 말았다. 아마 그의 어머니 장희빈은 "개구리 올챙이 적 생각 못 한다"는 말의 의미를 알지 못했던 모양이었다.

경종의 어머니 장희빈은 가정형편 때문에 궁궐에 궁녀로 들어가게 되었지만 그녀의 미색이 워낙 출중해 궁녀생활을 하는 도중 숙종의 눈에 띄어 승은을 입게 되면서 후궁이 되었고, 왕자를 낳으면서 왕비까지 되었던 왕이 사랑한 여인이었다. 그러나 욕심이 도를 넘어서면서 1701년(숙종 27년) 안타깝게도 '무고의 옥'으로 사사되고 말았다. 장희빈은 빈으로 강등된 후부터라도 반성의 시간을 가졌어야 했다. 그런데 반성은커녕 왕비의 자리에 다시 올라앉기 위해 자신의 거처인 취선당에 신당을 차려 놓고 무당을 불러 숙종의 제1계비 인현왕후 민씨를 모해하려하다가 발각되고 말

어머니 장희빈에게 사약을 내린 아버지 숙종이 제1계비 인현왕후 민씨와 나란히 잠들어 있는 명릉 전경이다. 숙종에게 첫아들을 안겨 준 어머니였지만 아버지에게 버림받고 말았다. 그런 아버지 숙종을 아들 경종이 많이도 원망했을 것이다.

았다. 그 바람에 사약을 받게 된 것이다. 그러나 경종의 어머니 장희빈이 죽을 때 인현왕후 민씨는 이미 죽고 없었다.

사실 경종은 왕위를 이을 세자로 숙종의 나이 28세에 어렵게 얻은 숙종의 맏아들이다. 숙종은 부인들은 많았지만 자녀를 별로 얻지 못하였다. 경종의 뒤를 이을 영조도 숙종이 34세 되던 해에 태어났다. 경종과 영조의 나이 차이는 6세가 난다. 경종은 염려했던 대로 자녀를 한 명도 낳지 못하였다. 이것을 두고 앞에서 밝혔지만 경종의 생식기를 어머니인 장희빈이 불구로 만들어 놓았기 때문이라고 한다.

숙종은 처음에는 장희빈에게 사약을 내리지 않고 자결할 것을 명하였다고 한다. 하지만 장희빈이 말을 듣지 않자 사약을 내렸다고 한다. 숙종은 장희빈이 사약을 받은 후 마지막으로 자신의 아들인 세자가 보고 싶다고 애원을 했어도 세자였던 경종을 만나게 해 주지 말았어야 했다. 그런데 한때 사랑했던 여인이기도 하고, 세자인 경종의 어머니이기도 하니 어쩔 수 없이 모자 상봉을 허락했을지도 모른다.

그 이야기가 맞는지 경종은 증명이라도 하듯 끝내 후사를 잇지 못한 채 젊은 나이에 죽었다. 경종에게는 부인으로 원비 단의왕후 심씨가 있었고, 계비 선의왕후 어씨가 있었지만 자녀가 태어나지 못했다. 경종이 숙종의 뒤를 이어 왕이 되긴 했으나 병약하여 후사를 잇지 못하고, 노론의 지지를 받고 있던 이복동생인 연잉군(영조)이 왕세제가 되어 왕위를 잇게 되었다. 연잉군 역시 후궁의 소생이다. 경종의 어머니보다 신분이 더 낮은 무수리 출신이 숙종의 승은을 입어 후궁에 올랐고 영조를 낳았다. 무수리 출신이 낳은 왕자가 왕위에 오른 경우는 영조가 최초였다. 경종을 낳은 장희빈의 아버지는 역관이었지만 영조를 낳은 숙빈 최씨의 아버지는 사

경종의 원비 단의왕후 심씨가 왕 곁은 계비 선의왕후 어씨에게 빼앗기고 홀로 동구릉의 혜릉에 잠들어 있다. 조선 왕릉 중 장명등이 없는 왕릉은 혜릉뿐이다. 이래저래 쓸쓸한 왕비릉이다.

건 현장에서 수령이 시체를 검사할 때 그 시체를 직접 만지는 하인인 '오작인'이었다.

　그래도 경종의 어머니 장희빈은 영조의 어머니보다 출신 성분이 나았다. 그 당시에도 당파 싸움은 치열했다. 서인이 노론과 소론으로 갈라졌는데 경종은 소론 편이었다. 그런데 경종이 즉위할 무렵에도 소론이 아닌 노론이 정권을 여전히 잡고 있었다. 경종은 소론 측의 지지를 받으며 왕이 되었는데 경종의 왕위를 이을 이복동생 영조는 노론 측의 지지를 받고 있었다. 급기야 노론 측은 경종의 건강이 점차 악화하는데다, 후사마저 없다는 이유를 내세워 영조를 세제로 삼아 왕위가 흔들리지 않게 해야 한다고 주장하였다. 하지만 이러한 노론 측의 의견에 소론 측이 반발하고 나섰다. 그런데 경종은 소론의 반대에도 불구하고 1721년(경종 원년) 노론 측 주장에 따라 이복동생인 연잉군(영조)을 세제로 책봉하였다.

그 이후 노론 측에서는 경종이 병약한 관계로 연잉군에게 대리청정을 하도록 해야 한다고 주장하였다. 반면 소론 측에서는 왕을 보호해야 한다는 명분을 내세우며 거세게 반발하였다. 경종은 소론 측의 반대를 무릅쓰고 와병 중이었기 때문에 연잉군의 대리청정을 받아들였지만 결국 소론 측의 반대로 다시 거두어들였다. 그 이후에도 경종은 연잉군에게 대리청정을 명하였다가 다시 거두어들이기를 반복하였다. 이 바람에 노론과 소론 간에 당쟁만 격화시키는 결과를 가져다주었다.

다행히 한동안 정권은 소론에 의해 독점되어 갔다. 그러나 경종이 1724년(경종 4년) 37세에 죽고 영조가 왕이 되면서 소론의 짧은 정권 독점기는 끝이 나고 말았다. 생모의 비극적인 죽음을 목격하고 또 생모에 의해 생산 능력마저 잃은 채 어렵게 왕위에 오른 경종은 재위기간 4년 내내 병석에서 보내다가 별로 행복하지 않았을 세상과 작별하였다. 경종은 어머니를 살려 달라고 아버지께 울면서 매달렸지만 그의 아버지 숙종은 어머니에게 사약을 내리고 말았다. 경종이 비참한 모습으로 죽어가는 어머니를 직접 보았으니 없던 병도 생길 일이다. 사약사발을 몇 번이나 내동댕이치면서 몸부림치다가 죽어 간 장희빈도 불쌍하지만 그런 어머니를 둔 경종이 더 불쌍하다.

장희빈이 죽어갈 때 경종의 나이는 불과 14세였다. 경종의 머릿속에서 하얀 소복을 입고 피를 토하며 처절하게 죽어 간 어머니의 모습이 영원히 사라지지 않았을 것이다. 그러니 왕이 되었어도 행복할 리 없었을 것이고 하루하루가 우울하고 슬펐을 것이다. 그래도 경종은 어머니가 죽고 난 뒤 23년을 더 살다가 세상을 떠났다. 부덕한 어머니를 가슴에 묻고 살아가야 했던 그는 오히려 죽어서 마음이 편안해졌을지도 모른다. 슬픔의 기억은 다 잊고 편히 잠들기를 바랄 뿐이다. 연산군에 비하면 그래도 경종은 자신이 낫다고 생각했을 것이다. 어머니가 폐비가 되어 서인이 되지도 않았고, 자신도 폐왕은 되지 않았으니 하는 말이다. 그의 어머니 장희빈은 폐비는 되었지만 후궁의 신분 중 가장 높은 빈의 신분은 유지하게 되었다. 그러나 왕의 어머니였지만 죄인의 신분으로 죽었기에 원호를 부여받지 못해 그녀는 원이 아닌 묘에 잠들어 있다.

경종의 능호는 의릉(懿陵)이며 계비 선의왕후 어씨와 동원상하릉(同原上下陵)으로 조성되었다.

아들 경종의 인생까지 망쳐 놓은 경종을 낳은 폐비! 장희빈의 대빈 묘 모습이다.

그는 계비 선의왕후 어씨와 능침이 좌우로 배치되어 있는 게 아니라 위아래로 배치되어 있다. 남남서에서 북북동 방향인 언덕 위에 두 봉분을 위아래로 나란히 놓은 동원상하릉(同原上下陵)이다. 여주의 효종과 인선왕후 장씨의 능인 영릉(寧陵)에 이어 두 번째의 동원상하릉으로 조성된 능이다. 풍수지리설의 영향으로 생기가 왕성한 정혈(正穴)에서 벗어날 것을 우려하여 왕과 왕비 능을 좌우로 쓰지 않고, 위아래로 놓아 양자 모두 정혈에 있게 한 것이다.

동원상하릉으로 조성된 의릉의 가을 모습이다. 위(왼쪽)가 경종의 능이고, 아래(오른쪽)가 선의왕후 어씨의 능이다. 동원상하릉은 왕의 능침에만 곡장을 두른 게 특징이다.

효종의 영릉(寧陵)과 다른 점이 있다면 영릉은 왕과 왕비의 두 봉분이 약간 엇비슷하게 조성되어 있는데 의릉(懿陵)은 두 봉분이 위아래에 곧바로 배치되어 있다는 점이 다르다. 왕의 능에만 곡장을 두른 것은 영릉이나 의릉이나 같다. 경종의 원비 단의왕후 심씨는 동구릉의 혜릉(惠陵)에 홀로 잠들어있으며, 경종은 서울특별시 성북구 화랑도 32길 146-20에 위치한 의릉에 계비 선의왕후 어씨와 위아래로 잠들어 있다. 예상했던 것처럼 경종은 한 명의 자녀도 생산하지 못했다.

경종과 계비 선의왕후 어씨가 잠들어있는 의릉의 동원상하릉 모습이다. 위쪽 사진은 선의왕후 어씨의 능침 뒤에서 경종의 능침을 바라본 모습이고, 아래쪽 사진은 경종의 능침을 감싸고 있는 곡장 뒤 잉에서 바라본 의릉의 모습이다. 경종의 능침 아래 일직선으로 계비 선의왕후 어씨의 능침이 자리하고 있다. 의릉의 조산은 보이지 않고 아파트 숲만이 건너다보인다. 경종부부가 살았을 때 상상조차 못했을 풍경이 오늘날 펼쳐져 있다.

간추린
조선왕조 이야기

제1대	제2대	제3대	제4대	제5대	제6대	제7대	제8대	제9대	제10대	제11대	제12대	제13대	제14대
태조	정종	태종	세종	문종	단종	세조	예종	성종	연산군	중종	인종	명종	선조

제15대	제16대	제17대	제18대	제19대	제20대	제21대	제22대	제23대	제24대	제25대	제26대	제27대
광해군	인조	효종	현종	숙종	경종	영조	정조	순조	헌종	철종	고종	순종

조선왕조는 1392년 8월 5일에 건국하여 1910년 8월 29일에 종말을 고하였다. 건국 시조 태조를 시작으로 27명의 왕이 519년 동안 조선의 역사를 만들어내는 데 앞장섰다. 그중 2명은 왕위에서 폐위되어 묘호를 받지

못해 종묘에 신주도 봉안되지 못하였다. 그들이 바로 연산군과 광해군이다. 그들은 왕의 자리에 10년 이상이나 올라 있었지만 하루아침에 죄인이 되는 신세가 되고 말았다.

왕은 여러 개의 이름을 가지고 있다. 어려서 불렀던 아명에서부터 죽고 나서 붙여지는 묘호에 이르기까지 보통 3개 이상은 된다. 살아 있을 때 휘(諱)라 하고, 죽은 후 종묘에 올리는 이름을 묘호(廟號)라 한다. 묘호는 두 글자인데 앞의 글자는 생전에 왕의 업적을 평가하여 붙이는 것으로 왕에 따라 달라지고, 뒤의 글자는 '조'나 '종' 중 하나를 붙인다. '조'는 나라를 세우거나 중흥시키는 등 공적이 두드러지는 경우에, '종'은 앞선 왕의 업적을 물려받아 덕으로 나라를 다스려 문물을 융성하게 한 경우에 붙인다. 조선의 왕들 중 7명만 묘호에 '조'가 붙었다. 묘호가 처음 정해진 뒤 바뀐 왕들도 8명이나 된다. 처음에 세조는 신종, 선조는 선종, 인조는 열종, 영조는 영종, 정조는 정종, 순조는 순종, 추존 왕 장조는 장종. 추존 왕 문조는 익종이었다. 그런데 이들 모두 묘호에 붙었던 종이 후손들에 의해 조로 바뀌었다.

왕실의 호칭도 다양하다. 왕비가 낳은 아들은 '대군'이라 불렀고, 딸은 '공주'라 불렀다. 그리고 후궁이 낳은 아들은 '군', 딸은 '옹주'라 불렀다. 또한 왕비의 아버지는 '부원군'이라 불렀다. 한편 세자의 신분으로 왕위에 오르지 못하고 세상을 떠났지만 그의 아들이 왕위에 올랐거나, 반정으로 왕위에 오른 왕의 아버지에게도 죽은 뒤 묘호(廟號)가 올려졌다. 그들을 추존 왕이라 부르는데 조선의 추존 왕(追尊王)은 모두 9명이다. 그들 중 조선의 건국 시조인 태조의 4대 조상으로 목조, 익조, 도조, 환조 등 4명의 창업추존 왕이 있고, 덕종, 원종, 진종, 장조, 문조 등 5명의 일반추존 왕이 있다. 또 적통이 끊어져 방계가 왕이 된 경우 그 왕의 아버지를 '대원군'이라 부른다. 조선 시대 대원군은 덕흥대원군, 전계대원군, 흥선대원군 등 3명이 있다.

그리고 황제의 칭호를 받은 조선의 왕이 10명이 있다. 1897년(고종 34년) 10월 12일 문무백관이 지켜보는 가운데 고종이 황제로 즉위하였다. 그때 고종은 국호를 대한제국으로 바꾸었고, 연호를 광무라 하여 우리나라가 자주독립국임을 국내외에 선포하였다. 그 뒤 황제가 된 고종은 건국 왕 태조를 고황제로 추존하였고, 4대조인 추존 왕 장조를 의황제, 정조를 선황제, 순조를 숙황제, 추존 왕 문조를 익황제로 추존하였다. 그 후 고종이 물러나고 순종이 1907년 즉위하면서 연호를 융희로 바꾸고, 추존 왕 진종을 소황제, 헌종을 성황제, 철종을 장황제로 추존하였다. 그리하여 고종과 순종을 포함하여 10명의 왕이 황제 칭호를 받았다. 고종은 태황제, 순종은 효황제다. 하지만 자주독립과 부국강병의 기치를 내걸고 탄생했던 대한제국은 13년 만에 역사의 뒤안길로 사라지고 말았다. 경술국치일인 1910년 8월 29일, 일본에 강제 합병되면서 멸망하고 말았다.

종묘에 신주가 모셔져 있는 조선의 왕과 왕비는 추존 왕과 그의 비까지 포함하여 왕이 34명, 왕비가 47명이다. 그 외에 고종의 아들 이 은(영친왕)과 그의 부인(이방자 여사)의 신주가 종묘에 모셔져 있다. 추존 왕과 그의 비를 제외하면 실제 왕위에 오른 사람은 27명, 왕비는 41명이 된다. 이책에는 종묘에 신주가 모셔져 있지 않은 연산군과 광해군을 실제 왕에 포함시켰으며, 성종의 계비였던 폐비 윤씨와 연산군과 광해군 부인도 실제 왕비에 포함시켰다. 하지만 희빈 장씨(장희빈)는 왕비에 올라 있긴 했지만 폐비가 되면서 후궁으로 강등되었으므로 후궁에 포함시켰다. 한편 9명의 추존 왕과 추존 왕비들 중 창업 추존 왕은 건국 왕 태조의 아버지 환조와 어머니 의혜왕후 최씨 이야기만 실었고, 5명의 일반 추존 왕 이야기는 모두 실었다.

조선왕조 이야기를 책으로 엮으면서 종묘에 신주가 모셔져 있는 왕과 왕비의 능과, 칠궁에 신주가 모셔져 있는 왕을 낳은 7명의 후궁들 원, 왕이 되지 못하고 죽은 12명의 왕세자와 2명의 왕세손 원도 모두 답사를 마쳤다. 답사를 하면서 그들과 역사 이야기를 충분히 나누었다. 한 번 만나고 아쉬우면 다시 찾아가 이야기를 나누다 돌아오곤 하였다. 대여섯 번 찾아간 곳도 있다. 그 밖의 3명의 대원군 묘는 물론 후궁, 왕자, 공주 등의 묘도 대부분 찾아가 이야기를 나누었다. 그뿐만이 아니라 그들의 흔적이 남아 있는 궁궐을 비롯하여 잠저 및 잠저지와 유배지까지 샅샅이 찾아다녔다. 그렇게 찾아다니며 그들과 나눈 이야기를 이 책에 담은 것이다. 그런데 북한에 있는 조선 건국 왕 태조의 원비 신의왕후 한씨와 제2대 왕 정종과 정안왕후 김씨의 후릉을 답사할 수 없어서 안타까웠다.

현재 남아 있는 조선왕조 무덤은 모두 120기가 된다. 그중 왕릉이 일반 추존 왕릉을 포함하여 42기, 원이 14기, 묘가 64기이다. 42기의 왕릉 중 북한에 있는 2기를 제외한 40기만이 2009년 6월 30일 유네스코가 제정한 세계문화유산에 등재되었다. 5명의 일반추존 왕릉까지 모두 세계문화유산이 되었다. 책 뒤편 부록에 42기(북한에 있는 제릉과 후릉 포함)의 조선 왕릉과 14기의 조선 원, 3기의 대원군 묘 등을 간단히 소개하여 답사하고자 하는 독자들에게 참고가 될 수 있도록 실었다.

42기의 조선 왕릉은 단릉, 쌍릉, 합장릉, 동원이강릉, 동원상하릉, 삼연릉, 동봉삼실릉 등으로 조성되어 있다. 27명의 왕 중 태조, 단종, 중종 등 3

명의 왕은 홀로 잠들어 있다. 나머지 24명의 왕은 원비, 아니면 계비와 나란히 아니면 합장 되어 잠들어 있다. 하지만 41명의 왕비들 중 27명만 왕 곁에 잠들어 있고, 14명은 홀로 잠들어 있다. 그 중 8명이 원비이다. 이처럼 왕들이 원비보다 계비를 곁에 두고 잠들어 있는 경우가 더 많았다. 53년이나 원비로 살아온 영조의 원비 정성왕후 서씨도, 15세에 영조의 계비가 된 정순왕후 김씨에게 왕 곁을 빼앗기고 홀로 잠들어 있으니 말하면 무엇하겠는가.

왕은 나이에 제한 없이 왕위에 올랐다. 태조는 58세로 조선왕조 역대 왕들 중 가장 많은 나이에 왕위에 올랐고, 헌종은 8세로 가장 어린 나이에 왕위에 올랐다. 재위 기간도 제각각이었다. 왕위에 오르면 죽을 때까지 왕의 자리를 거의 모두 지켰기 때문이다. 영조는 재위 기간이 51년 7개월로 가장 길고, 인종은 재위 기간이 8개월로 가장 짧다. 왕들 대부분이 단명하였다. 장수한 왕은 영조로 83세까지 천수를 누리다가 죽었다. 반면 단종은 17세에 세상을 떠나 왕들 중 가장 어린 나이에 죽었다. 왕비들도 단명을 한 경우가 많다. 세자빈 시절에 죽어 남편이 왕위에 오르면서 추존된 왕비가 4명이나 된다. 그리고 왕비가 된 후 산후통으로 사망한 왕비들도 여러 명이 된다.

조선을 실제 이끌어온 왕들을 보면 장남보다 차남이 왕위에 오른 경우가 훨씬 더 많다. 장남으로 왕위에 오른 왕은 문종, 단종, 연산군, 인종, 인조, 현종, 숙종, 경종, 헌종 등 9명뿐이다. 또한 적통만 왕위에 오른 것도 아니다. 제14대 왕 선조부터는 방계 혈통도 보위에 오르기 시작했다. 그 뒤로 후궁들의 아들이 왕위에 줄줄이 올랐다. 왕비들도 맏딸보다는 외동딸이나 막내딸이 왕비에 오른 경우가 더 많았다.

조선의 실제 왕 27명 중 14명만 왕을 낳았고, 13명은 왕을 낳지 못하였다. 왕을 낳은 14명의 왕들 중 태조, 세종, 성종, 중종, 숙종 등 5명의 왕은 2명의 왕을 낳았다. 그리하여 19명이 실제 왕의 아들로 조선의 왕이 되었다. 나머지 8명의 왕은 추존 왕의 아들 5명과 대원군의 아들 3명이 조선 왕에 합류하였다. 그중 다산왕은 태종과 성종이다. 태종은 슬하에 12남 17녀를, 성종은 16남 13녀를 두어 둘 다 자녀가 29명이다. 아들이 가장 많은 왕은 세종으로 18남이고, 딸이 가장 많은 왕은 태종으로 17녀다. 자녀가 20명이 넘는 왕은 정종, 태종, 세종, 성종, 중종, 선조 등으로 6명이며, 자녀를 한 명도 낳지 못한 왕은 단종, 인종, 경종, 순종 등으로 4명이나 된다. 명종과 헌종은 자녀를 한 명 낳았지만 일찍 세상을 떠났다. 또한 철종은 5남 6녀를 낳았으나 옹주 한 명만이 간신히 살아남아 태극기를 만든 박영효에게 14세에 출가시켰는데 출가한 지 3개월 만에 요절하고 마는 비운을 겪었다.

왕비와 후궁을 합쳐 부인을 10명 이상 둔 왕들은 정종, 태종, 성종, 중종, 고종 등이다. 여인들 때문에 골치 꽤나 아팠던 숙종은 9명의 부인을 두었다. 후궁도 없이 부인을 왕비 1명만 둔 왕은 단종과 현종이다. 단종은 젊은 나이에 죽어 그럴 수 있다하겠으나 현종은 15년 3개월이나 재위하였는데 특이한 왕이라고 할 수 있다. 일편단심 민들레였나 보다. 후궁을 1명도 두지 않은 왕은 단종, 예종, 현종, 경종, 순종 등 5명이다. 그중 예종과 경종, 순종은 후궁은 두지 않았지만 원비가 일찍 죽는 바람에 왕비를 2명씩 두었다. 왕비를 1명 둔 왕은 16명, 왕비를 2명 둔 왕은 8명, 왕비를 3명 둔 왕은 성종, 중종, 숙종 등 3명이다. 성종에게 폐비 윤씨를 포함시켜 성종이 3명의 왕비를 둔 왕에 포함되었다.

조선의 실제 왕비 41명 중 28명이 왕을 낳지 못하였고, 13명만이 왕을 낳았다. 왕을 낳은 13명의 실제 왕비 중 제1대 왕 태조의 원비 신의왕후 한씨와 제4대 왕 세종의 비 소헌왕후 심씨는 2명의 왕을 낳아 27명의 실제 왕 중 15명의 왕만 실제 왕비 소생이다. 나머지 12명의 왕은 왕비의 소생이 아닌 후궁의 소생 4명, 추존 왕비의 소생 5명, 대원군부인의 소생 3명이 각각 왕위에 올랐다. 실제 왕비 41명에는 폐비 3명(성종의 비, 연산군의 비, 광해군 비)이 포함되었음을 다시 밝힌다. 9명의 추존 왕비를 포함하면 조선의 왕비는 모두 50명이다.

　실제 왕과 실제 왕비들 중 연산군과 광해군은 물론 그들의 비와 성종의 비였던 폐비 윤씨는 종묘에 신주가 자리하지 못하였다. 연산군은 11년 9개월, 광해군은 15년 1개월이나 왕위에 올라 있었지만 그들의 실정으로 죽어서도 대접을 받지 못하고 있다. 그들은 폐위되어 죄인으로 살다가 유배지에서 생을 마감하였다. 그들의 무덤도 왕릉이 아니고 왕자의 묘로 조성되어 있다. 또한 왕비에 올라 3년간이나 왕비 노릇을 한 폐비 윤씨도 대접 못 받는 것은 마찬가지다. 아들 연산군이 보위에 올랐으나 그녀는 서인으로 강등되었기 때문에 왕비 대접은커녕 후궁 대접도 못 받는 신세가 되어버렸다. 종묘 다음으로 큰, 왕을 낳은 후궁들의 사당인 칠궁에도 그녀의 신주는 입주하지 못하였다. 칠궁에는 후궁으로 왕의 어머니가 된 추존 왕 원종의 어머니 인빈 김씨, 경종의 어머니 희빈 장씨, 영조의 어머니 숙빈 최씨, 추존 왕 진종의 어머니 정빈 이씨, 추존 왕 장조의 어머니 영빈 이씨, 순조의 어머니 수빈 박씨, 영친왕의 어머니 순헌황귀비 엄씨 등 7명의 신주가 모셔져 있다. 폐비 윤씨에 비하면 장희빈은 행운이다. 왕비에 올라 있다가 폐비가 되었는데 서인이 아닌 빈으로 강등되어 후궁의 자리는 유지하게 되었기 때문이다.

왕비의 자리에 올라보지도 않았던 추존 왕비 9명과 조선이 건국하기 전에 죽은 태조의 원비 신의왕후 한씨, 그리고 세자빈 시절에 죽었지만 왕비로 추존된 4명의 신주는 모두 남편들과 함께 종묘에 나란히 모셔져 있다. 세자빈 시절에 죽어 죽은 후 왕비로 추존된 세자빈으로는 문종의 비 현덕왕후 권씨, 예종의 비 장순왕후 한씨, 경종의 비 단의왕후 심씨, 순종의 비 순명황후 민씨 등이다. 그녀들은 왕비에 오르기 전 죽었지만 남편이 왕위에 오르면서 왕비로 추존되어 신주가 종묘에 모셔지게 되었다. 그리하여 종묘에는 34명의 왕과 47명의 왕비들의 신주가 모셔져 있다. 이렇듯 추존 왕과 추존 왕비 신주는 종묘에 봉안되어 있지만 2명의 폐왕과 폐비 윤씨를 포함한 3명의 폐비는 끝내 봉안되지 못했다.

한편 조선의 왕비들 중 11명이 폐비의 경력을 갖고 있다. 그중 태조의 계비 신덕왕후 강씨, 문종의 비 현덕왕후 권씨, 단종의 비 정순왕후 송씨, 중종의 원비 단경왕후 신씨, 선조의 계비 인목왕후 김씨, 숙종의 제1계비 인현왕후 민씨, 고종의 비 명성황후 민씨 등 7명은 조선이 패망하기 전 왕비로 복위되었으나 나머지 4명은 아예 복위되지 못한 채 조선이 문을 닫아걸었다. 폐서인이 된 성종의 계비 윤씨, 군부인으로 강등된 연산군과 광해군의 부인, 그리고 숙종의 후궁으로 강등된 장희빈 등이 왕비로 복위되지 못하고 영원히 폐비로 남게 되었다.

종묘는 본래의 건물 정전과 별도의 사당 영녕전을 비롯하여 여러 부속 건물이 있다. 태조 이성계가 1394년(태조 3년)에 한양으로 도읍을 옮기면서 짓기 시작하여 그 이듬해에 완성되었다. 태조는 4대(목조, 익조, 도조, 환조) 조상을 창업 왕으로 추존하여 정전에 모셨다. 그 후 세종 때 정종이 죽자 모셔둘 정전이 없어 중국 송나라 제도를 따라 1421년(세종 3년)에 영녕 전을 세워 4대 추존 왕의 신주를 옮겨다 모셨다. 그런데 1592년(선조 25년) 임진왜란으로 종묘의 정전이 경복궁과 함께 불에 타 버렸다. 그 후 1608 년(광해군 원년) 광해군 때 다시 지어 몇 차례의 보수를 통해 현재 19칸의 건물이 되었다. 광해군은 아마 자신도 죽으면 종묘에 당연히 자신의 신주 가 봉안되리라 믿고 불타버린 종묘를 정성을 다해 재건하였을 것이다. 하 지만 그는 폐위되어 안타깝게도 종묘에 그의 신주는 없다.

"신주단지 모시듯 한다"는 말의 의미를 증명이라도 하듯 선조는 임진왜 란 때 한양을 버리고 의주로 피난을 떠나는 극단적인 상황에서도 종묘에 모셔져 있는 신주와 함께하였다. 아마 그때 신주를 그대로 놓고 피난을 갔으면 그 신주들 역시 모두 불타 버렸을 것이다. 선조가 한 일 중 신주단 지를 잘 모신 일이 그래도 가장 잘한 일이 아닌가 싶다.

종묘의 정전에는 19분의 왕과 30분의 왕후의 신주가 모셔져 있다. 정전 뿐 아니라 영녕전도 임진왜란 때 불에 타 1608년(광해군 원년)에 다시 지 었다. 그곳에는 현재 16칸에 15분의 왕과 17분의 왕후, 그리고 조선 마지 막 황태자인 영친왕과 부인 이방자 여사의 신주가 모셔져 있다. 계산해 보니 정전에 49분의 신주가 모셔져 있고, 영녕전에 34분의 신주가 모셔져 있다. 정전 앞에 세워져있는 공신당에는 조선 시대 83명의 공신들의 신주 를 모셔 놓았다. 종묘의 정전과 영녕전 및 주변 환경이 원형 그대로 보존 되어 있어 1995년 유네스코에서 제정한 '세계유산'으로 등재되었다. 한편 중요무형문화재인 종묘제례와 종묘제례악은 2001년 '인류 구전 및 무형 유산걸작'으로 등재되었다.

부
록

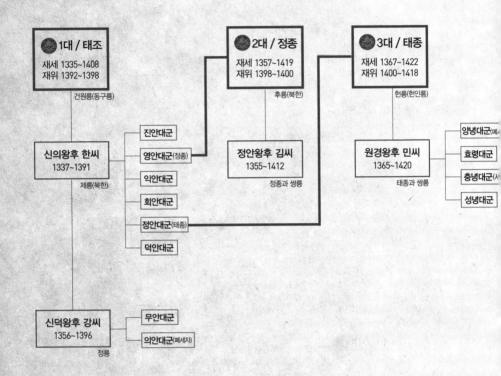

● 1대 / 태조
새세 1335~1408
재위 1392~1398
건원릉(동구릉)

● 2대 / 정종
재세 1357~1419
재위 1398~1400
후릉(북한)

● 3대 / 태종
재세 1367~1422
재위 1400~1418
헌릉(한인릉)

신의왕후 한씨
1337~1391
제릉(북한)

진안대군
영안대군(정종)
익안대군
회안대군
정안대군(태종)
덕안대군

정안왕후 김씨
1355~1412
정종과 쌍릉

원경왕후 민씨
1365~1420
태종과 쌍릉

양녕대군(폐
효령대군
충녕대군(서
성녕대군

신덕왕후 강씨
1356~1396
정릉

무안대군
의안대군(폐세자)

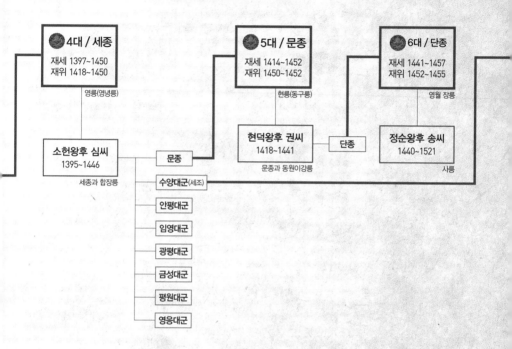

4대 / 세종
재세 1397~1450
재위 1418~1450
영릉(영녕릉)

5대 / 문종
재세 1414~1452
재위 1450~1452
현릉(동구릉)

6대 / 단종
재세 1441~1457
재위 1452~1455
영월 장릉

소헌왕후 심씨
1395~1446
세종과 합장릉

문종

현덕왕후 권씨
1418~1441
문종과 동원이강릉

단종

정순왕후 송씨
1440~1521
사릉

수양대군(세조)

안평대군

임영대군

광평대군

금성대군

평원대군

영응대군

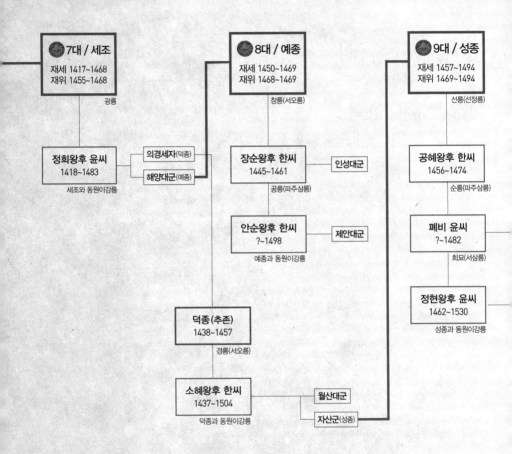

7대 / 세조
재세 1417~1468
재위 1455~1468
광릉

8대 / 예종
재세 1450~1469
재위 1468~1469
창릉(서오릉)

9대 / 성종
재세 1457~1494
재위 1469~1494
선릉(선정릉)

정희왕후 윤씨
1418~1483
세조와 동원이강릉

의경세자(덕종)
해양대군(예종)

장순왕후 한씨
1445~1461
공릉(파주삼릉)

인성대군

공혜왕후 한씨
1456~1474
순릉(파주삼릉)

안순왕후 한씨
?~1498
예종과 동원이강릉

제안대군

폐비 윤씨
?~1482
회묘(서삼릉)

덕종(추존)
1438~1457
경릉(서오릉)

정현왕후 윤씨
1462~1530
성종과 동원이강릉

소혜왕후 한씨
1437~1504
덕종과 동원이강릉

월산대군
자산군(성종)

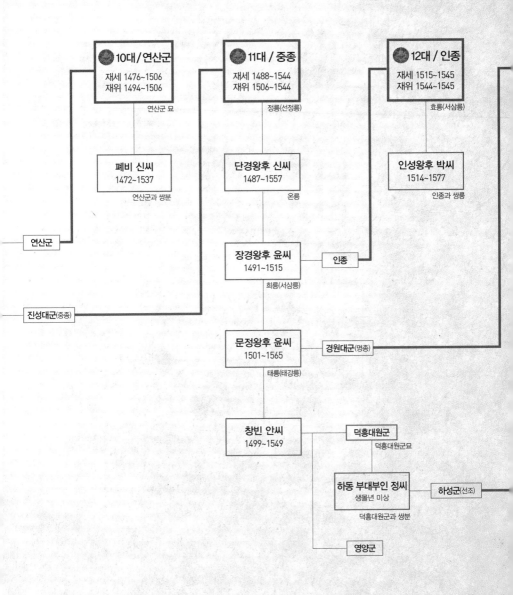

🔵 10대 / 연산군
재세 1476~1506
재위 1494~1506

연산군 묘

🔵 11대 / 중종
재세 1488~1544
재위 1506~1544

정릉(선정릉)

🔵 12대 / 인종
재세 1515~1545
재위 1544~1545

효릉(서삼릉)

폐비 신씨
1472~1537

연산군과 쌍분

단경왕후 신씨
1487~1557

온릉

인성왕후 박씨
1514~1577

인종과 쌍릉

연산군

장경왕후 윤씨
1491~1515

희릉(서삼릉)

인종

진성대군(중종)

문정왕후 윤씨
1501~1565

태릉(태강릉)

경원대군(명종)

창빈 안씨
1499~1549

덕흥대원군

덕흥대원군묘

하동 부대부인 정씨
생몰년 미상

덕흥대원군과 쌍분

하성군(선조)

영양군

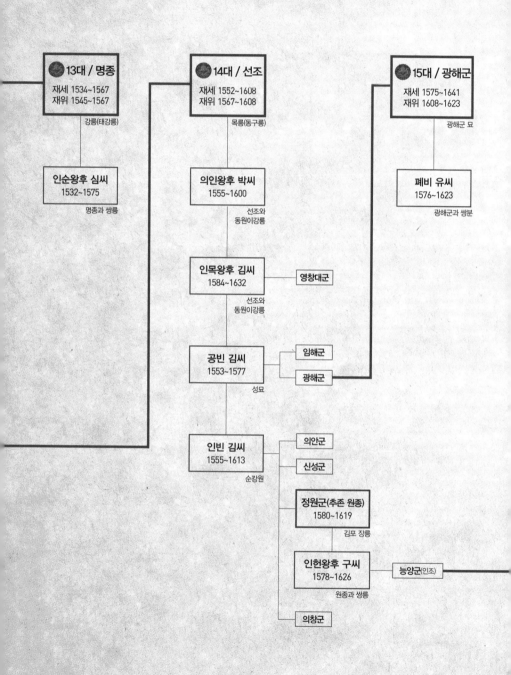

13대 / 명종
재세 1534~1567
재위 1545~1567
강릉(태강릉)

14대 / 선조
재세 1552~1608
재위 1567~1608
목릉(동구릉)

15대 / 광해군
재세 1575~1641
재위 1608~1623
광해군 묘

인순왕후 심씨
1532~1575
명종과 쌍릉

의인왕후 박씨
1555~1600
선조와
동원이강릉

폐비 유씨
1576~1623
광해군과 쌍분

인목왕후 김씨
1584~1632
선조와
동원이강릉

영창대군

공빈 김씨
1553~1577
성묘

임해군

광해군

인빈 김씨
1555~1613
순강원

의안군

신성군

정원군(추존 원종)
1580~1619
김포 장릉

인헌왕후 구씨
1578~1626
원종과 쌍릉

능양군(인조)

의창군

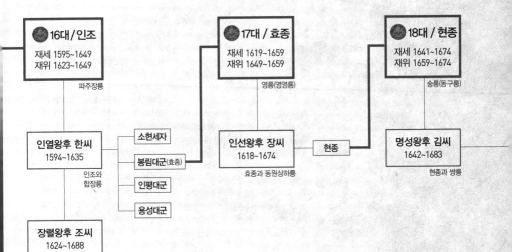

16대 / 인조
재세 1595~1649
재위 1623~1649
파주장릉

17대 / 효종
재세 1619~1659
재위 1649~1659
영릉(영영릉)

18대 / 현종
재세 1641~1674
재위 1659~1674
숭릉(동구릉)

인열왕후 한씨
1594~1635
인조와
합장릉

소현세자

봉림대군(효종)

인평대군

용성대군

인선왕후 장씨
1618~1674
효종과 동원상하릉

현종

명성왕후 김씨
1642~1683
현종과 쌍릉

장렬왕후 조씨
1624~1688
휘릉(동구릉)

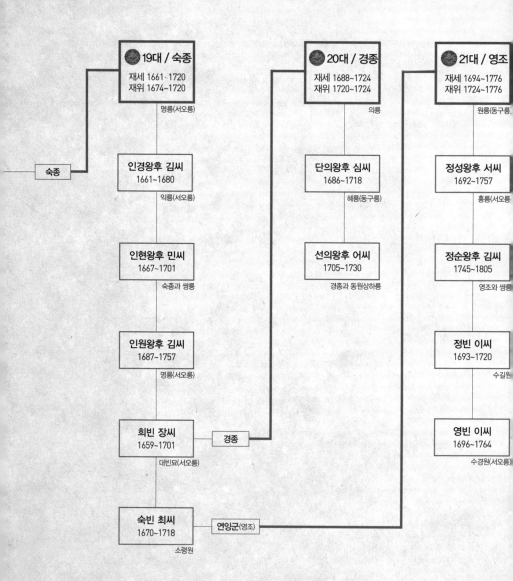

숙종

🌑 19대 / 숙종
재세 1661~1720
재위 1674~1720
명릉(서오릉)

인경왕후 김씨
1661~1680
익릉(서오릉)

인현왕후 민씨
1667~1701
숙종과 쌍릉

인원왕후 김씨
1687~1757
명릉(서오릉)

희빈 장씨
1659~1701
대빈묘(서오릉)

숙빈 최씨
1670~1718
소령원

🌑 20대 / 경종
재세 1688~1724
재위 1720~1724
의릉

단의왕후 심씨
1686~1718
혜릉(동구릉)

선의왕후 어씨
1705~1730
경종과 동원상하릉

경종

연잉군(영조)

🌑 21대 / 영조
재세 1694~1776
재위 1724~1776
원릉(동구릉)

정성왕후 서씨
1692~1757
홍릉(서오릉)

정순왕후 김씨
1745~1805
영조와 쌍릉

정빈 이씨
1693~1720
수길원

영빈 이씨
1696~1764
수경원(서오릉)

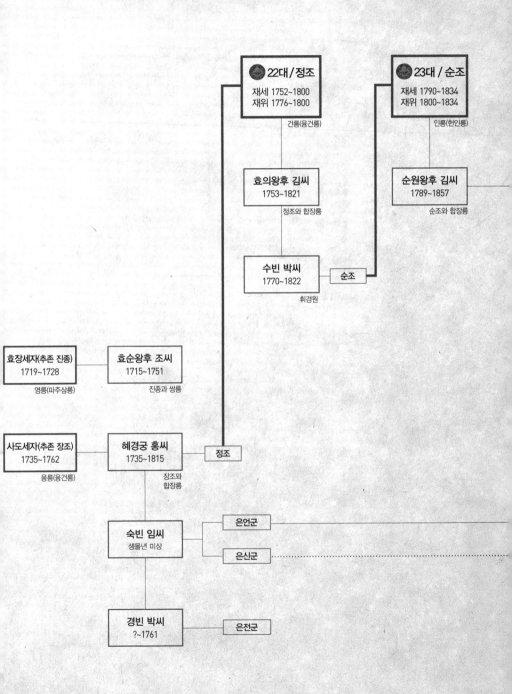

22대 / 정조
재세 1752~1800
재위 1776~1800
건릉(융건릉)

23대 / 순조
재세 1790~1834
재위 1800~1834
인릉(헌인릉)

효의왕후 김씨
1753~1821
정조와 합장릉

순원왕후 김씨
1789~1857
순조와 합장릉

수빈 박씨
1770~1822
휘경원

순조

효장세자(추존 진종)
1719~1728
영릉(파주삼릉)

효순왕후 조씨
1715~1751
진종과 쌍릉

사도세자(추존 장조)
1735~1762
융릉(융건릉)

혜경궁 홍씨
1735~1815
장조와
합장릉

정조

숙빈 임씨
생몰년 미상

은언군

은신군

경빈 박씨
?~1761

은전군

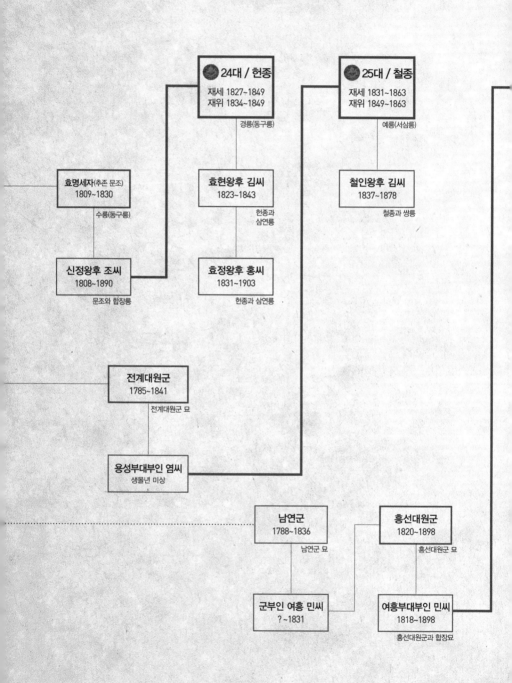

24대 / 헌종
재세 1827~1849
재위 1834~1849

경릉(동구릉)

25대 / 철종
재세 1831~1863
재위 1849~1863

예릉(서삼릉)

효명세자(추존 문조)
1809~1830

수릉(동구릉)

효현왕후 김씨
1823~1843

헌종과
삼연릉

철인왕후 김씨
1837~1878

철종과 쌍릉

신정왕후 조씨
1808~1890

문조와 합장릉

효정왕후 홍씨
1831~1903

헌종과 삼연릉

전계대원군
1785~1841

전계대원군 묘

용성부대부인 염씨
생몰년 미상

남연군
1788~1836

남연군 묘

흥선대원군
1820~1898

흥선대원군 묘

군부인 여흥 민씨
? ~1831

여흥부대부인 민씨
1818~1898

흥선대원군과 합장묘

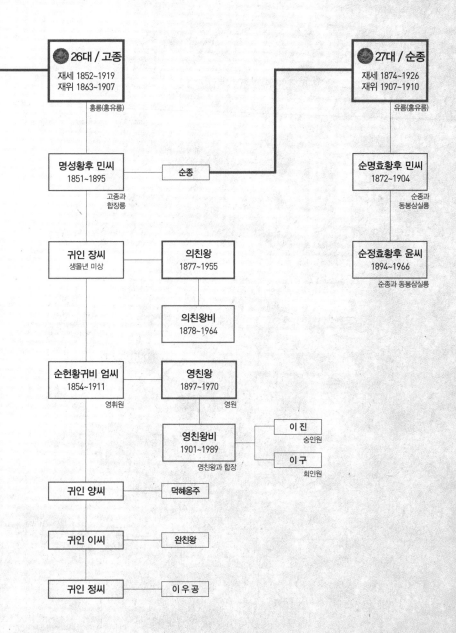

26대 / 고종
재세 1852~1919
재위 1863~1907
홍릉(홍유릉)

27대 / 순종
재세 1874~1926
재위 1907~1910
유릉(홍유릉)

명성황후 민씨
1851~1895
고종과
합장릉

순종

순명효황후 민씨
1872~1904
순종과
동봉삼실릉

귀인 장씨
생몰년 미상

의친왕
1877~1955

순정효황후 윤씨
1894~1966
순종과 동봉삼실릉

의친왕비
1878~1964

순헌황귀비 엄씨
1854~1911
영휘원

영친왕
1897~1970
영원

영친왕비
1901~1989
영친왕과 합장

이 진
숭인원

이 구
회인원

귀인 양씨

덕혜옹주

귀인 이씨

완친왕

귀인 정씨

이우공

조선 시대 왕족의 무덤은 능·원·묘로 구분을 했다. 왕과 왕비의 무덤을 '능', 왕세손, 왕세자와 왕세자빈 및 왕비가 되지 못한 왕의 어머니 무덤을 '원'이라 했다. 또 폐위된 왕과 왕비를 포함한 그 외 왕족의 무덤은 일반인과 같이 '묘'라고 했다. 조선왕실의 무덤은 120기가 남아 있다. 그중 왕릉이 42기, 원이 14기, 묘가 64기다. 조선의 왕릉은 『국조오례의』와 『경국대전』에 근거하여 조성했다. 왕과 왕비를 하나의 봉분에 합장한 형태를 기본으로 했으나 능의 형식은 다양하다. 아래 표에서도 볼 수 있듯이 왕릉은 합장릉뿐 아니라 단릉, 쌍릉, 합장릉, 동원이강릉, 동원상하릉, 삼연릉, 동봉삼실릉 등 다양한 형식으로 조성되어 있다.

구분	왕·왕후	능호	주소	형식	사적
1	태조 원비 신의왕후 한씨 계비 신덕왕후 강씨	건원릉 제릉 정릉	경기도 구리시 동구릉로 197(동구릉) 개성시 판문군 상도리(북한) 서울특별시 성북구 정릉로38가길 11-7	단릉 단릉 단릉	193호 208호
2	정종·정안왕후 김씨	후릉	개성시 판문군 령정리(북한)	쌍릉	
3	태종·원경왕후 민씨	헌릉	서울특별시 서초구 헌인릉길 36-10(헌인릉)	쌍릉	194호
4	세종·소헌왕후 심씨	영릉	경기도 여주시 능서면 영릉로 269-50(영영릉)	합장릉	195호
5	문종·현덕왕후 권씨	현릉	경기도 구리시 동구릉로 197(동구릉)	동원이강릉	193호
6	단종 정순왕후 송씨	장릉 사릉	강원도 영월군 영월읍 단종로 190 경기도 남양주시 진건읍 사릉로 180	단릉 단릉	196호 209호

7 추존	세조·정희왕후 윤씨 덕종·소혜왕후 한씨	광릉 경릉	경기도 남양주시 광릉수목원로 354 경기도 고양시 덕양구 서오릉로 334-92(서오릉)	동원이강릉 동원이강릉	197호 198호
8	예종·계비 안순왕후 한씨 원비 장순왕후 한씨	창릉 공릉	경기도 고양시 덕양구 서오릉로 334-92(서오릉) 경기 파주시 조리읍 삼릉로 89(파주 삼릉)	동원이강릉 단릉	198호 205호
9	성종·계비 정현왕후 윤씨 원비 공혜왕후 한씨	선릉 순릉	서울특별시 강남구 선릉로 100길 1(선정릉) 경기 파주시 조리읍 삼릉로 89(파주 삼릉)	동원이강릉 단릉	199호 205호
10	연산군·폐비 거창군부인 신씨	연산군묘	서울특별시 도봉구 방학동 산 77	쌍분	363호
11	중종 원비 단경왕후 신씨 제1 계비 장경왕후 윤씨 제2 계비 문정왕후 윤씨	정릉 온릉 희릉 태릉	서울특별시 강남구 선릉로 100길 1(선정릉) 경기도 양주시 장흥면 호국로 255-41 경기 고양시 덕양구 서삼릉길 233-126(서삼릉) 서울특별시 노원구 화랑로 681(태강릉)	단릉 단릉 단릉 단릉	199호 210호 200호 201호
12	인종·인성왕후 박씨	효릉	경기도 고양시 덕양구 서삼릉길 233-126 (서삼릉)	쌍릉	200호
13	명종·인순왕후 심씨	강릉	서울특별시 노원구 화랑로 681(태강릉)	쌍릉	201호
14	선조·원비 의안왕후 박씨·계 비 인목왕후 김씨	목릉	경기도 구리시 동구릉로 197(동구릉)	동원이강릉	193호
15 추존	광해군·폐비 문성군부인 류씨 원종·인헌왕후 구씨	광해군묘 장릉	경기도 남양주시 진건면 송릉리 산 59 경기도 김포시 장릉로 79	쌍분 쌍릉	363호 202호
16	인조·인열왕후 한씨 계비 장렬왕후 조씨	장릉 휘릉	경기도 파주시 단현면 장릉로 90 경기도 구리시 동구릉로 197(동구릉)	합장릉 단릉	203호 193호
17	효종·인선왕후 장씨	영릉	경기도 여주시 능서면 영릉로 269-50(영영릉)	동원상하릉	195호
18	현종·명성왕후 김씨	숭릉	경기도 구리시 동구릉로 197(동구릉)	쌍릉	193호
19	숙종·제1 계비 인현왕후 민 씨·제2 계비 인원왕후 김씨 원비 인경왕후 김씨	명릉 익릉	경기도 고양시 덕양구 서오릉로 334-92(서오릉) 경기도 고양시 덕양구 서오릉로 334-92(서오릉) 경기도 고양시 덕양구 서오릉로 334-92(서오릉)	쌍릉 단릉 단릉	198호 198호 198호
20	경종·계비 선의왕후 어씨 원비 단의왕후 심씨	의릉 혜릉	서울특별시 성북구 화랑로 32길 146-20 경기도 구리시 동구릉로 197(동구릉)	동원상하릉 단릉	204호

21 추존 추존	영조·계비 정순왕후 김씨 원비 정성왕후 서씨 진종·효순왕후 조씨 장조·헌경왕후 홍씨	원릉 홍릉 영릉 융릉	경기도 구리시 동구릉로 197(동구릉) 경기도 고양시 덕양구 서오릉로 334–92(서오릉) 경기 파주시 조리읍 삼릉로 89(파주 삼릉) 경기도 화성시 효행로 481번길 21(융건릉)	쌍릉 단릉 씽릉 합장릉	193호 198호 205호 206호
22	정조·효의왕후 김씨	건릉	경기도 화성시 효행로 481번길 21(융건릉)	합장릉	206호
23 추존	순조·순원왕후 김씨 문조·신정왕후 조씨	인릉 수릉	서울특별시 서초구 헌인릉길 36–10(헌인릉) 경기도 구리시 동구릉로 197(동구릉)	합장릉 합장릉	194호 193호
24	헌종·원비 효현왕후 김씨·계비 효정왕후 홍씨	경릉	경기도 구리시 동구릉로 197(동구릉)	삼연릉	193호
25	철종·철인왕후 김씨	예릉	경기도 고양시 덕양구 서삼릉길 233–126 (서삼릉)	쌍릉	200호
26	고종, 명성황후 민씨	홍릉	경기도 남양주시 홍유릉로 352–1(홍유릉)	합장릉	207호
27	순종·원비 순명황후 민씨·계비 순정황후 윤씨	유릉	경기도 남양주시 홍유릉로 352–1(홍유릉)	동봉삼실릉	207호

▌부록3 〈조선의 대원군 묘 3기〉▐

	존호	관계	소재지	사적	비고
1	덕흥대원군 이초	제11대 중종의 서자로 제14대 선조의 생부	경기도 남양주시 별내 면 덕송리 산 5–13번지	경기도 기념 물 제55호	덕흥대원군과 하동부대부인 정 씨의 쌍묘
2	전계대원군 이광	은언군(사도세자의 서자) 의 서자로 제25대 철종 의 생부	경기도 포천군 포천시 선단동 산 11번지	포천시 향토 유적지 제1호	전계대원군과 정실 완양부대부 인 최 씨의 합장묘와 철종의 생 모인 용성부대부인 염 씨의 단묘
3	흥선대원군 이하응	남연군(사도세자의 서자 인 은신군의 양자)의 아들 로 제26대 고종의 생부	경기도 남양주시 화도 읍 창현리 22–2번지	경기도 기념 물 제48호	흥선대원군과 여흥부대부인 민 씨의 합장묘

	원호	존호	소재지	사적	비고
1	순창원 (順昌園)	순회세자 공회빈 윤씨	경기도 고양시 덕양구 서오릉로 334–92(서오릉)	198호	제13대 명종 적장자 부부
2	순강원 (順康園)	인빈 김씨 (제14대 선조의 후궁)	경기도 남양주시 진접읍 내각리 150	356호	추존 왕 원종의 생모
3	소경원 (紹慶園)	소현세자	경기도 고양시 덕양구 서삼릉길 233–126(서삼릉)	200호	제16대 인조의 적장자
4	영회원 (永懷園)	민회빈 강씨 (소현세자빈)	경기도 광명시 노온사동 469	357호	소현세자의 부인
5	소령원 (昭寧園)	숙빈 최씨 (제19대 숙종의 후궁)	경기도 파주시 광탄면 영장리 267	358호	제21대 영조의 생모
6	수길원 (綏吉園)	정빈 이씨 (제21대 영조의 후궁)	경기도 파주시 광탄면 영장리 267	359호	추존 왕 진종(효장세자)의 생모
7	수경원 (綏慶園)	영빈 이씨 (제21대 영조의 후궁)	경기도 고양시 덕양구 서오릉로 334–92(서오릉)	198호	추존 왕 장조(사도세자)의 생모
8	의령원 (懿寧園)	의소세손	경기도 고양시 덕양구 서삼릉길 233–126(서삼릉)	200호	추존 왕 장조(사도세자)의 적장자
9	효창원 (孝昌園)	문효세자	경기도 고양시 덕양구 서삼릉길 233–126(서삼릉)	200호	제22대 정조의 서자
10	휘경원 (徽慶園)	수빈 박씨 (제22대 정조의 후궁)	경기도 남양주시 진접읍 부평리 267	360호	제23대 순조의 생모
11	영휘원 (永徽園)	순헌황귀비 엄씨 (제26대 고종의 후궁)	서울특별시 동대문구 청량리동 204–2	361호	영친왕(의민황태자)의 생모
12	영원 (英園)	영친왕(의민황태자) 영친왕비(이방자)	경기도 남양주시 홍유릉로 352–1(홍유릉)	207호	제26대 고종의 서자 부부
13	숭인원 (崇仁園)	이 진	서울특별시 동대문구 청량리동 204–2	361호	영친왕(의민황태자)의 장남
14	회인원 (懷仁園)	이 구	경기도 남양주시 홍유릉로 352–1(홍유릉)	207호	영친왕(의민황태자)의 차남

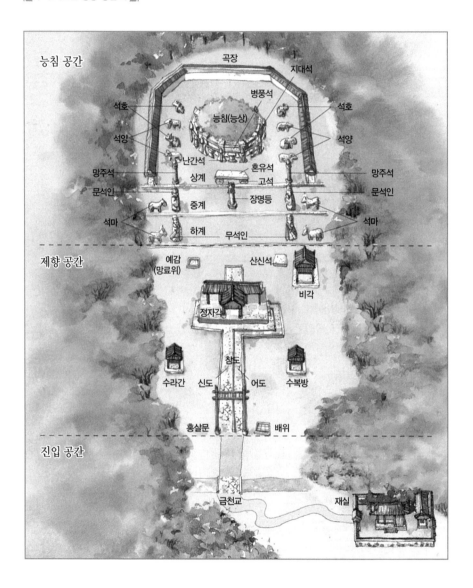

- 곡장曲墻 : 봉분을 보호하기 위하여 봉분의 동, 서, 북 삼면에 둘러놓은 담장.

- 능침陵寢 : 능 주인이 잠들어 있는 곳. 능상陵上이라고도 한다.

- 병풍석屛風石 : 봉분을 보호하기 위해 봉분 밑부분에 둘러 세운 열두 돌. 병풍석에는 12방위를 나타내는 십이지신상을 해당 방위에 맞게 양각하였는데, 모든 방위에서 침범하는 부정과 잡귀를 몰아내기 위하여 새겼다. 둘레돌, 호석護石이라고도 한다.

- 지대석址臺石 : 병풍석의 면석을 받쳐 놓은 기초가 되는 돌.

- 난간석欄干石 : 봉분을 둘러싼 울타리 돌.

- 상계上階 : 능침과 혼유석, 석양, 석호, 망주석, 곡장이 있는 가장 위의 단으로 초계라고도 한다.

- 중계中階 : 문석인과 석마가 장병 등이 있는 중간단.

- 하계下階 : 무석인과 석마가 있는 아랫단.

- 석양石羊 : 죽은 이의 명복을 빌며 땅속의 사악한 것을 물리친다는 뜻으로 설치했다.

- 석호石虎 : 석양과 함께 능침을 수호하는 호랑이 모양의 수호신. 밖을 지켜보는 형태로 설치했다.

- 망주석望柱石 : 봉분 좌우에 각 1주씩 세우는 기둥. 혼령이 봉분을 찾는 표지의 구실을 한다는 설과 음양의 조화, 풍수적 기능을 한다는 설 등 기능에 대해 여러 주장이 있다.

- 혼유석魂遊石 : 일반인의 묘에는 상석이라 하여 제물을 차려 놓지만, 왕릉은 정자각에서 제를 올리므로 혼령이 앉아 쉬는 곳이다.

- 고석鼓石 : 북 모양을 닮은 혼유석의 받침돌. 사악한 것을 경계하는 의미로 귀면鬼面을 새겨 놓았다.

- 장명등長明燈 : 왕릉의 장생발복長生發福을 기원하는 등.

- 문석인文人石 : 장명등 좌우에 있으며, 두 손으로 홀을 쥐고 서 있다.

- 무석인武人石 : 문석인 아래에서 왕을 호위하고 있으며, 두 손으로 장검을 짚고 위엄 있는 자세로 서 있다.

- 석마石馬 : 문석인과 무석인은 각각 석마를 데리고 있다.

- 예감瘞坎 : 제향 후 축문을 태우는 곳으로 석함, 망료위望燎位라고도 한다. 정자각 뒤 왼쪽에 있다.

- 산신석山神石 : 장사 후 3년 동안 후토신(땅을 관장하는 신)에게 제사를 지내는 곳으로 정자각 뒤 오른쪽에 있다. 보통 예감과 마주 보는 곳에 자리하고 있다.

- 정자각丁字閣 : 제향을 올리는 곳으로 정丁자 모양으로 지은 집. 정자각에 오를 때는 동쪽으로 오르고 내려올 때는 서쪽으로 내려오는데 이를 일러 동입서출東入西出이라 한다.

- 비각碑閣 : 비석이나 신도비를 세워 둔 곳. 신도비神道碑는 능 주인의 업적을 기록한 비석을 말한다.

- 참도參道 : 홍살문에서 정자각까지 이어진 길. 박석을 깔아 놓았으며 왼쪽의 약간 높은 길은 신이 다니는 길이라 하여 신도神道라고 하며, 오른쪽 약간 낮은 길은 임금이 다니는 길이라 하여 어도御道라고 한다.

- 수복방守僕房 : 능을 지키는 수복이 지내던 곳으로 정자각 오른쪽 앞에 있다.

- 수라간水刺間 : 제향 때 음식을 준비하는 곳으로 정자각 왼쪽 앞에 있다.

- 배위拜位 : 홍살문 옆 한 평 정도의 땅에 돌을 깔아 놓은 곳으로 왕이나 제관이 절을 하는 곳이다. 판위板位, 어배석御拜石, 망릉위望陵位라고도 한다.

- 홍살문紅箭門 : 신성한 지역임을 알리는 문. 붉은 칠을 한 둥근 기둥 2개를 세우고 위에는 살을 박아 놓았다. 홍문紅門 또는 홍전문紅箭門이라고도 한다.

|❰ 참고 문헌 ❱|

『조선왕조실록』

『한권으로 읽는 조선왕조실록』 박영규, 들녘

『왕릉』 한국문원

『왕의 상징 어보』 국립고궁박물관

『종횡무진 한국사 상, 하』 남경태, 도서출판 그린비

『매천야록』 황 현, 문학과지성사

『연려실기술』 이긍익 공편, 민족문화추진회

『자해필담』 김시양

『조선선비 살해사건』 이덕일, 다산초당

『여기자가 파헤친 조선 왕릉의 비밀』 한성희, 솔지미디어

『조선의 선비』 이준구 · 강호성, 스타북스

『신들의 정원 조선 왕릉』 이정근, 책보세

『한국민족문화대백과사전』 한국학중앙연구원

『브리태니커 세계대백과사전』 브리태니커, 동아일보 공동출판, 한국브리태니커회사

『두산백과』 동아출판사

『사도세자의 고백』 이덕일, 휴머니스트

『여인열전』 이덕일, 김영사

『조선왕 독살사건』 이덕일, 다산초당

『五大古宮』 윤종순, 성민출판사

『한중록』 혜경궁홍씨, 마당미디어

『조선 사람들의 개성여행』 채수 외/ 전관수, 지만지 고전천줄

『조선왕비 오백년사』 윤정란, 이가출판사

『왕을 낳은 후궁들』 최선경, 김영사

『145년 만의 귀환, 외규장각 의궤』 이수미 외/ 국립중앙박물관

『고궁의 보물』 장경희, 국립고궁박물관

「조선왕계도」국립고궁박물관

「조선 왕릉 답사수첩」 문화재청

『조선 왕릉 실록』 이규원, 글로세움

『조선 왕을 말하다』 ① 이덕일, 역사의 아침

『조선 왕을 말하다』 ② 이덕일, 역사의 아침

『역사에게 길을 묻다』 이덕일, 이학사

『왕이 못 된 세자들』 함규진, 김영사

『왕릉풍수와 조선의 역사』 장영훈, 대원미디어

『조선의 왕비』 윤정란, 차림

『국립고궁박물관 길잡이』 국립고궁박물관, (주)씨마스커뮤니케이

『사치하는 자는 장 100대에 처하라』 책으로 보는 TV 조선왕조실록①, KBS 〈TV 조선왕조실록〉 제작팀, 가람기획

『전하! 뜻을 거두어 주소서』 책으로 보는 TV 조선왕조실록② KBS 〈TV조선왕조실록〉 제작팀, 가람기획

『조선의 성리학과 실학』 윤사순, 삼인

『단종애사』 이광수, 우신사

『계축일기』 이혜숙, 창비

『인현왕후전』 우응순 주해, 마당미디어

『요화 장희빈』 2 이준범, 민예사

『궁궐에 핀 비밀의 꽃 궁녀』 신명호, 시공사

『명성황후-최후의 새벽』 쓰노다 후사코, 조선일보사

『역사저널 그날』 KBS 역사저널 그날 제작팀, 민음사

『한국향토문화전자대전』 한국학중앙연구원

『조선을 뒤흔든 16인의 왕후들』 이수광, 다산북스

『왕에게 가다』 문화재청 조선 왕릉관리소